Jakob Falke

Geschichte des Geschmacks

SEVERUS Verlag

ISBN: 978-3-95801-559-3
Druck: SEVERUS Verlag, 2016

Der SEVERUS Verlag ist ein Imprint der Diplomica Verlag GmbH.
Bibliografische Information der Deutschen Nationalbibliothek:
Die Deutsche Nationalbibliothek verzeichnet diese Publikation in der Deutschen Nationalbibliografie; detaillierte bibliografische Daten sind im Internet über http://dnb.d-nb.de abrufbar.

http://www.severus-verlag.de
Printed in Germany

Jakob Falke

Geschichte des Geschmacks

SEVERUS

Inhaltsverzeichnis

Vorwort

Die nachfolgenden Studien, die ich vielleicht richtiger Skizzen nennen sollte, sind durch das Österreichische Museum für Kunst und Industrie, wo sie in der Tat auch in verkürzter Gestalt als Vorlesungen gehalten wurden, hervorgerufen. Dieses Museum hat die Aufgabe zur Besserung des gegenwärtig so tief gesunkenen Geschmacks beizutragen. Da nun meines Erachtens, wie die Dinge heute sind, die Besserung nur durch das volle Bewusstsein über das, was man tut und will, über die Mittel und die Wirkung, durch die Kenntnis der richtigen Kunstprinzipien nicht minder wie der ganzen Sachlage möglich ist, so schien es mir nützlich, ja notwendig, dem Publikum wie dem Künstler – denn beide reden hier mit – die Einsicht zu verschaffen, wie denn dieser beklagenswerte Zustand des heutigen Geschmacks geschichtlich geworden ist.

War und blieb dies das eigentliche Ziel meiner Aufgabe, so musste ich doch in der Darstellung, wenn ich die Entwicklung wahrhaft begreiflich machen wollte, über das engere Gebiet des Geschmacks, die ornamentalen Künste, hinausgehen. Zuerst steht die gesamte Kunst von ihrer höchsten Höhe herab bis zur kleinsten Verzierung in so eng geschlossenem Zusammenhang der Glieder, dass ihre verschiedenen Zweige sowohl in der Ausübung wie in der Forschung fast nur gewaltsam in Sonderung gehalten werden können. Sodann ist die ornamentale Kunst so gut wie die hohe Kunst, wie die Literatur, die Tracht, die Sitte eine Äußerung des gleichzeitigen Kulturlebens, eine charakteristische Erscheinung des Zeitgeistes, mit welchem sie Werden und Vergehen und alle Zwischenstufen der Wandlungen und des Wechsels gemeinsam hat. Konnte ich darum das Gebiet des engeren Geschmacks von der Architektur, der Plastik und der Malerei nicht trennen, so wurde ich andererseits wie von selber darauf geführt, auch das Kostüm, soweit es für den Zeitgeschmack charakteristisch ist, hereinzuziehen und vergleichende Blicke auf ähnliche Erscheinungen in anderen Zweigen des Kulturlebens zu werfen.

So wurde mir der Entwicklungsgang des modernen Geschmacks, den ich darstellen wollte, zu kulturgeschichtlichen Studien auf dem Gebiete der Kunst.

Der Begriff „Geschmack“ hat dadurch allerdings eine Erweiterung erhalten, aber die Vieldeutigkeit des Worts, die sonst wohl zu Unklarheiten geführt hat, kommt mir hier zu statten. Sie erlaubt mir von dem Individuellen und Subjektiven, das man mit dem Worte verbindet, abzusehen oder vielmehr das Subjektive nicht auf Personen, sondern auf Nationen, auf Geschichtsperioden und Kulturepochen der Menschheit zu beziehen, indem wir gewissermaßen die Epoche personifizieren. Genau in dem Sinne wie vom Individuum werden wir dann auch vom Geschmack des personifizierten Zeitgeistes reden können und beziehen ihn auf alle Äußerungen des geistigen oder des Kulturlebens, soweit sie, von bestimmten historischen Persönlichkeiten unabhängig, allgemeiner Art und der ganzen Nation oder der ganzen Zeit gemeinsam und eigentümlich sind.

In diesem Sinne könnte man gewiss eine vollständige Geschichte des Geschmacks schreiben, darin die Literatur neben der Kunst eine gleichberechtigte Rolle spielte. Eine solche Ausgabe zu lösen beabsichtigen aber die nachfolgenden Blätter durchaus nicht, selbst nicht auf dem beschränkten Zeitraum, den sie umfassen, obwohl sie, vielleicht zu anspruchsvoll, in Ermangelung eines andern mehr bezeichnenden Ausdrucks sich diesen Titel geben. Sie wollen nur den Entwicklungsgang in großen Zügen zur Darstellung bringen, und zwar, ihr erstes Ziel im Auge behaltend, nur auf dem Gebiete der Kunst. Was darüber hinausgeht, sind nur Schlaglichter, welche die Ursachen in helleres Licht setzen und den inneren Zusammenhang mit den anderen Erscheinungen der Kultur aufdecken sollen. Es ist daher, ohne auf Gleichmäßigkeit Rücksicht zu nehmen, bald diese bald jene Seite berührt, je nachdem sie gerade einen charakteristischen Beleg darbot. Sollte die Darstellung dadurch an Systematik – die übrigens auch nicht in der Absicht lag – verloren haben, so hat sie vielleicht an anregender Wirkung gewonnen.

Wien, Österreich. Museum.
Jakob Falke.

Erster Abschnitt

Die Entartung und Verwirrung des Geschmacks am Ausgang des Mittelalters

Wenn es sicherlich schon an sich für den Geschichtsschreiber eine schwierige Aufgabe ist, eine bestimmte Zeit in ihrer geistigen Physiognomie zu schildern, so gilt das in erhöhtem Grade für jene Perioden, welche auf der Grenzscheide zweier Epochen der Weltgeschichte stehen und zugleich den Untergang der einen und das Werden der andern in sich enthalten. Hier ist Auflösung und Entwickelung, Tod und Leben und der ganze Umbildungsprozess dazwischen zugleich zu begreifen und darzustellen.

Eine solche Periode ist diejenige, welche den großen Umwälzungen des 16. Jahrhunderts vorausging, jenen Bewegungen, welche wir in der Kunst, in der Literatur und Wissenschaft als die Humanität, auf dem religiösen Gebiet als die Reformation bezeichnen. Bewegungen, welche Staat und Kirche, Sitte und Kunst, die Praxis und die Wissenschaft, das Denken und das Fühlen der Menschen umschufen und in das Leben jene Ideen eingossen, welche noch heute seinen modernen Charakter ausmachen.

Keine Epoche der Weltgeschichte vielleicht trägt einen so einheitlichen, originellen, in sich abgeschlossenen Charakter wie das Mittelalter, keine, die so die Menschen in demselben Geiste zusammenband, ihnen die gleichen Gedanken und Gefühle unterschob und sie fest an dieselben gekettet hielt. Riss die Kette, zeigten sich diese Ideen fernerhin als hohl, unfruchtbar, als ungeeignet neues Leben zu erzeugen, so hatte die Menschheit ihren Halt verloren; es musste jene ganze Welt, die wir allgemeinhin als die mittelalterliche bezeichnen, jene Welt des Rittertums, der Glaubens- und Gefühlsschwärmerei, der Romantik, des gebundenen Denkens, sie musste in Trümmer zusammenstürzen.

Dieses denkwürdige Schauspiel sehen wir im fünfzehnten Jahrhundert, ganz besonders gegen den Ausgang hin; wir sehen es mit allen Konsequenzen, welche eine solche geistige Auflösung mit sich führt. Wir sehen aber zugleich unter den stürzenden Trümmern, dem Weltenschutt das frische, junge Leben der neuen Zeit sich regen und rühren, um die Geister mit neuen Ideen zu füllen, um neue Formen an die Stelle der alten, abgelebten zu setzen.

Beide Seiten zugleich in ihrem Nebeneinander und Durcheinander bilden den eigentlichen Charakter des 15. Jahrhunderts oder jener Periode, welche dem Anbruch der modernen Zeit zunächst vorausging. Sie beide zusammen sind die Ursache, dass diese kurze Periode vielleicht den größten Reichtum mannigfacher Erscheinungen auf einmal darbietet, den die Geschichte kennt; die wundersamsten Widersprüche liegen unverbunden nebeneinander, die härtesten Kontraste stoßen zusammen, ohne dass die Welt sich geniert fühlt. Narrheit und Weisheit wohnen geschwisterlich unter demselben Hut; Frivolität und religiöser Eifer, um nicht zu sagen Frömmigkeit, schlagen in derselben Brust, Rohheit und Schamlosigkeit vertragen sich aufs beste mit der feinsten Sitte, mit der humansten Bildung, mit der peinlichsten, kleinlichsten und geziertesten Etikette.

Betrachten wir die Zeit nur von der einen Seite, so sehen wir nur die Auflösung, alle Welt ohne Halt verloren und versunken. Einem jeden ist die Stütze in der Hand zerbrochen, daran er aufrecht einherging, nun wankt und schwankt er. So z.B. der Ritter. Sein staatliches Verhältnis gegenüber dem Fürsten wie gegenüber dem Bürgerstand ist vollkommen verschoben und nicht so schnell wieder in Ordnung gebracht. In der Schlacht, in der Fehde sieht er sich zwei neuen Kräften gegenüber, gegen die er keine Hilfe weiß, dem Pulver und dem Fußvolk: die Kanonen schießen ihm seine Burg zusammen und stürzen die Türme über ihn; die Arkebusiere schießen ihn vom Ross, ehe er noch seinem Mann das Weiße im Auge gesehen. Vergebens sucht er sich mit immer dickerem Panzer zu umlegen; er macht sich nur schwerfälliger, unbeholfener und antiquiert sich selber. Die Entscheidung hängt alsbald nicht mehr vom Mann, vom Reiter oder Ritter ab, sie geht auf die geschlossenen Compagnien über, auf das gemeine Fußvolk der Landsknechte, und der Ritter muss werden wie Ihrer einer, will er in Kampf und Schlacht noch mitspielen. Nicht minder unbehaglich ist seine soziale Seite. Was ihm sonst idealen Schwung verlieh, was ihm die Seele hob und schwellte, das ist alles verdorben und gestorben Für die Kirche gibt es keine Taten mehr zu vollführen wie in der Zeit der Kreuzzüge; die Glaubensglut ist erloschen, die religiöse Schwärmerei längst ausgebrannt; anstatt dass er sonst die Frauen, die Hilflosen und Bedrängten schützte und schirmte, ist er nun ihr Bedränger oder liegt gar raubend an der Heerstraße. Die ganze romantische Helden- und Sagenpoesie, die ihn sonst zu kühnen Abenteuern begeisterte, sie modert in Manuskripten. Ihres Inhalts hat sich der Volkswitz bemächtigt; er ist ein Spott ungeschlachter Clowns, rüpelhafter Handwerksgesellen geworden, die ritterlich ausgerüstet mit irdenem oder hölzernem Topf und Backtrog als Helm und Schild König Arthur und die Tafelrunde spielen. Und jene spiritualistische Liebe, die wir uns mit dem Wesen des Ritters eins und verschmolzen denken, eine Liebe, die an dem süßen Deingedenken Genüge findet und für einen freundlichen Blick das Leben opfert, – nicht ein Funke unter der Asche ist von ihr übrig geblieben. Königin Minne ist vom Thron gestürzt und Frau Venus hat ihn eingenommen. Vergebens sucht der Adel Gefühle und Gesinnungen durch hohle Allegorie, die er in seine Spiele und Feste mischt, wieder auf eine ideale Höhe zu schrauben – der Schwung der Seele ist erlahmt, wie ihm die politische und soziale Stellung verrückt worden, wie ihm das kriegerische Feld der Ehren, wenn nicht genommen, doch erschwert und beschränkt ist.

Wir mögen ebenso den bürgerlichen Stand nach allen seinen Gliedern betrachten, wir finden ihn in gleicher Weise haltlos und seiner geistigen Stützen beraubt. Der Gelehrte kann mit der alten scholastischen Schulweisheit nichts mehr anfangen, die wiedererwachten Klassiker, die neue Humanität, das freie Denken machen sein Wissen zu Schanden und sein Philosophieren zunichte. Dem Kaufmann dreht sich die Welt um, die Meere werden durchschnitten, neue Länder entdeckt, die alten Handelsstraßen verlassen, sein Geschäft soll neue, noch unsichere und unbekannte Pfade ziehen. Der Künstler und Handwerker hat mit neuen Materialen, mit neuer Technik, mit neuem Geschmack zu tun; in alles soll er sich erst zurechtfinden. Der einfache, stille Bürger, wenn ihn gar nichts weiter quälte, er fühlt sich wenigstens in seinem Gewissen bedrängt. Er sieht in Folge des allgemeinen Zersetzungsprozesses Zucht und Scham aus der Welt entweichen, er sieht die Bande der Sitte gelöst und Frechheit und Rohheit an ihre Stelle getreten; er sieht die Kirche verweltlicht, die Geistlichkeit entartet, die Glaubenssätze missachtet, Religion und Religiosität dem Untergang nahe. Woran soll er sich halten in seinem Gewissen, woran sich klammern in seinem religiösen Bedürfnis? Er sieht das Heilige wanken und hat nur die dunkle Ahnung, dass eine schwere Zeit kommen werde, die Gottlosigkeit aus der Welt hinauszuwerfen, den Glauben zu stärken, die Gewissen zu befestigen und das Recht wieder fest zu schmieden.

Sehen wir uns in dieser zerfahrenen Welt den *Menschen* selber an in seiner *Erscheinung,* dem Widerspiel seines Inneren, welches wundersame Bild stellt er uns dar! Zwar hat die Mode, was den Einzelnen betrifft, gewöhnlich nicht allzu viel mit dem Geschmack zu tun, aber, allgemein betrachtet, ist sie doch nichts anderes als ein Ausfluss des gemeinsamen Zeitgeschmackes, ein Kind des Zeitgeistes, aus ihm geboren und daher mit Notwendigkeit auch desselben Charakters. Das innere Wesen des fünfzehnten Jahrhunderts kann uns nicht deutlicher und anschaulicher vor die Seele treten, als wenn wir uns diese Trachtenwelt anschauen, wie sie uns Kupferstiche, Holzschnitte, Zeichnungen, Gemälde und plastische Werke zu tausenden überliefert haben. Wir wissen nicht, ob uns die Mannigfaltigkeit und Verschiedenartigkeit oder die Abenteuerlichkeit, das Barocke und Narrenhafte mehr in Erstaunen setzt. Man sagt jetzt: Soviel Köpfe, so viel Sinne; damals konnte man sagen: Soviel Köpfe, soviel Hüte und Hauben.

Es gibt eine kolorierte Zeichnung, so etwa vom Jahr 1470, welche dem Kupferstecher Israhel van Meckenem zugeschrieben wird. Diese Zeichnung, obwohl sie nur zwei Figuren enthält, kann uns die ganze Bizarrerie und Verkehrtheit der damaligen Mode auf einmal vor Augen führen. Es ist ein Liebespaar, das es sich im Garten bei gekühltem Weine wohl sein lässt. Der Jüngling mit langspitzigen Schnabelschuhen, mit engster Kleidung, mit einer Iang wallenden Fülle eingebrannter, gekräuselter blonder Locken, ist über die Schultern herab dekolletiert und trägt die Arme bis zu den Ellbogen bloß, während die Dame das Haar unter einer Haube versteckt und den ganzen Körper mit weiter faltiger Kleidung verhüllt hat.

Diese verkehrte Welt, so charakteristisch sie ist, gibt von der Verschiedenartigkeit der Moden nur ein Beispiel; wir sind in Verlegenheit, wo wir anfangen sollen, um nur in kurzen Zügen ein Bild des damaligen Modegeschmacks zu entwerfen.

Die erwähnte Dekolletierung der männlichen Jugend ist ziemlich allgemeine Sitte, aber auch das ehrsame Alter, welches die kurze, gepresste Kleidung verschmäht und ihr den langendunklen Oberrock vorzieht, widerstrebt ihr nicht immer; man sieht nicht selten weiße Locken auf die nackten Schultern achtbarer Bürger fallen. Die Enge der Kleidung liebte die stutzerhafte Jugend so sehr, dass sie der fremden Hilfe bedurfte, um nur hineinkommen zu können, und wenn das geschehen war, fühlte sie sich im Gehen belästigt und gehindert.

Diese Enge der Kleidung führt uns zur Erklärung einer auffallenden Erscheinung in der damaligen Kunst, einer Seltsamkeit des Geschmacks, die wir gleich hier besprechen wollen. Jedem, der nur einigermaßen mit der altdeutschen oder altniederländischen Kunst des 15. Jahrhunderts vertraut ist, kann es nicht entgangen sein, dass die Künstler dieser Zeit durchaus die langen und magern Formen am menschlichen Körper lieben, und ebenso, dass sie bei der Magerkeit der Gliedmaßen die Gelenke oft zu stark und zu knotig zeichnen. Die Hände, selbst die der schönen Frauen, sind dünn und mager, die Finger überlang und spitzig, die Beine mit vortretendem Knie dünn und knochig, und dazu die Füße durch die spitzen Schnabelschuhe lang und spitzig hinausgezogen. Ob es Marien oder Magdalenen sind, welche diese Meister zu zeichnen haben, ob Christus oder Johannes, ob das Alter oder die Jugend, ob Reich oder Arm, ob die Schönheit oder die Hässlichkeit, – man wird alle Gestalten unter dem Einfluss dieses Geschmackes geschaffen finden. Man wird ferner sehen, – und das ist ja oft genug spottender Weise über die altdeutsche Kunst bemerkt worden, – dass die Stellungen und Bewegungen der Arme und Beine, die Haltung des Körpers, die Neigung des Kopfes, das Gebaren mit den Händen mehr als billig schief, eckig, verrenkt und unbeholfen sind, gerade so, als ob die menschlichen Gestalten durch irgendetwas an dem freien und natürlichen Gebrauch ihrer Glieder gehindert wären.

Man hat für diesen sonderbaren Kunstgeschmack, der das Schöne im Unschönen, die Grazie in dem Ungefälligen und Eckigen findet, verschiedene Erklärungen versucht; ohne Zweifel liegt die Ursache aber nur in dieser engen Kleidermode oder steht wenigstens im allernächsten Zusammenhange mit ihr. Magerkeit und lange, dünne Glieder galten eben damals als Ideale der Schönheit und die Mode suchte sie durch den Schnitt der Kleidung zu erreichen wie der Künstler in der Zeichnung. Und wenn der letztere auch die Bewegungen und die Gebärden der Glieder eckig machte, so geschah es, weil er es seinen durch die Kleidung beengten Modellen im wirklichen Leben so absah. Allerdings ist das eine große Seltsamkeit, die im Laufes der Kunstgeschichte vielleicht nur bei den Byzantinern ein Seitenstück findet, aber es war noch nicht der Seltsamkeiten größte in dieser an Torheiten reichen Zeit.

Die Tracht der *Schellen* und der *Schnabelschuhe*, die zwar schon um hundert Jahre früher ihren Anfang genommen hatte, war in der Periode, von welcher wir reden, noch keineswegs ausgestorben, wenn sie auch ihre Blüte hinter sich hatte. Es kann wohl kaum Seltsameres gedacht werden als die menschliche Gestalt gleich Schlittenpferden mit ganzen Reihen großer Schellen und Glocken zu behängen und das noch gar für außerordentlich vornehm zu halten. Denn nicht die gemeinen Leute taten es, sondern die noble Welt, daher man denn damals sagte: „Wo die *Herren* sind, da klingeln die Schellen." Am Kopf, um Hals und Schultern, um den Gürtel, um den Saum der Kleider, auf dem Rücken, auf den Spitzen der langen Schuhe, überall sah man die Schellen. Als sie endlich nach mehr denn hundertjähriger Dauer ausstarben, da ist es bezeichnend, dass sie allein den Narren als charakteristisches Abzeichen bleiben. Etwas länger noch dauerte die Mode der spitzen Schuhe. In ihrer Blütezeit erreichten die Spitzen die Länge von zwei bis drei Schuh. Oft waren sie steif ausgestopft, oft schlugen sie schlaff um die Füße herum und mussten dann wohl, um beim Gehen nicht allzu hinderlich zu sein, am Knie befestigt werden. Dies war nicht bloß jugendliche Stutzertracht, sondern wir können Könige und Fürsten sehen mit der Krone auf dem Haupt und dem Hermelin um die Schultern und mit ellenlangen Schnäbeln an den Füßen. Auch will ich an jene langgespitzten Schnäbel an den Rüstungen des

15. Jahrhunderts erinnern, die einzig und allein durch die zivile Mode hervorgerufen wurden und von ihrer Stärke Zeugnis ablegen.

Nicht minder seltsam als die Füße in dieser Tracht nahm sich der Kopf in der seinigen aus. Der Kopf ist ja ohnehin die Lieblingsstätte der Toilette, wie sollte sich nicht die Narrheit, die in ihm lebte, auch äußerlich auf ihm geltend machen. Dem Haar wurde die äußerste Pflege zugewendet; man trug es damals lang und gesalbt und gemeiniglich in eine Fülle kleiner Locken gebrannt, während das Gesicht, wie immer bei langer Haartracht, zumeist bartlos war. Die Unzahl der Hüte, Hauben und anderer Kopfbedeckungen lässt sich nicht beschreiben; was sich nur an Formen erdenken lässt für Filz, Sammet und Seide, hoch oder niedrig, breit oder schmal, spitz oder glatt, steif oder schlaff, geflochten und gewunden, diese Zeit hat alles gesehen. Oft begnügte sie sich statt aller Kopfbedeckung mit einem bunten Reif um die Locken und daran mit einem Goldschmuck über der Stirn, in welchem senkrecht eine hohe Feder steckte. Auch zwei Hüte trug man zu gleicher Zeit, einen über dem anderen, und wenn man Jemand zu grüßen hatte, so nahm man nur den einen ab.

Um uns nicht zu weit in das Kostümliche zu verlieren, will ich zur Charakterisierung des männlichen Geschmacks nur noch der *Farbe* gedenken, welche sich mit den Formen der Kleidung in voller Harmonie zeigt. Dass diese Menschenwelt die lebhaftesten und schroffsten Farbengegensätze liebte und nach derartigen Effekten haschte, darüber verwundern wir uns nicht mehr. Der Abwechslung wegen liebte man es auch, zuweilen bloß in *einer* Farbe zu erscheinen, und zwar z.B. heute in Rot vom Scheitel bis zur Fußspitze, dass nicht ein Härchen, nur das schmale Gesicht herausschaute, und morgen in derselben Weise in Schwarz. Das Seltsamste aber war die sogenannte „geteilte Tracht", wonach ursprünglich der Mann von oben nach unten geteilt in zwei Farben gekleidet gegangen war. Das ganze Mittelalter hatte bereits diese Sitte gekannt, aber als eine Art Livree für den Lehns- oder Gefolgsmann, so dass man an seinem Leibe mit der Austeilung der Farben das Wappen seines Herrn, sei es nun schräg geteilt oder quadriert oder geschachtelt, oder wie sonst, dargestellt hatte. Das 15. Jahrhundert machte aber diese Art Livree zur Mode und suchte ihr, natürlich ohne alle Rücksicht auf irgendein Wappen, die sonderbarsten Figuren abzugewinnen. Dass beide Beine und Arme einander widersprachen, war nur gewöhnlich; Symmetrie wurde absichtlich vermieden die bunteste geometrische Figur verteilte sich über den Körper von der Spitze des Hutes bis zur Schnabelspitze des Fußes ohne alle Rücksicht auf die Form und den Lauf der Glieder zu nehmen.

Von dieser Bizarrerie waren allerdings die *Frauen* frei, die geteilte Tracht nahmen sie nicht an. Aber sie suchten darum in den Farben nicht minder nach Effekt und waren in den Formen nicht minder barock. Wir müssen uns erinnern, dass dies die Hauptzeit jenes prachtvollen Gold- und Silberbrokats mit den großblumigen stilisierten Mustern ist, jenes goldbrodierten Sammets, Stoffe, die wir als die Tracht der frommen und heiligen Frauen auf den altdeutschen Bildern kennen. Das ist auch eine Eigentümlichkeit dieser Zeit, dass die Entsagung, das tiefste Leiden, die innigste Trauer diese Heiligen, oder vielmehr ihre Maler, nicht abhielt, sich dieses eitlen Prunks der Welt zu erfreuen. Eine Magdalena, die im tiefsten Schmerze das Kreuz umklammert, hingesunken auf die Knie in ihrem Jammer, wie das nur die damaligen Maler auszudrücken verstehen, ist mit der höchsten Pracht der Mode bekleidet. Die Maler gaben diesen Frauen nur, was sie den vornehmen Damen ihrer Zeit absahen; sie wollten diejenigen, welche sie verehrten, an Ehren nicht zurückstehen lassen hinter denen, die sie liebten.

Die Frauen des 15. Jahrhunderts trugen die Prachtstoffe in weiter Masse von hochgegürteter Taille herabfallend, in faltiger Fülle um die Füße oder mit langer Schleppe, die damals zuerst an den Höfen bis zu jener Mächtigkeit anwuchs, dass sie von drei Frauen nachgetragen werden musste. Diese Fülle des weitwallenden und meist schweren Stoffs findet ebenfalls ihren Widerschein in der Kunst, welche es damals liebte, die Füße der heiligen Frauen mit der Masse von gebrochenen Falten zu umgeben.

Wenn es damals Frauen gab, die mit diesen oder einfacheren Stoffen den ganzen Körper verhüllten, so gab es andere, welche die Dekolletierung weiter trieben, als es wohl zu irgend einer Zeit gewesen ist, oder sich in durchsichtig dünne Stoffe hüllten, und beides, wenn uns die Bilder nicht täuschen, konnte man auf einem und demselben Ballfeste sehen. Wir finden immer die Extreme neben einander.

Das Merkwürdigste und Barockste, was die Frauenkleidung jener Zeit aufzuweisen hatte, war die *Kopftracht*; eine kurze Schilderung derselben mag uns das Übrige ersparen. Es ist nicht selten, dass wir das Haar völlig aufgelöst um die Schulter wallen sehen, schlicht herabfallend oder in schöngekräuselten Locken, um die Stirn von einem Blumenkranz, einem schmalen goldenen Band oder einem farbigen Reif mit bunten Federn gehalten. Im Gegensatz dazu wird es ganz herausgenommen und auf dem Kopf unter der Haube verborgen, und damit es sich ja nicht hervorstehle, wird das Haar von Stirn und Schläfen wegrasiert. So wurden bei den Damen die hohen Stirnen Mode, von welcher Mode man ebenfalls bei den heiligen Frauen in der Kunst das Widerspiel finden wird. Doch sind das bei weitem nicht die einzigen Weisen das Haar zu tragen; alle erdenklichen Arten von Locken und Flechten liegen dazwischen, ebenso viele wie ihrer nur die Zeit vor der französischen Revolution ersinnen konnte. Auch hatten die Hauben und Hüte nicht weniger ungeheuerliche und kolossale Formen. Eine Art davon war durch einen Schleier, der einem Segel gleich quer gespannt war, so breit, dass die Damen nur seitwärts durch die Türen gehen konnten. Eine andere Art bestand aus einem mehrere Fuß hohen, spitzen, farbigen und goldgeschmückten Kegel, von dessen Spitze ein Schleier bis hinten auf den Boden herabfiel. Dieser Kopfaufsatz glich einem Horne und man sagte damals, dass die Damen Bedenken trügen in die Kirche zu gehen, aus Furcht ihr Horn am Türsturz abzubrechen. Andere Damen legten sich gewaltige Kissen auf oder um die Häupter, bestickten diese Kissen mit Schmuck oder umwanden sie mit Schleiern; andere flochten Tücher turbanartig in beliebig phantastischer Gestalt zusammen, andere trugen kleine barettartige Hauben, andere verhüllten den ganzen Kopf mit einem grotesken Gebäude von feiner Leinwand über einem Drahtgestell, während wieder andere gar Stirn, Mund und Kinn verhüllten, dass nur ein kleiner Teil des Gesichts offen blieb. So herrschte Willkür und Bizarrerie in jeder Weise.

Dass diese ganze bunte Welt der Trachten ihren Widerschein in die *Kunst* warf, davon habe ich schon einige Andeutungen gegeben; ja man kann sagen, die Kunst des 15. Jahrhunderts, ich meine zunächst diejenige diesseits der Alpen, nahm sie ganz in sich auf. Es ist derselbe unerschöpfliche Reichtum an Formen, dieselbe Absonderlichkeit und Abenteuerlichkeit der Gestalten, dieselbe Pracht, derselbe Effekt der Farben und des Goldes. Hatte bei der Verschiedenartigkeit der Moden schon der einzelne Mensch das Recht sich das Kostüm nach seiner Phantasie zu schaffen, so hatte es der Maler noch viel mehr, aber er schuf die Trachtenformen nur aus dem Geiste der Zeit, und, weil er gemeiniglich mehr Talent, mehr Phantasie besaß, so gestaltete sich das Äußere jener heiligen oder biblischen Personen, die er auf seinen Tafeln darstellte, vielleicht noch bunter, farbenprächtiger und phantastischer. Daher stammt jene wundersame Welt der Äußerlichkeit und Eitelkeit in dieser religiösen Kunst, die umso auffallender erscheint, als eben dieselben Personen, die um ihres Putzes, ihrer Toilette willen vom Jahrmarkt der Eitelkeit und der Weltlust zu kommen scheinen, mit einer solchen Wahrheit und Innigkeit des Gefühls, mit solcher Tiefe und Reinheit der Empfindung beseelt, mit solchem Ausdruck der Demut, der Frömmigkeit und Heiligkeit begabt sind, dass die Kunst in dieser Beziehung nie wieder etwas Ähnliches geschaffen, noch aus der früheren Zeit ihr etwas an die Seite zu stellen hat.

Ähnliche Gegensätze begegnen uns auch sonst in dieser Kunst. Wir sehen oft in sonderbarster Weise den derbsten Humor sich an die Seite der frömmsten Gefühle stellen. Ich will hier nicht von den mancherlei grotesken und satirischen Reliefs reden, welche sich in den Kirchen finden, meist Schöpfungen einer früheren Zeit. Was ich hier im Sinn habe, ist die Verzierung jener wundervollen kleinen Gebetsbücher aus der burgundisch-niederländischen, aus der elsässischen oder französischen Schule, die um ihres vorzüglichen Kunstwerts willen uns noch in ziemlicher Zahl erhalten sind. Es nimmt uns weniger Wunder, dass die Damen in solchen Gebetsbüchern Spiegel angebracht hatten, mit denen sie sich in der Kirche über manche, ihnen vielleicht langweilig erscheinende Augenblicke hinweghalfen – es nimmt uns dies weniger Wunder, als wie der Maler bei der Bestimmung dieser Bücher in den Bildern das Gemeine und das Hohe zusammenstellen konnte, und wie die fromme Seele, welche die Gebete nachsprach, die den Bildern zur Seite stehen, daran keinen Anstoß nahm. Es ist bekannt, wie diese Pergamentbüchlein mit Miniaturen zumeist aus der Passionsgeschichte verziert sind, Miniaturen, die mit einer Feinheit und einer Liebe ausgeführt sind, welche selbst wie Frömmigkeit in der Kunst erscheinen, deren Figuren ferner all jene Wahrheit und Innigkeit der Gefühle, jene Reinheit und Heiligkeit zur Schau tragen, die wir bereits eben erwähnt haben, und die bei der Betrachtung jede gleichgestimmte Seele zum Gebet auffordern. Und um diese Bilder herum laufen die feinen, zierlichen, mit gleicher Liebe und Vollendung ausgeführten Arabesken, zwischen denen sich nicht selten in Tier- und Menschenfiguren ein Humor entfaltet, der keineswegs unanstößige Dinge vor die frommen Augen stellt. Schwerlich soll es ein Spott sein über die Gegenstände, welche sie umschließen, sondern wir können nur annehmen, dass diejenigen, welche diese Bücher malten und gebrauchten, in ihrer Frömmigkeit sicher genug waren, um den Humor unmittelbar daneben vertragen zu können, während ein anderer Geschmack die Religion und den Scherz, ein jedes gesondert, an seine Zeit und seinen Ort stellt.

Verfolgen wir den Charakter der Kunst weiter. wie er in der allgemeinen Geschmacksrichtung begründet liegt, und sehen wir uns namentlich die *Formen* an, sowohl bei der Menschendarstellung, wie in der Architektur und dem ganzen weiten Reiche der ornamentalen Kunst, so stoßen wir auf nicht minder charakteristische Züge, wenn sie auch vielleicht nicht in solchen schlagenden Gegensätzen zu uns sprechen. Dies dürfte aber mehr daran liegen, dass wir weniger geübt sind, aus solchen Kunstformen das herauszulesen, was der Geist der Zeiten ans ihnen spricht. Die Gegensätze untereinander und mit der Vergangenheit sind darum nicht weniger vorhanden.

Wir müssen es z.B. auffallend finden, dass bei der Energie, mit welcher die Künstler das Seelische ausdrücken, ein so starker Zug von Realismus durch alle ihre Werke geht. Der Ausdruck, der in den Gesichtern liegt, scheint vom Himmel zu stammen, und die Gesichter selbst sind in ihrer körperlichen Bildung sehr irdischer Art, alles Gesichter des 15. Jahrhunderts von Gent und Brügge, von Nürnberg und Augsburg, von Ulm und Colmar. Alle biblischen und heiligen Personen sind nicht mehr Typen wie früher, sondern sind Individuen und wirkliche Porträts, bei den Nürnbergern oftmals bis auf alle zufälligen Unschönheiten des Gesichts. Dieser realistische Zug in der Kunst darf uns nach dem, was wir bereits von der ganzen Zeit haben kennen lernen, nicht Wunder nehmen, auffallend erscheint nur, dass er sich mit der starken Betonung des Seelischen und einer ausgezeichneten Begabung der Maler verbindet, grade diese innere Seite des Menschen darzustellen. Ich habe schon gesagt, dass das Transzendentale und Ideale, welches den eigentümlichsten Charakterzug des Mittelalters bildete, im 15. Jahrhundert erloschen war, und ganz natürlich war die Welt dem Gegenteil, dem Realismus, anheimgefallen. Ebenso hatte die Auslösung jener starken geistigen Bande, welche den Menschen des Mittelalters ein so gemeinsames Gepräge gegeben hatten, es mit sich gebracht, dass der Einzelne mehr auf sich selbst angewiesen war und folglich seine Individualität mehr zur Ausbildung kam. In der Tat machen wir auch die geschichtliche Bemerkung gerade wie in der Kunst, dass die Menschen des 15. Jahrhunderts im Gegensatz zu denen des 12. und 13. nicht bloß eine reichere Mannigfaltigkeit der Charaktere zeigen, sondern auch jenen älteren typischen Figuren gegenüber bei weitem schärfer, kantiger, individueller ausgeprägte Persönlichkeiten sind.

Wenden wir unsern Blick von der Malerei auf die *Architektur*, so ist die erste Beobachtung, die wir machen, dass auch hier das bisherige Prinzip gelöst und die Baukunst in das Schwanken geraten ist. Unter dem wachsenden Unglauben, unter der Frivolität ist das religiöse Gefühl noch nicht soweit erloschen, dass es sich nicht in Kirchenbauten betätigen sollte; es lebt und wirkt noch, wie in der Malerei, ja es scheint fast, als ob das allgemeine öffentliche Gewissen, beängstigt durch die moralische und religiöse Sündflut ringsum, grade in Kirchenbauten Beruhigung und Beschwichtigung suchte. Aber der Geschmack ist schon ein anderer geworden, der Stil hat seine Reinheit eingebüßt und geht seinem Untergang entgegen.

Noch stehen wir, wenigstens diesseits der Alpen, bei der gotischen Baukunst; noch streben immer neue von jenen Steinkolossen gen Himmel, wie um jene Höhe zu erreichen, dahin der fromme Blick sich sehnt, aber das künstlerische Auge entdeckt trotzdem an den Formen bereits die Entartung. Die gotische Kunst verlässt um diese Zeit jenes strenge Prinzip der Konstruktion, welches sie im 14. Jahrhundert mit der Konsequenz eines Philosophen, mit der Präzision eines Mathematikers durchgeführt hatte. Sie verfällt in die Spielereien der Kleinkunst und verwendet diese Spielereien aus ihre kolossalen Verhältnisse Sie löset die Wände auf und macht die ganze Mauermasse zu einem System von Pfeilern, Stäben und Gurten, dazwischen denn das Licht durch überbreite Fenster hereindringt, dass das Gebäude einer offenen Halle gleichen würde, wenn nicht die farbigen Gläser für das Auge den Eindruck des Abschlusses machten. Sie verwandelt den Spitzbogen nach dem dekorativen Muster des Goldschmieds oder des Erzgießers in den geschweiften, halb hängenden, halb zugespitzten Eselsrücken, der konstruktiv unmöglich scheint und in dieser Beziehung auch wirklich nur eine Täuschung des Auges ist. Den Schlussstein des Gewölbes, welcher die höchste Spitze andeutet, sie lässt ihn oftmals wohl gar tief herunterhängen, mit so gefährlichem Anschein, als müsse das ganze Gewölbe über unserm Haupte zusammenstürzen. So verfällt sie der Künstelei und sucht Täuschungen hervorzurufen, welche in Wirklichkeit nicht vorhanden sind. Ornamente, welche dem Holze, das sich feiner ausarbeiten lässt, angemessen sind, oder dem zäh zusammenhaltenden Metall, überträgt sie auf den spröden Stein. Ja, was das Schlimmste ist, sie legt allen Wert und Nachdruck auf das Ornament und verliert darüber die großartige Wirkung der Massen, den Reiz schöner Verhältnisse Sie überdeckt mit diesem Ornament, das jede Fläche erfüllt, von jeder Ecke vorspringt, das Gebäude oftmals in einer solchen Weise, dass die Klarheit der architektonischen Idee verloren geht, dass das beobachtende Auge nirgends Ruhe findet und Gegner dieses Stils die gotische Kirche mit einem Stachelschwein vergleichen konnten. So führt sie selbst ihre Auflösung herbei.

Nicht minder entartet das *Ornament* für sich selbst betrachtet, nach seinen beiden Elementen, dem vegetabilischen wie dem geometrischen. Mit dem ersteren, dem vegetabilischen Ornament, hatte der gotische Stil in seiner guten Zeit den Vorzug vor manchem anderen Stil, die richtige Stellung zur Natur gefunden zu haben. Er benutzte die Natur in vollster Freiheit und schöpfte aus ihrem Reichtum mit ungebundener Hand; den Pflanzenformen ließ er ihre Eigentümlichkeit und änderte sie nur, soweit es die Kunst verlangte, indem er sie der Zufälligkeiten entkleidete und ihnen mehr plastisches Leben und Bewegung gab. In der Entartung des 15. Jahrhunderts aber entsagte die Gotik dieser Freiheit und machte sich zum Sklaven weniger Formen, die sie schematisch gestaltete und dann unermüdlich wiederholte. Schließlich verfiel sie gar aus trockne Zweige statt des lebendigen, bewegten, vielgestaltigen Laubwerks und flocht aus dem dürren Geäst laubenartige Bekrönungen zusammen, eine magere Ornamentik, die mit dem Reichtum und der Pracht, die sonst in dieser Zeit angestrebt wird, in offenbarem Widerspruch steht.

Selbst das geometrisch-architektonische Ornament, das in seiner mathematischen Gleichmäßigkeit ewige Festigkeit hätte verbürgen sollen, verliert seinen Halt. Früher in seiner regelmäßigen Gestaltung und steinernen Ruhe gerade an den gewaltigen Kirchen von höchst ausgezeichneter und wohltuender Wirkung, wird es nun unruhig und unsicher. Die Bögen, aus denen es sich zusammensetzt, schweifen sich wie flackerndes Fackellicht und schwingen sich um einander herum, dass das Auge, welches Ruhe sucht, sie in tanzender Bewegung zu sehen glaubt. Es ist die Unruhe, welche der ganzen Zeit innewohnt.

Wenn schon die Architektur zu ihrem großen Nachtheil für das Ornament der Freiheit entsagte, welche ihr zustand, so war die gleiche Entsagung für die *Kleinkunst* noch viel schlimmer. Diese hat an sich weitaus größere ornamentale Freiheit als die Baukunst, weil ihre Materiale ohne Vergleich reicher an Zahl und Eigenschaften sind und daher vieles zulassen und erfordern, was jener unmöglich ist. Nun aber im 15. Jahrhundert entsagte die Kleinkunst – ich habe hier zunächst alle Arbeiten in Holz und Metall vor Augen – nicht bloß ihrem eigenen ornamentalen Reichtum, sondern sie richtete sich fast einzig nach der Architektur, hielt sich an deren bereits, wie wir gesehen haben, sklavisch beschränktes Ornament, und nahm, was das Schlimmste, die spezifisch architektonischen Formen oder das geometrische Ornament auf sich herüber. Dieses sogenannte Maßwerk, welches in großem Maßstabe am Gebäude dadurch seine gute Wirkung tut, dass es schmückt und belebt und doch bei größerer Entfernung Klarheit und Deutlichkeit behält und dem Auge die Ruhe bewahrt, erscheint ebenso trocken wie langweilig, wenn es auf kleine Verhältnisse übertragen wird.

Solche Folgen musste denn die *Goldschmiedekunst* des 15. Jahrhunderts auf sich nehmen. Vor allem litt darunter die kirchliche Kunst, welche, wie es scheint, gerade in dem steifen und strengen architektonischen Ornament den kirchlichen Charakter zu finden geglaubt hat, anstatt dass sie früher Filigran und farbigen Emailschmuck zu reichlicher und bei weitem feinerer und wirkungsvollerer Verwendung brachte. Manche Gefäße und Geräte dieser Zeit sind nichts als Kirchen und Kapellen im Kleinen, und diejenigen Gefäße, bei welchen in der ganzen Komposition keine Ähnlichkeit damit herauszubringen war, wurden mit Maßwerk und dem anderen Schmuck gotischer Kirchen auf das reichlichste umlegt. Wie gedankenlos das ganze Verfahren war, zeigt sich am besten dadurch, dass das Ornament sich grade dort am meisten einfand, wo es am wenigsten passte. So z.B. hat der Ständer des mittelalterlichen Kelches einen dicken Knauf, um welchen sich die Hand fest und sicher herumlegt. Der Knauf erfordert darum mit Notwendigkeit eine einfache und schlichte Verzierung Die Ornamentik jener Zeit hingegen umgab ihn mit einem förmlichen Kranz von Fialen, Strebepfeilern und Baldachinen, unter denen eine Anzahl Figürchen ihren Platz erhielten. Der Gebrauch eines solchen Kelches wurde dadurch fast zur Unmöglichkeit.

Auch die weltliche Goldschmiedekunst enthielt sich nicht der Annahme des ärmlichen architektonischen Ornaments, was umso auffallender ist, als ihr damals bei der herrschenden Vorliebe für Schmuck und Pracht und einen glänzenden Hausschatz weitaus zahlreichere und größere Aufgaben gestellt wurden, als früher. Man setzte seinen Stolz darein, Kredenzen und Kasten mit zahllosen und kostbaren Goldschmiedearbeiten, bei denen die Arbeit selbst nicht den wenigsten Wert hatte, zu besetzen. Wir müssen aber doch sagen, dass bei Gefäßen, Geräten und Schmucksachen weltlicher Art das architektonische Ornament nicht das einzige war. Man machte ziemlich reichlichen Gebrauch vom Laubwerk, wenn auch dieses Laub nach der Weise jener Zeit stereotypen Charakter trug. Jedoch suchte man es zu beleben, indem man ihm oft einen fliegenden Charakter gab, gleich flatternden Fahnen, oder allerlei phantastische Gebilde, wilde, behaarte und nackte Männer, Affen und Vögel und anderes Getier darin herumklettern ließ. Auch Emailschmuck verwendete man wohl, jedoch in weit geringerem Grade und weniger kunstvoll als in den vorausgegangenen Jahrhunderten und in dem nachfolgenden. Für beides, für Email und Laubwerk, existiert noch heute ein großartiges Beispiel, der berühmte, oft abgebildete Pokal des Matthias Corvinus zu Wetter-Neustadt.

Bei solcher Ärmlichkeit des Ornaments wurde damals die Goldschmiedekunst veranlasst, das Ziel ihrer Kunst ganz wo anders zu suchen, als wo es lag. Sie suchte nämlich den Gefäßen und Geräten die Gestalten anderer Dinge unterzuschieben, insbesondere von Tieren, wie das heute unter ähnlichen Umständen ähnlich geschieht. Die Kirche hatte das um der Symbolik willen schon früher getan, jetzt wurden die Pokale und Tafelaufsätze in Gestalt von Schiffen, Elefanten, Hunden und Pferden, von belagerten Burgen u.s.w. Geschmacksmode; allerlei künstlicher Mechanismus gesellte sich noch dazu, singende Vögel, bewegliche Gestalten, Türen oder sonstige Höhlungen, die sich öffneten und allerlei allegorische und romantische Erscheinungen heraussendeten, sodass die Kunst zur Spielerei für große Kinder wurde. Leider entsagte später die Renaissance solcher für den Erfindungsgeist bequemen Weise nicht, ja sie erweiterte dieselbe wohl noch mit ihren allegorisch-mythologischen Gebilden.

Wenn die Goldschmiedekunst sich der Architektur unterwarf, so kann man sich umso weniger verwundern, dass die *Tischlerei,* die durch ihr konstruktives Element der Architektur näher steht, dem Beispiel folgte. Prachtvolle mit Schnitzereien reich ausgestattete Möbel waren damals der Luxus der großen und der reichen Bürger in den Städten, von den Altären, dem Chorgestühl und anderem Holzgerät der Kirchen nicht zu reden. Reichtum der Arbeit sollte sich zur Solidität gesellen, die leichte, geschnitzte und durchbrochene Verzierung mit der schweren Würde der konstruktiven Teile vereinen. Diese Möbel, meist aus festem Holz solid und schwer gezimmert und ziemlich massiv und kolossal in den Formen, hatten allerdings etwas Unbewegliches, was keineswegs mit ihrer reichlichen, aber aus dünnem Stabwerk bestehenden Krönung harmonierte. Das Stabwerk ahmte genau die ornamentalen Formen der Architektur nach, in Maßwerk, in Fialen und Baldachinen, auch das Laub war genau dasselbe wie das in Stein, nur dass alles in dem leichteren, zäheren Material dünner und zierlicher herausgearbeitet wurde. Ebenso fehlten den Baldachinen kleine Standbilder nicht, und figürliche Reliefs nahmen die Füllungen ein. Während also, wie vorher bemerkt, die Architektur so mancherlei aus der Kleinkunst an sich genommen hatte und im ganzen Charakter trotz der kolossalen Dimensionen kleinlich und spielend geworden war, hatte sich die Möbelfabrikation zu einer Baukunst im Kleinen entfaltet. Daher lag es nahe, dass die Architekten unserer Zeit, als sie vor wenigen Jahrzehnten die Gotik zu erneuern begannen, für die Gestaltung des inneren Hausrats auf diese letzte und entartete Periode der gotischen Kunst zunächst verfielen, ein Standpunkt, der von den besseren Gotikern unserer jüngsten Tage nunmehr überwunden ist.

Der stachlichte, krause, unruhige Anblick, den eine solche Ausstattung der Wohnung darbot, erhielt aber seinen Gegenhalt in einer anderen Art von Schmuck. Das waren die Teppiche. Das ganze Mittelalter schon hatte an diesem farbigen Schmuck seine Freude gehabt und war bemüht gewesen, seine fensterlosen dunklen oder vom Zugwind durchwehten Wohnungen damit behaglicher und wärmer zu machen. Der lebhafte Aufschwung der Industrie im 15. Jahrhundert ließ immer weitere Kreise an dieser Sitte teilnehmen. Wie die Bilder dieser Zeit uns lehren, waren in wohlhabenden Häusern mit Teppichen die Wände bedeckt, die Sitzmöbel und Tische überzogen, der Fußboden belegt und die Fenster verhängt. Schwere Stoffe hingen um die Betten herum von der Krönung herab und schützten gegen die Zugluft der Türen. So bildeten von allen Seiten bunte Farben den Gegensatz zum schweren braunen Ton der großen Möbel, der Vertäfelung der Wände und der gewichtigen Holzdecke.

Die Ausstattung der Teppiche entsprach der Prachtliebe der Zeit. Noch sind uns gerade aus dem 15. Jahrhundert eine große Zahl solcher gewebter Wollstoffe erhalten, welche mit figürlichen Szenen aller Art überdeckt sind, so dass sie an den Wänden anstatt der Staffeleibilder dienten. Die Sitte des Bilderbehangs wurde erst allgemein mit dem Ausgang des 15. oder dem Anfang des 16. Jahrhunderts in Folge der außerordentlich am wachsenden Produktivität der Malerei, für welche Kirchen und Kapellen keinen Raum mehr hatten. Hier auf den Teppichen, die für das Haus bestimmt waren, ergeht sich die genrehafte Weltlust in behaglicher Breite, lange bevor sie in die eigentliche Malerei eindrang. Feste und Schmausereien sind die gewöhnlichen Gegenstände, Herren und Damen lustwandeln im Freien, sitzen gelagert im Grünen, musizieren und tanzen und spielen allerlei Gesellschaftsspiele, wie Blindekuh, Klumpsack und scherzhafte Turniere, so dass für diese Seite der Sittengeschichte die Teppiche die ergiebigste Quelle sind. Jagd und Fischfang und die Arbeiten des Landlebens geben ebenso reichlichen Stoff, und sodann sind es ganze Romane und selbst noch die alten Heldendichtungen der epischen Zeit, welche sich hier in langen Bilderzügen mit beigefügten Inschriftbändern illustriert finden. Französische, niederländische, plattdeutsche und oberdeutsche Inschriften bezeugen, dass die Fabrikstätten verschiedenen Ländern angehörten und somit der Geschmack daran ein allgemeiner war.

Nicht minder auf Pracht und Reichtum angelegt war die ornamentale Ausstattung aller *gewebten Stoffe*, mochten sie nun zur Bekleidung oder zum Behange bestimmt sein. Diese Zeit bewies gerade darin einen ebenso großartigen Geschmack wie richtiges Gefühl. Von diesem Gebiet hielt sie das architektonische Ornament vollständig fern, so sehr es die übrige Kleinkunst überwucherte, und ebenso fern hielt sie den Naturalismus, der gleichzeitig in einen anderen Zweig der Verzierungskunst, in die Pergamentarabeske, eindrang. Es war, als ob sich eine ganz eigene, von den übrigen unabhängige Art der Ornamentation in den gewebten Stoffen fortzöge und ein eigenes Leben führe. Sie mag einmal in den früheren Jahrhunderten des Mittelalters von den reichen arabisch-maurischen Stoffen ihren Ausgang genommen haben, aber sie hatte sich dann so verändert, dass sie für das 15. Jahrhundert als eine originale Weise der Verzierung gelten konnte.

Die Elemente dazu bildeten zu dieser Zeit fast einzig Pflanzenmotive, aber sie waren so vollständig und zugleich so mannigfach umgeschaffen, dass man kaum das Urbild zu erkennen vermag. Man bezeichnet z.B. wohl ein gewisses Muster, das häufig wiederkehrt, als dasjenige mit dem Granatapfel, aber diese Frucht, wie wir sie hier in immer anderen Varietäten gezeichnet finden, ist dem Original in der Natur so unähnlich, dass sich die Benennung eben nur wie eine Tradition unter den Archäologen fortpflanzt. Woran es vor allem bei diesen Stoffen ankam, das war Pracht und Glanz, welche einmal im Geschmack der Zeit lagen. Dieses künstlerische Ziel hängt ebenso wohl von der Wahl der Farben ab, wie von dem Verhältnis ihrer räumlichen Verteilung und drittens von der Beschaffenheit des Stoffes. Alle drei Dinge vereinigten sich hier im 15. Jahrhundert, um diese Gewebe für alle Zeiten als Muster für Prachtstoffe erscheinen zu lassen.

Mit matten, gebrochenen Farben ist keine Pracht zu erzielen, aber auch lebhafte und kräftige Farben werden sie nicht ergeben, wenn sie in zu kleinen Teilen räumlich durcheinander gemengt sind. Sie werden wohl so einen zarten harmonischen Schimmer bilden, aber den großen Effekt verlieren. Ebenso wird ein zu zart gezeichnetes Ornament, mögen die Linien noch so reizend sein, auf dem breiten Grunde verschwinden und von der Farbe desselben getötet werden. Auch zu viele Farben erreichen nicht das angegebene Ziel: sie heben sich gegenseitig auf; und noch viel weniger ist dies dem Naturalismus möglich mit all den verschiedenen Farbnuancen und den grauen Schatten, die er nötig hat, um die Wahrheit der Natur hervorzubringen. Es ist vielmehr notwendig, dass wenige kräftige Farben, die sich lebhaft voneinander abheben in verhältnismäßig breiten Flächen gegen einander gesetzt werden, sodass der Grund nicht überwiegt und ebenso wenig das Ornament, sondern beide eine gewisse Selbstständigkeit behaupten. Dann ist es Sache des Künstlers mit Wahrung dieses Verhältnisses das Ornament in schwungvollen Linien zu zeichnen und anzuordnen, um der Pracht die Schönheit hinzuzufügen.

Darauf verstanden sich die Ornamentisten des 15. Jahrhunderts. Sie gebrauchen zu den rein ornamentalen Prachtgeweben selten mehr als zwei Farben, meistens Gold oder Silber, sei es als Grund oder Zeichnung irgendeiner andern Farbe gegenüber gestellt, und sie wissen das Ornament in solcher Breite zu halten und so zu verteilen, dass das Gold nicht die Farbe und die Farbe nicht das Gold ertötet. Sie wissen aber auch, dass der Stoff in seinem Körper dieser Ornamentation entsprechen muss, dass leichte, dünne, flatternde Seide dabei nur wie Theaterflitter erscheinen würde. Der große Stil der Verzierung verlangt auch große, breite Falten; er verachtet und verschmäht die kleinknitterigen Brüche dünner Seide. Von dieser Art sind auch wirklich jene großgemusterten Stoffe, feste und schwere Gewebe, Brokate, Damaste, Sammet in Seide und Wolle, mit denen wir auf den Bildern Fürsten und Fürstinnen, Ritter und Edelfrauen und den vornehmen, reichen Bürgerstand, sowie nicht minder alle heiligen und vornehmen Personen der biblischen Geschichte bekleidet sehen. Wir erkennen das an den geraden, langgezogenen Falten, welche den Körper herablaufen, an den breiten, kräftigen Brüchen des weiten und langen Stoffes, welcher die Füße schleppend umwallt. Das alles erscheint wie nach der Natur gemacht und ist es sicherlich auch in den meisten Fällen. Mit denselben schweren Prachtstoffen sehen wir die Thronsessel verkleidet, Bänke und Tische überdeckt und die Wände behängt, sodass eine solche Ausstattung wohl einem königlichen Saal die Würde und einem königlichen Feste den entsprechenden Hintergrund geben konnte, trotz der splitterhaften Schnitzerei der Möbel.

Zeigt sich somit die Ornamentation der gewebten Stoffe nur nach einer Seite hin, und nach der besten, vom Geist der Zeit ergriffen, so war das bei einem andern verwandten Zweige der ornamentalen Kunst, der *Pergamentarabeske,* durchaus nicht der Fall. In diesem freiesten und phantastischsten aller Zweige der Ornamentation pulsiert das ganze Leben der Zeit mit allen widerstrebenden Richtungen. In dem beschränkten Raum der Manuskripte stoßen die Gegensätze hart aufeinander, wenn sie auch nicht in gleich schlagender Weise dem Gefühle sich aufdrängen, teils wegen der Kleinheit ihrer Ausführung, teils weil wir überhaupt dieser gemalten Arabeske die größte Freiheit zugestehen. Ein Beispiel davon habe ich schon in jenen zierlichen Gebetsbüchern erwähnt, bei denen die groteskkomischen Darstellungen in den Randverzierungen so wenig zu den religiösen Gegenständen und der liebevollen Frömmigkeit der Hauptbilder passen.

Die ornamentalen Miniaturen der Pergamentmanuskripte führen gleich der Verzierung der gewebten Stoffe das ganze Mittelalter hindurch ein eigenes Leben, völlig unabhängig von dem gleichzeitigen architektonischen Ornament. In dieser Zeit aber, namentlich gegen den Ausgang des 15. Jahrhunderts hin, können sie nicht ganz dem Einfluss desselben sich entziehen. Ein Zeichen davon ist, dass die Gründe der Initialen, als wären sie architektonische Felder, nicht selten mit Vierpässen und anderen Arten des Maßwerks ausgefüllt sind. Viel deutlicher aber gibt sich der Einfluss darin zu erkennen, dass das Laub der Arabeske sehr häufig, und das ist gerade in den besten und am feinsten ausgeführten Werken der Fall, völlig den Charakter architektonischen Laubes annimmt, als wäre es aus Eichenholz geschnitzt und von der Verzierung eines Altares abgebrochen. Diesen Charakter deutlicher hervorzuheben, ist es auch braun gemalt und mit Gold gehöht. Selbst die Initialen finden sich aus solchem braunen geschnitzten Laub zusammengesetzt, das dann noch, um das Relief klarer zu machen, seinen Schlagschatten über das Pergament hinwirft.

An dieses architektonische, geschnitzte Laub nun tritt einer jener Gegensätze heran, an denen diese Zeit so reich ist und welche man sich klar machen muss, um den Zeitcharakter zu verstehen. Dieses Laub ist streng stilisiert und in jeder Beziehung, in Farbe wie in der Zeichnung, der Natur so fern wie möglich. Nichtsdestoweniger wächst aus ihm ein ganzer natürlicher Garten hervor mit grünen Blättern, Blumen und Früchten. Es ist dem Gedanken nach nicht anders, als wie wenn Jemand einen trocknen vergoldeten Ast mit geschnitzten Blättern in die Erde stecken wollte, und es entwickelte sich daraus ein reiches Leben von frischgrünem Laub, farbigen Blüten aller Art, Rosen, Vergissmeinnicht, Nelken, und dazwischen hingen die roten Beeren, die süßen Früchte des Gartens, und auf den Blumen schaukelten sich die Schmetterlinge und in den Zweigen wiegten sich die Vögel. Man mag dem Arabeskenkünstler solche Zusammenstellung von Pflanzengebilden gern erlauben, denn seine Macht ist die freieste in der Kunst, sein Reich ist das der unbeschränkten Phantasie und seine königlichen Residenzen sind spanische Schlösser, aber billig wundert man sich doch, da es niemals vorher dergleichen in der Kunst gegeben, wenn er wie ein Taschenspieler aus den Werken der Kunst die Produkte der Natur und aus diesen wieder – denn auch das erlaubt er sich – die Gebilde der Kunst hervorsprießen lässt. Die Natürlichkeit der Gegenstände erhöht er noch dadurch, dass er sie ihren Schlagschatten über das Pergament werfen lässt und zwar so, als lägen sie nicht auf, sondern über demselben. Es spricht sich hierin, nachdem die transzendentale Welt des Mittelalters zu Grunde gegangen, derselbe reale Sinn aus, dasselbe liebevolle Anklammern an die natürlichen Dinge, welches in der Malerei und in der Skulptur den realen und individualisierenden Grundzug der Formenbildung hervorgerufen hat. Auch auf den großen Gemälden sehen wir nebenbei das kleine Leben der Natur in Blumen, Gräsern und Steinen sich entfalten und mit feinster Empfindung und hingebendster Liebe ausgeführt. Und wie hier so manches, namentlich die ganze seelische Stimmung noch an die Gefühlsnaivität des Mittelalters erinnert, so tritt auch in der Ornamentik der stilisierende Zug der früheren Jahrhunderte mit der modernen Naturempfindung hart zusammen. Ein Geschichtsschreiber der Naturforschung wird ohne Zweifel in dem damaligen Zustande dieser Wissenschaft einen ganz ähnlichen Widerspruch entdecken.

Aber diese beiden Seiten sind nicht die einzigen des damaligen Miniaturornaments. Im Gegensatz zu früher, wo mehr eine Weise die andere ablöste, gehen in dieser Zeit eine Reihe verschiedener Stilarten nebeneinander gleich den Trachtenformen. Zwei andere scheinen fast in nicht minderem Gegensatz zu stehen als die beiden bereits geschilderten. Die eine lernen wir kennen, wenn wir die Folianten dieser Zeit aufschlagen Es ist eine großstilisierte, kräftige Zeichnung, welche mit sicherer und freier Künstlerhand die großen, schön geschwungenen Linien der langen Stängel und Blätter, wie sie aus den Initialen hervorwachsen, der ganzen Länge nach über das Folioblatt hinsendet; daraus schießen wieder farbige Blumen hervor, welche mit langen Staubfäden den Flug der anderen Linien durchschneiden. Es ist eine stilvolle, reiche, prächtige Art, welche sich im Charakter an die geschilderte Ornamentation der goldgewebten Stoffe anschließt, in der Zeichnung aber völlig anders, frei und selbstständig ist.

Ihr gegenüber steht die zweite, durchaus kleinlich zierliche Art, welche zwar ihr eigentliches Leben nur in den Manuskripten kleinsten Formats führt, jedoch nicht selten auch mit jener großgeschwungenen Art Seite an Seite tritt, zumal die letztere auch aus den Folianten in die Quartanten und Oktaven herabsteigt. Hier liegen die feinsten, spitzgelappten Efeublätter, golden und farbig, auf dem Pergament, wohlverteilt über den Raum, keines an das andere stoßend, und nur verbunden durch die feinsten, zierlichst geschwungenen Linien, daran die Blätter hängen, dass man meint, sie zitterten vor unsern Augen wie Espenlaub. Man sollte glauben sie gehörte einer andern Zeit an, so grundverschieden ist diese Weise von der anderen, und doch passt sie aufs trefflichste zu den zierlichen Miniaturbildern, die sie umschließt.

So liegen hier die Gegensätze neben einander und verwischen sich. Stilisierte Blumen wachsen aus Blumentöpfen hervor, und auf ihnen wiegen sich wohlbekannte Schmetterlinge. Mitten aus dem großgeschwungenen Ornament rauscht eine Jagd heraus, Hirsche, Hunde und Jäger eilen über eine Wiese, auf welcher natürliche und stilisierte Blumen durcheinander wachsen. Rüpelhafte Bauern und dergleichen

Volk sitzen im Kelch der schönsten und stilvollsten Blumen, Affen und Hunde treiben darunter ihr Spiel, während nebenan die Heiligen drei Könige das Christuskind verehren. Im Initial spielt David die Harfe, und ihm zur Seite in der Arabeske bläst ein Narr die Flöte. Alles mögliche phantastische Getier und Menschengebild, Seejungfrauen mit Fischschwänzen, Drachen, zentaurenartige Menschen, dazu Tanzbären, Hahnenkämpfe, Fuchs und Gans, das alles treibt sich possenhaft in den kunstvollsten Arabesken umher hart zur Seite neben den erhabensten Darstellungen.

Es war in jedem Fall eine wunderliche Welt, die sich in diesen Miniaturen abspiegelt. Man sieht ihr an, dass ihr eine Art von Reinigung nottut, ein geistiger Gewittersturm, der eine heilsame Erschütterung bringt. Geister und Gewissen waren außer sich geraten und mussten wieder in sich gekehrt werden. Der Geschmack hatte sich verlaufen wie ein angeschwollener, über seine Ufer getretener Strom; er hatte sich verteilt in eine Menge verschiedener Arme und Richtungen; das alte Bett lag versandet, die Mündung verstopft. Es musste ein neues, frisches Bett gegraben werden, das alle die zerstreuten Wasser wieder sammelte, um sie aufs Neue in einem einzigen breiten Strome hinfließen zu lassen.

Das hatte sich währenddes auch anderswo schon vorbereitet. Auf italienischem Boden hatte sich langsam der neue Geschmack entwickelt, welcher nun über die Alpen kam, der alten und veralteten Kunstweise mit allen ihren Schwankungen ein rasches Ende machte und hier allein die Herrschaft behauptete, bis auch ihn der Wechsel der Zeiten ergriff und umzuwandeln begann, schneller als dies mit seinem gotischen Vorgänger der Fall gewesen war.

Zweiter Abschnitt

Die italienische Renaissance

Die große, wildbewegte Periode der Reformation steht in einem bemerkenswerten Gegensatz zur vorausgegangenen Zeit. Während das 15. Jahrhundert arm an großen äußeren Taten und Ereignissen war, aber reich an der Vielartigkeit geistiger Erscheinungen, stellt die nachfolgende Periode nur eine einzige große, religiös-politische Bewegung dar, in welcher die bedeutenden, mit Lapidarschrift in das Buch der Geschichte eingetragenen Begebenheiten Schlag auf Schlag einander drängen. Nichtsdestoweniger – vielleicht auch gerade deshalb – verschwindet die geistige Vielartigkeit, jene wundersame Welt der Widersprüche, die im ersten Abschnitt geschildert worden; alle die verschiedenen Richtungen der Geister auf dem Gebiet der Kunst und des Geschmackes lenken in jene große, gemeinsame Straße ein, die wir als die Renaissance bezeichnen, als die Wiedergeburt der antiken, heidnisch-klassischen Kunst.

Die Wiege dieser Wiedergeburt ist Italien. In Italien vollzog sich aber auch die Wiedergeburt der klassischen Literatur der Griechen und Römer, welche nicht minder auf einem fast größeren Gebiet noch, auf dem der Literatur und der Wissenschaft, die Geister umwandelte und nicht minder zwingend in eine einzige Bahn der geistigen Arbeit hineindrängte.

Beide Bewegungen stehen offenbar in engster Verbindung. Es konnte nicht die klassische Literatur zur Grundlage aller Schulbildung, aller Wissenschaft gemacht werden, ohne dass nicht dieselbe Literatur auf die antike Kunst hingewiesen hätte, den schönsten Ausfluss griechischen Geistes, dessen Monumente noch sichtbar vor Augen standen und täglich fast aus der Erde hervorgegraben wurden. In der Tat gehen beide Hand in Hand, eine die andere fördernd und hebend, beide aufsteigend in gleichem Schritt, bis das Studium Platos und Aristoteles in Rafaels Schule von Athen seinen höchsten Triumph feierte.

Der Sieg, den beide vereint über die mittelalterliche Bildung davontrugen, wurde ihnen nicht leicht gemacht. Ehe sie dahin kamen, den ganzen Kulturstand umzuschaffen, dem menschlichen Geiste ein neues Gepräge zu geben und ihn zu neuen Zielen zu lenken, hatten sie mächtige und alteingewurzelte Kräfte im Kampf zu überwinden. In Folge dessen zeigen sich in Italien fast nicht minder merkwürdige und widerspruchsvolle Erscheinungen, wie wir sie diesseits der Alpen haben kennen lernen, nur dass sie nicht ein ebenso barockes Gewand trugen, gerade wie die Italiener von damals, nicht minder Stutzer und nicht minder eitel, zwar alle die seltsamen Moden des 15. Jahrhunderts mitmachten, aber sie alle mäßigten und verfeinerten.

Wir können das erste Wiedererwecken des antiken Geistes in den Ausgang des 13. Jahrhunderts setzen. Niemals zwar war das Nachglühen der alten Kunst in Italien völlig erloschen gewesen und vereinzelte Versuche den Funken wieder anzufachen lassen sich schon früher nachweisen, aber von der genannten Zeit an waren Streben und Fortschritt stetig, wenn auch der letztere für mehr denn hundert Jahre so langsam ging, dass man die eigentliche Renaissance erst mit der ersten Hälfte des 15. Jahrhunderts beginnen kann.

Die widerstrebenden Richtungen des Geistes und Geschmacks waren noch zu mächtig und mussten erst ihre Bahn auslaufen, um die Kraft des Widerstandes zu verlieren oder sich mit dem antiken Geiste zu versöhnen. Denn – und das ist gewiss sehr auffallend, wenn auch wohl zu erklären – gerade zu derselben Zeit, als die ersten kräftigen Flügelschläge des erweckten antiken Geistes sich regten, begann erst die Gotik in Italien ihren Weg und erlebte ihre Blütezeit, während die Vorbereitungen zur Renaissance in stetem Wachsen waren. Und ebenso fiel die Erhebung der nationalen Literatur Italiens nicht bloß mit den ersten Bemühungen um die Griechen und Lateiner zusammen, sondern dieselben Männer, welche die Klassiker bewunderten und nachahmten, dieselben, welche ihren verlorenen Manuskripten nachforschten und Lehrstühle für diese Sprachen errichteten, dieselben waren auch die ersten und größten nationalen Dichter Italiens, Dante, Petrarca, Boccaccio. Endlich erstand noch im Anfang des 15. Jahrhunderts, als die Gotik nach kurzer Blüte wieder sank, der antiken Kunst ein neuer Gegner, derselbe Naturalismus, den wir schon diesseits der Alpen haben kennen lernen und der sich insbesondere in die Ornamentation der Frührenaissance eindrängte.

So entfaltet sich in Italien im 15. Jahrhundert eine ähnliche, wenn auch abgeschwächte Welt widerstrebender und widersprechender Erscheinungen. Ein wahrhaft heiliger Eifer für das Heidentum treibt die ganze Menge der Gebildeten und Gelehrten, die Männer wie die Frauen, gerade dort im Lande, wo das Haupt der Christenheit thront, wo er über dem Glauben wacht und die Gläubigen segnet, wo hunderte von Kirchenfürsten die Macht und den Glanz der Kirche entfalten. Platonische Ideen wandern vom Lehrstuhl aus durch alle Köpfe, werden im Salon wie im Hörsaal diskutiert, in schattiger Laube wie auf Spaziergängen, in der kühlen, erfrischenden Luft der Landhäuser wie in den Palästen der Vornehmen und der Kardinäle erörtert und schweifen hinauf bis zum höchsten Thron. Man konnte sich anderthalb Jahrtausende und mehr zurückversetzt denken in die Zeit der Schulen von Alexandrien, Rhodos und Athen, so heidnisch-klassisch sieht es in den Köpfen aus, so vom antiken Geiste sind die Reden und Konversationen erfüllt, so wandeln sich unter diesem Einfluss die Sitten der Vornehmen und Gebildeten. Nur wenn man die Menschen selber ansieht in ihrer äußeren Erscheinung, da ist freilich in Tracht und Toilette keine Spur der alten Welt zu finden, Da sind ganz die barocken, malerischen Kostüme des 15. Jahrhunderts, die den schroffsten Gegensatz zur plastischen Gewandung der Griechen und Römer bilden, da ist noch die ganze bunte Farbenpracht des Mittelalters, die ganze stutzerhafte Eitelkeit, die nichts weiß oder zu wissen scheint von Ernst und Würde.

Und mitten zwischen diesem Heidentum einerseits und der eitlen Weltlust andrerseits lebt noch das Christentum unbesiegbar und feiert in Fiesoles Klosterzelle seine stillen Triumphe. Fiesoles fromme, himmlische Gestalten, die ganz Seele, ganz in seliges Gefühl aufgelöst zu sein scheinen, wie tief innerlich christlich im Geist des Mittelalters sind sie gedacht und geschaffen, wie fern stehen sie all den klassischen Bestrebungen ihrer Zeit, der humanistischen Weltbildung, und doch wie sehr auch haben sie sich schon wieder im Formellen von den eigentlichen Kunstgebilden des Mittelalters entfernt!

Denn in Italien hat sich nicht minder wie nordwärts der Alpen im Gegensatz zu dem mittelalterlichen typischen Idealismus das reale Streben nach *Naturwahrheit* geregt, ja in der Art, wie wir es bei den großen Meistern der Frührenaissance sehen, bildet es die am meisten charakteristische Seite dieser Kunst. Die Liebe zur Natur oder vielmehr zur allgemeinen Naturwahrheit, denn ich habe nicht speziell das Pflanzenornament im Auge, verbindet sich mit der allerdings noch mangelhasten Kenntnis der Antike und beseelt sich mit der Innigkeit mittelalterlicher Empfindung; die Liebe zur Natur gibt dem Künstler Kühnheit und befreit seine Gebilde, insbesondere die plastischen, von der alten Ängstlichkeit und Unbeholfenheit, sie löst ihnen, so zu sagen, Knie und Schenkel und verleiht ihnen die Freiheit der Gliederbewegung, welche der mittelalterlichen Plastik abgeht. Fast möchte man auch sagen, die Liebe zur Natur ist es, so innig, so tief und wahr tritt sie auf, welche den Schöpfungen dieser Kunst den unvergleichlichen Adel verleiht. Man braucht nur Luca della Robbias singende Knaben zu betrachten, um das zu begreifen, um zu sehen, welche Verbindung hier Natur und Veredlung mit einander eingehen.

Eben dieser veredelnde Sinn ist es auch, welcher dem *Pflanzenornament* dieser Kunstperiode, das der Natur oft so äußerst nahe tritt, den naturalistischen Charakter nimmt und es zum wahrhaften Kunstgebilde erhebt. Nicht die Nachahmung der Natur, wie heutzutage, ist dabei das Ziel der großen Meister der Frührenaissance, sondern die Verschönerung des Gegenstandes nach den Prinzipien der Kunst. Ihr Pflanzenornament, wie naturalistisch es scheinen mag, ist daher immer so gebildet, dass alle Anmut der Linienführung sich darin offenbart; es ist so geordnet und über den gegebenen Raum verteilt, dass es sowohl zur Umgebung wie zu dem Grunde, auf dem es ruht, im schönsten Verhältnis steht, ohne überladen zu sein, ohne Lücken zu zeigen; es ist endlich das Relief in Bezug auf seine Höhe und Tiefe, das ist in Bezug auf sein Spiel von Licht und Schatten, mit einer solchen Feinheit des Gefühls, mit einer solchen Weisheit des Kunstverständnisses behandelt, dass in dieser Beziehung die Ornamente eines Ghiberti, Donatello, Luca della Robbia für alle Zeiten als Muster gelten können.

Wir müssen bei diesem Punkt, der das Geheimnis des Reliefs enthält, noch einen Augenblick verweilen. Was dem plastischen Werk seinen eigentümlichen Reiz verleiht, das ist das wechselnde Spiel von Licht und Schatten, die unendlichen Variationen des Helldunkels, welche durch die Biegung der Flächen, die wechselnden Höhen und Tiefen des Reliefs hervorgebracht werden. Die modellierende Hand des Künstlers muss darum ebenso darauf bedacht sein, Reichtum diesem Spiel des Helldunkels zu geben, als durch die zarte Führung der Hand die sanftesten Übergänge vom Licht zum Schatten, die leisesten Abstufungen des Helldunkels hervorzubringen; der Künstler muss sich ebenso darauf verstehen, unter Umständen, wenn es eine kräftige, charaktervolle Wirkung gilt, seine beiden Kunstmittel, Licht und Dunkel, in einen kräftigen Gegensatz zu stellen.

Die großen Künstler der Frührenaissance waren Meister in jeder dieser Richtungen. Sie verstanden sich auf das Hochrelief wie auf das Mezzo-Relief und können selbst als die Erfinder oder die Wiedererwecker jener eigentümlichen wunderbaren Art des flachen Reliefs gelten, welche der Italiener als das bassissimo relievo bezeichnet, ein Relief von solcher Flachheit, dass die Erhöhungen über dem Grunde kaum fühlbar scheinen und doch die volle Wirkung gerundeter Modellierung machen. Diese Kunst hatten schon die Assyrier geübt, wie die Alabasterreliefs ihrer Paläste beweisen, aber sie war verloren gegangen und dem Mittelalter unbekannt geblieben. Indem die Meister der Frührenaissance alle drei Arten des Reliefs miteinander zu verbinden wussten oder wechselnd jedes an seiner Stelle gebrauchten, erzielten sie damit eine so reiche wie vorzügliche Wirkung. Sie erreichten damit, bloß durch Licht und Schatten, was der maurische Dekorationskünstler durch seine Farbenanordnung hervorzubringen wusste, dass nämlich jeder Standpunkt dem Beschauer ein klares Bild des ornamentalen Prinzips gewährt, welches sich aber immer vollkommener und genauer in allem Detail seiner Schönheiten enthüllt, je näher er herantritt, von den Hauptpunkten und den großen Linien an, die sich symmetrisch um den Kern gruppieren, bis zu den feinsten Ranken und dem zierlichen, in den sanftesten Abstufungen bewegten Bau der Blätter.

Obwohl wir in dieser bewunderungswürdigen Kunst der Frührenaissance schon den Einfluss und das Studium der Werke des Altertums erkennen können, so ist doch das vorherrschende Prinzip, welches sich darin ausspricht, vielmehr die Natur als die Antike. Daher haben diese Künstler bei weitem mehr Individualität, mehr subjektives Gefühl als ihre Nachfolger, welche alsbald von dem großen Strom des wiederbelebten Klassizismus, der eine wie der andere, fortgerissen wurden. Diese letzteren mussten ihre Individualität opfern vor den festen Prinzipien, welche die Antike ihnen auflegte, soweit, dass schließlich die Renaissance in rigorose Starrheit und damit in Manier ausartete.

Es war etwa um die Mitte des 15. Jahrhunderts oder alsbald nach derselben, als die *Antike* mit Entschiedenheit an die Stelle der Natur als das herrschende Prinzip trat. Mantegna war der energische Führer auf dieser neuen und nunmehr einzigen Bahn. Die Schnelligkeit, mit welcher die Antike jetzt auf einmal zum herrschenden Geschmack wurde, ist überraschend, wenn man bedenkt, dass sie schon mehr denn hundertfünfzig Jahre im Aufstreben begriffen war. Aber es kam jetzt ein äußerer Umstand hinzu, der ihren Sieg beschleunigte. Das war die Buchdruckerkunst in Verbindung mit dem Holzschnitt und dem neuerfundenen Kupferstich. Bis dahin war die Liebe und die Kenntnis der alten Literatur ein teures Besitztum weniger, man kann sagen, einzelner gewesen; jetzt wurde sie ein Gemeingut; alle Gebildeten lernten das Altertum kennen und verstehen. Die nach Rom und überhaupt nach Italien verpflanzte Buchdruckerkunst warf sich in erster Linie auf die Herausgabe der klassischen Schriftsteller. Das konnte unmöglich ohne Rückschlag auf die Kunst und den Kunstgeschmack bleiben und musste sie in ihrer ganz damit übereinstimmenden Bahn beschleunigen. Bereits 1485 erschien zu Florenz Albertis Buch über die Baukunst und bildete gewissermaßen den Schlussstein aller Bestrebungen zur Wiederbelebung der alten Kunst. Im nächsten Jahre schon erschien eine Ausgabe des Vitruv und mehrere andere folgten in kurzen Zwischenräumen. Die Wirkung davon war so durchgreifend, dass selbst die Züge der Handschrift und die Typen für den Buchdruck sich nach klassischem Muster änderten.

Dass in der Kunst die Formen, die Gesichtsbildung, der Ausdruck, die Gewandung, die Bewegung und das Gebärdenspiel eine Umgestaltung erlitten, lehrt uns die Geschichte der *Malerei* zur Genüge; alle Elemente der Kunst folgten dem Wandel des allgemeinen Geschmacks in der einen Richtung. Bei solcher Übereinstimmung war es denn freilich ein Glück, dass die Künstler, welche in dieser Periode an das Licht traten, zum Teil von so großartiger Persönlichkeit, von so vorragendem Genius waren, dass sie die Kunst über die Unselbstständigkeit der Nachahmung hinausriefen und eine selbstständige, freie, originale Kunst schufen, welche neben der Antike, von der sie allerdings ausgegangen war, stolz das Haupt erheben kann. Ebendarum entziehen sich insofern ein Rafael und Michel Angelo unserer Betrachtung, als sie hoch emporragen über dem Strome der Allgemeinheit in der Großartigkeit ihrer Kunst und dem eigentümlich persönlichen Charakter derselben, da ja eben das Allgemeine in der Kunst, das Gemeinsame zwischen den Künstlern und dem Volke als Geschmack, Gegenstand unserer Betrachtung ist. Aber in diesem gemeinsamen Geschmack der Antike wurzeln auch die größten Künstler, und dasjenige, was sie Selbstständiges und Eigentümliches hatten, ihr eigener Geist, den sie ihrer Kunst einflößten, wurde wieder für die Folgezeit Quelle des Geschmacks; war doch Rafael, wie wir noch sehen werden, einer der Begründer des Groteskenstils in der Dekorationsmalerei!

Und mehr noch; man kann sagen, die ganze hohe Kunst war damals Geschmackssache, nicht ihretwegen, sondern wegen der Anteilnahme des Publikums. Niemals hat es seit den glücklichen Tagen Athens wieder einen derartigen Zustand gegeben, wie zu jener Zeit in Italien, dass die bildende Kunst so sehr Lebensbedürfnis aller Gebildeten gewesen wäre, niemals ist dieser Zustand seitdem wieder gekommen. Ich will nicht sagen, dass es damals unter den Fürsten und Vornehmen nicht Männer gegeben hätte, welchen wahres Kunstverständnis abgegangen wäre, aber kaum Jemand gab es, und unter den zahllosen Fürsten niemand, der es nicht für eine Ehrensache gehalten hätte, Kunst und Literatur werktätig zu schützen und zu befördern. Einer suchte es dem andern zuvorzutun, suchte Haus und Hallen kunstvoll herzustellen und mit Kunstwerken auszufüllen, suchte sich des Umgangs und der Gespräche mit Künstlern, Dichtern, Philosophen, Gelehrten zu erfreuen. Diese soziale Vermischung der Stände und Berufe hat jene eigentümliche und wahrhafte Bildung beurkundende Erscheinung hervorgerufen, dass ein jeder aus seinem Kreise herausging, dass der Fürst ein Gelehrter war, der Gelehrte ein Dichter, der Künstler bald Dichter, bald Gelehrter, alle mit einander

Philosophen, und dass so am Ende auch das Kunstverständnis ein Allgemeingut der ganzen gebildeten Welt war. Eben dieser Wetteifer der Großen, eben diese Teilnahme aller an der Kunst hat es auch nur möglich gemacht, dass die Kunst am Ende des 15. und im Anfang des 16. Jahrhunderts einen so raschen und so ungeheuren Aufschwung nahm, der sie zur glorreichsten und wunderbarsten Erscheinung in der Geschichte der Menschheit stempelt. Blicken wir, wohin wir wollen, wir können ihr nichts vergleichen, es seien denn etwa ein paar Jahrhunderte aus der Geschichte jenes kleinen Winkel Landes, den man Attika nennt.

Fragen wir nun nach dem Charakter dieser Kunst oder vielmehr dieses Kunstgeschmacks, um unseren Gegenstand festzuhalten, so müssen wir zuerst bemerken, dass man es jetzt mit der Antike weit ernster und strenger nahm als früher, dass man förmlich ein gelehrtes archäologisches Studium daraus machte, wie denn Rafael selbst an die Spitze einer päpstlichen Kommission gestellt wurde, deren Aufgabe es war, Ausgrabungen nach den Kunstdenkmälern zu veranstalten und alle Bauwerke aufzunehmen und bis in die kleinsten Details zu vermessen. Dass man dabei nicht in bloßer Imitation zu Grunde ging, sondern dass man die Studien zu originalen Schöpfungen neugestaltend verwertete, davon lag die Ursache ebenso in der Großartigkeit der Talente wie in dem wahrhaft lebendigen und gesunden Kunstleben der Zeit und in der Verwendung für ganz andere praktische Ziele und Bedürfnisse.

Der Schwung war es, in den das Kunstleben geriet, welcher diese Wiederbelebung der Antike über die bloße Nachahmung hinaushob. Ein kühner, großartiger Zug ging durch alles hindurch, durch die Malerei, die Architektur, die Plastik und die einfache Dekorationskunst. Sie alle bildeten damals und das ist das Eigentümliche – nur eine Kunst und dienten vereinigt dem *einen* Ziel, der *Lebensverschönerung* und *Lebensveredlung* in höchster Auffassung und im großartigsten Maßstabe für den Einzelnen wie für das ganze Volk. Wenn der Architekt eine Kunstaufgabe hatte, so dachte er sich nicht bloß die Mauern mit ihrem architektonischen Schmuck allein, das Andere den Anderen überlassend, sondern er dachte sich zugleich die Wände mit figurenreichen Gobelins oder mit Bildern bedeckt, d.h. mit Wandmalereien, die für den Ort bestimmt und gedacht waren, nicht aber behängt mit den zufälligen Produkten der Staffeleien; er dachte sich das Stiegenhaus, die Hallen, die Nischen mit Bronze- und Marmorfiguren, die Zwischenfelder mit plastischen und malerischen Ornamenten; er dachte sich selbst die Möbel groß, breit und prächtig und die Wandkästen gefüllt mit den edelsten Gefäßen und Geräten. Es war aber der Architekt damals nicht bloß Architekt; die großen Meister verstanden sich auf alle oder doch mehrere Zweige der Kunst, und dass die Kunst darunter nicht litt, lehren die Beispiele. Darum zeigen auch alle italischen Paläste jener Zeit nicht bloß die großgedachte Anlage, die breite, edle Würde, die schwungvolle Pracht, sondern vor allem auch die Zusammengehörigkeit, die Charakterharmonie aller Bestandteile.

Und diese Harmonie, die sich doch nicht leugnen lässt, die der erste Blick zu erkennen gibt, ist umso auffallender, als die *ornamentalen Details* mit ebenso unleugbarer Willkür zusammengesetzt sind. Zwar war es vorzugsweise die antike Kunst der römischen Periode, welche dieser Wiederbelebung zu Grunde lag, denn die breitete Entfaltung der Räume, die schwungvollen belebteren Linien der Arkaden, das reichere, prächtigere Ornament, alles das sagte dem Italiener, der prachtvolle Entfaltung liebte, mehr zu als die edlere Einfachheit der altgriechischen Zeit. Aber die Renaissance begnügte sich nicht mit den römischen Kunstelementen allein, sie verband auch die griechischen damit und schuf sich ihre eigenen Architekturelemente Römisch-korinthische und ionische Ordnung, Pfeiler und Säulen, Nischen und Vorsprünge, viereckige Öffnungen und gerundete Fenster, Arkaden, Balustraden und Loggien, Kuppeln und Giebel, breite Verhältnisse und feines Detail, Rustika und zierliche Ausführung, plastischer und malerischer Schmuck, – von dem allen wusste die Renaissance mit einander Gebrauch zu machen, anfangs einfacher wie in den Bauten eines Bramante und Rafael, dann reicher und reicher bis zu den bräutlich geschmückten venezianischen Palästen. Und wer wollte leugnen, dass über alledem die reizvollste Harmonie unbegreiflicher Vollendung schwebt! Nur das großartige Talent dieser Meister, nur ihr maßvolles Kunstgefühl konnte das zusammenhalten, was also bald in Entartung auseinander fallen musste, sobald das geringere Talent der Nachfolger kam.

Weit auffallender noch tritt diese Zusammenstellung verschiedenartiger Elemente in dem übrigen *plastischen* und *malerischen* Schmuck, in dem nicht rein architektonischen Ornament hervor. Auch hier hatte die Nachahmung des Altertums den Anstoß gegeben, wenn auch die Künstler des Cinquecento die Maßhaltigkeit der Alten darin weit überboten. Das Heidentum und das Christentum, die Mythologie und die Bibel, das schwirrte den Leuten bunt durcheinander im Kopfe, und es ist noch die Frage, ob nicht die Götterwelt des Olymps samt dem unterirdischen Reich Plutons und Neptuns feuchtem, fischschwänzigem Gefolge den Vorrang behauptete vor den testamentarischen Gestalten und Begebenheiten.

Die Ausgrabung einiger Wohnhäuser oder Palasträume des Altertums, damals bei ihrem ersten Auffinden aus der Nacht des Grabes „Grotten" genannt, woher diese ganze Art des Ornaments den Namen der „Grotesken" erhielt – diese Ausgrabung hatte jene späte phantastische Wandmalerei, wie sie uns heute in Pompeji in zahllosen Beispielen vorliegt, zuerst zur Kunde gebracht. Hier sah man in jedem Fall eine höchst reizvolle Welt auf die Wände gemalt, reizvoll in der Farbe, reizvoll in der Erfindung. Zwar schlugen diese Gebilde der Phantasie mit der Kühnheit ihrer unmöglichen Architektur zuweilen aller Wirklichkeit keck ins Antlitz, aber sie sollten ja auch nicht die Wirklichkeit vorstellen, auch nicht den Schein derselben geben, sondern nur wie eine Märchenwelt dem Auge ein anmutig-heiteres Spiel vorgaukeln und die Einbildungskraft mit Bildern erfüllen. Diese wohltuenden warmen Farben, in denen Braunroth den Hauptklang gab, diese harmonische, sowohl berechnete Einteilung der Felder, diese heiteren olympischen Szenen, diese kleinen Landschaften, Amoretten, Vögel und Genrebildchen auf dunklem Grunde, die Mädchen, die sich in Laubgirlanden schaukeln oder hinter den dünnen Säulen lauschen, diese Festons und Kränze von natürlichen Blumen, die zusammengebundenen Gehänge von allerlei Gegenständen, die zusammenpassten und nicht zusammenpassten, – all das verfehlte seinen Eindruck auf den Geist der italischen Künstler nicht, der grade zur Aufnahme solchen malerischen Schmuckes trefflich vorbereitet war.

So kam denn einesteils die ganze *antike Mythologie* mit all ihren Heerschaaren aus den drei Reichen, mit allen Attributen und Symbolen in das Ornament hinein, andrerseits schlich sich wie von selbst und unbewusst die allgemeine Ansicht ein, dass eben im freien Reich der Kunst jede Willkür erlaubt sei. So wurde die Willkür ohne vieles Nachdenken in der Ausübung zum Prinzip, was denn zur Unvernunft wie zur Überladung mit Notwendigkeit hinführen musste, sobald das Kunstgefühl aufhörte, mit solcher Schönheit und Maßhaltigkeit zu verfahren wie ein Rafael und seine nächsten Zeitgenossen. Die tragische und die komische Maske und was sonst die Komödie stellte, die Instrumente der Künste und der Gewerbe, Waffenstücke aller Art, alle Attribute, welche der allegorische Geist jener Zeiten nur erdenken konnte, Blumen, Kränze und Früchte, wirkliche und phantastische Tiere, die wundersamen Gebilde aus Tieren und Menschen zusammengesetzt, mag nun die Menschenhälfte oben oder unten sein, Tritonen und Satyrn, Amorinen und Najaden, Chimären und Sphinxe, Vasen, Trinkgefäße, Dreifüße und dampfende Altäre, das alles und vieles andere waren die zahllosen Elemente, welche, zusammengebunden, an einander gehängt, übereinander gestellt oder eines aus dem anderen hervorwachsend, alle Felder erfüllten, welche die Architektur im Inneren wie im Äußeren zur Schmückung darbot.

Wenn wir sehen, was Rafael, dieser auf dem Felde der Dekoration nicht minder wunderbare Künstler, aus diesem Wirrwarr gemacht hat, so schweigt jede Kritik und wir sind ganz Bewunderung und Entzücken. Es ist ein ganz unbegreiflicher Reichtum der Einbildungskraft und bei dem Reichtum die glücklichste Maßhaltigkeit, welche sich in seinen dekorativen Wandmalereien offenbart. Sehen wir auf die Mannigfaltigkeit der dargestellten Gegenstände, sehen wir auf die unerschöpflich sich verändernde Einteilung der gegebenen architektonischen Flächen in kleine Felder zur Aufnahme der verschiedenartigen Dinge; sehen wir auf den Farbenreiz, auf die Anordnung und Verteilung der Malereien in Verhältnis zu dem hellen oder dunklen Grunde, auf das anmutige Spiel der Linien, auf die zarten und wieder schwunghaften Windungen des Laubes – es ist alles in gleicher Weise erstaunlich, in gleicher Weise bezaubernd. Mit welcher Leichtigkeit des Geistes und der Hand das alles geschaffen und dargestellt ist, wie entrückt jedem Gefühl der Schwere und menschlicher Mühe! wie lebt das alles, oder vielmehr, wie wird das lebendig vor unsern Augen!

Diese Vögelchen auf den zarten Zweigen, sie könnten davonfliegen, so leicht und natürlich sind sie! Diese Linien der Pflanzenwindungen, sie sind nicht gezeichnet, sie schießen lebendig heraus aus ihrer Wurzelpflanze, aus ihrem Stamm, sie beugen sich und winden sich wie aus innerem Leben, aus eigenem bewussten Spiel, und halten uns dann in ihrer Mitte die breit geöffnete Blume entgegen, in deren farbigen Kelch wir hineinsehen! Die phantastischen Tier- und Menschengebilde, mit welcher Grazie, mit welcher Natürlichkeit zugleich sind sie gezeichnet, als wären sie nicht unmögliche Gestalten, sondern Geschöpfe der Wirklichkeit! Dieses Verwachsen des einen Motives in ein anderes ganz widerstrebendes, die Vierfüßler im Laubgewinde, die aufgehängten Täfelchen in den Zweigen, all die verschiedenen Bilderchen dazwischen wie das alles aufwächst und übereinander in den schmalen Feldern aufsteigt – man glaubt, das müsse alles so sein!

Und mit welcher Weisheit ist dem ganzen Spiel sein dekorativer Charakter bewahrt! Da ist nichts, was sich vor dem andern vordrängt, nichts, was heraustväte und das Auge allein auf sich zöge, sondern jedes findet sich bescheiden in die Harmonie des Ganzen, nur dass stabartige Felder mit kräftigen, mehr naturalistischen Fruchtgehängen die leichte Welt durchbrechen und ihr den nötigen Halt geben. Und wie fügt sich das alles wieder zusammen mit den Hauptbildern, welche die größeren Flächen der Wände und der Decken einnehmen, wie findet es sich in die Architektur hinein, sodass am Ende, was ja das eigentliche Ziel war und sein soll, der ganze Raum des Saales, der Halle, der Galerie, ja drüber hinaus, das ganze Gebäude wie ein einziges, aus einem Kopfe und einem Gedanken entsprungenes Kunstwerk erscheint!

Wie gesagt, vor diesen wunderbaren Schöpfungen Rafaels schweigt die Kritik. So lange ein solcher Geist des Maßes und der Schönheit darüber waltet, so lange dasselbe nur das leichte Spiel bleibt, das es sein soll, so lange hat es seine volle Berechtigung und wir können uns in ungetrübten Genuss der entzückten Bewunderung hingeben. Wie bei Rafael, ähnlich ist es noch bei Giulio Romanos mit Recht berühmten Dekorationsmalereien, obwohl die Arabesken in Mantua doch schon durch manche geschmacklose Verbindungen an ihrer Reinheit und Schönheit Abbruch erleiden. Aber bei den Nachfolgern blieben zwar dieselben Ornamente, jedoch die Grazie und die Leichtigkeit, der Takt, an jedem Ort das Angemessene zu treffen, wich von ihnen, und Überladung, Schwere, breite Massenhaftigkeit und Unschicklichkeit im Gedanken traten an die Stelle. So wurde auch diese dekorative Kunst alsbald in den Verfall der Renaissance hineingezogen, der sich bald nach Rafaels Tode zu zeigen begann.

Zuerst brachte man unterschiedslos diese widerstrebenden Ornamente an, wo man Flächen und Felder fand. Wie in den Köpfen und im Leben sich das Christentum und das Heidentum, Bibel und Mythologie trefflich miteinander vertragen, so musste es sich auch die christliche Kirche gefallen lassen, nicht bloß die architektonischen Elemente des griechischen Tempels aufzunehmen, die allerdings für das Gefühl gleichgültig waren und ja schon einmal die Grundlage des Kirchenbaues gebildet hatten, sondern auch alle die possenhaften, spezifisch mythologischen oder doch dem Ernst der Kirche wenig angemessenen Ornamente, welche ich bereits geschildert habe. Zwischen dem Göttlichen und Weltlichen war kein Unterschied mehr, die Bedeutung, der Zweck des Gegenstandes wurde verachtet, Profanes und Heiliges auf gleichen Fuß gestellt. Die Kirche mit ihren komischen und tragischen Masken, mit Bocksköpfen, mit Dreifüßen und antiken Altären, mit Tritonen und Amoretten, mit Täfelchen und Kränzen behängt, sie konnte ebenso gut ein Tempel der Venus, ein Feenpalast, eine Stätte des Vergnügens sein. Was sich in Ernst und Würde darstellen sollte, gewährte schließlich nur noch Belustigung.

Der zweite Fehler war, dass man diesem Ornament auch plastisch zu viel Gewicht einräumte, dass man es im Relief übertrieb, wodurch es sich über seine Bestimmung als Schmuck, als bloße Nebensache erhob. Ich habe schon gesagt, mit welch feinem Gefühl die Meister der Frührenaissance das Relief behandelt hatten, das figürliche wie das ornamentale, mit welcher Meisterschaft sie sich auf seine verschiedenen Arten verstanden, wie sie es zurückzuhalten und unterzuordnen und in die architektonische Ordnung einzufügen wussten. Sie haben dadurch das 15. Jahrhundert zu einem wahrhaften Zeitalter der Skulptur gemacht. Diesen vorwiegend plastischen Charakter hat auch die Kunst des 16. Jahrhunderts nicht verloren, obwohl äußerlich betrachtet die Zahl der Maler und die Zahl ihrer Werke weitaus die Schöpfungen der Skulptur übertraf. Man kann, wie wir das noch mehrfach sehen werden, verschiedene Zweige des Kunstgebiets ganz von dem plastischen Gefühl, im Gegensatz zum malerischen, beherrscht finden; im 16. Jahrhundert war es ja auch, dass die Bildhauerei der Renaissance in den Werken Michel Angelos ihren Höhepunkt erreichte, und die Malerei selbst hätte ihre vollendeten, in der Modellierung so durchgeführten Gestalten nicht schaffen können, wenn ihr nicht die Skulptur in ihrer Entwicklung vorausgegangen und zur Seite gestanden wäre. So ging die Nachwirkung jener großen Bildhauer der Frührenaissance ununterbrochen fort. Wie hätte es auch anders sein können bei der Wiederbelebung der antiken Kunst, deren schönster und vollendetster Zweig ja die Plastik war.

Aber das plastische Gefühl änderte sich, der Geschmack wurde ein anderer. Was zunächst das *Ornament* betrifft, so traten an die Stelle jener zierlich und geschmackvoll behandelter Naturmotive einerseits die ornamentalen Elemente der griechisch-römischen Architektur, die Akanthuswindung, das Geißblatt, das Palmblatt u.s.w., andrerseits die bereits zur Genüge geschilderten phantastischen Zusammenstellungen aller möglichen Dinge, zu denen auch die antike Kunst vermöge der Wandmalereien den ersten Anstoß gegeben hatte. Fast wichtiger aber war, dass sich die Behandlung änderte. Die feingefühlte Weise der Frührenaissance, die verhältnismäßig sparsame Verteilung des Ornaments, die zarten Abstufungen und Übergänge des Helldunkels, sie genügten dem kräftigeren Gefühl des 16. Jahrhunderts nicht mehr, das sich an der prachtliebenden, reichen Kunst der Römerzeit heranbildete und von einem so gewaltig mächtigen Geist wie Michel Angelo geleitet wurde. Der neue Geschmack verlangte auch das plastische Ornament ebenso wohl reicher in dem Raum, den es einnahm, als kräftiger in seinem Ausdruck und stärker im Gegensatz von Licht und Schatten. Es musste also einerseits breiter, andererseits höher und tiefer mit kräftigeren Unterscheidungen gegeben werden. Hierzu kam noch, dass die Gruppen verschiedener Gegenstände, wenn sie als Verzierung ebener Flächen, wie das gewöhnlich war, dienen mussten, z.B. zu Trophäen zusammengebundene Waffenstücke, dass sie, um nur einigermaßen natürlich zu scheinen, im Relief perspektivisch gehalten werden mussten. Hierdurch kam ein malerisches Prinzip in das plastische Ornament, welches die Verwilderung nur beschleunigen konnte. Bei solchem Geschmack machten sich die Arbeiten des Bildhauers bald am Gebäude so breit, sie traten so aufdringlich aus ihren Schranken heraus, dass der Architekt sich beengt fühlen und ebenfalls, um nicht ganz in Schatten gesetzt zu werden, zu stärkeren Mitteln seine Zuflucht nehmen musste. So war er gezwungen, seine Gesimse mehr vortreten zu lassen, alle seine Gliederungen stärker zu machen. Und das führte denn dahin, indem Bildhauer und Architekt sich gegenseitig überboten, dass die Einheit des Kunstwerks aufgelöst wurde und der ganze Kunststil in jene Schwerfälligkeit und Überladung entartete, welche die Barockzeit charakterisieren. Dieser schwerfälligen Überladung des plastisch-architektonischen Schmucks entsprach dann auch die innere Wandausstattung der Paläste, bei welcher kolossale, figurenreiche Malereien im pompösen Stil den Sieg über das dekorative, anmutig heitere Prinzip der malerischen Verzierung in der rafaelischen Zeit den Sieg davon getragen hatten.

Parallel dieser Entwicklung des Geschmacks in der Ornamentik geht die Darstellung und Gestaltung der *Figuren*, denn auch dabei gibt es einen wechselnden, vom Charakter der Zeiten abhängigen Geschmack. Ich habe schon erwähnt, wie es besonders das Studium der Natur gewesen, durch welches die Bildhauer des 15. Jahrhunderts ihre Gestalten von der mittelalterlichen Gebundenheit und Unbeholfenheit befreit hatten. Aber in ihrem realistischen Sinne gaben sie ihnen nicht bloß die Freiheit und natürliche Anmut der Bewegung, des Gebrauchs der Glieder, das natürliche, ausdrucksvolle Mienen- und Gebärdenspiel, sie gaben ihnen auch, wenn ich mich so ausdrücken darf, Fleisch und mit dem Fleisch menschliche Leidenschaften. Die seraphischen Gestalten der früheren Zeit, die ganz Seele waren, bei denen die Seele den Körper asketisch aufgezehrt hatte, dass nur ein verklärter Leib übrig geblieben, Gestalten, die dem Himmel angehörten, aber nicht der Erde, sie mussten jetzt einer kräftigeren Menschenbildung Platz machen, die wahres, warmes Leben atmete. Nun wurde der Erde ihr Recht neben dem Himmel, dem Körper neben der Seele.

Indem nun zu dieser realistischen Menschenbildung sich die Begeisterung für die antike Kunst gesellte, zumal für die Skulptur, deren einziges und höchstes Ziel ja die Schönheit des menschlichen

Körpers war, so trat die Idealisierung hinzu, und es wurde das Ziel der neuen Kunstrichtung ebenfalls die Verklärung des Leibes, aber in einem andern Sinne des Worts, im Sinne der Kunst, nicht im Sinne der Kirche. Die Kunst der Renaissance strebte also darnach, ganz wie die Antike, das Modell, den wirklichen menschlichen Leib als die höchste Schöpfung der Natur zu idealisieren, für den Körper, den die gefallene Wirklichkeit dem Auge darbot, den fehlerlosen Typus zu finden, den die Natur beabsichtigt hatte; gerade wie der stilisierende Ornamentist seine Vorbilder in der äußeren Natur aller Zufälligkeiten der Erscheinung entkleiden soll, um die das Naturgesetz vollkommen deckende Form zu finden.

Befand sich hiermit die Renaissance völlig im Einklang mit der Antike, mit dem höchsten Kunstprinzip, welches das Heidentum aufzustellen vermocht hatte, so ging sie andererseits darüber hinaus, indem sie das moderne Prinzip, welches das Mittelalter allein gekannt hatte, die Seele, die Sichtbarmachung des Unsichtbaren im Menschen durch den Charakter der Formen, durch den Ausdruck, die Haltung, die Bewegung, das Mienen- und Gebärdenspiel, damit verband. In der antiken Kunst war die *Form* allein alles gewesen, Körper und Seele; die *Schönheit* der Form war die Seele für die antike Kunst. Im Mittelalter war die *Seele* alles gewesen und der Körper nur eine schattenlose, man möchte sagen transparente Hülle; darum hatte auch die Form in der mittelalterlichen Kunst so gut wie gar nicht mitgespielt. War dem Künstler der seelische Ausdruck gelungen, so hatte er die Form des Körpers mit solcher Gleichgültigkeit behandelt, dass es ihm wenig ausmachte, wenn er den Daumen an die verkehrte Seite der Hand setzte. Weil aber doch das Seelenleben eben nur durch die körperliche Form zur sichtbaren Darstellung gebracht werden kann, und zwar umso vollständiger, je weniger irgend ein Teil des Körpers vernachlässigt ist, so musste die Kunst des Mittelalters durch und durch eine einseitige und mangelhafte bleiben, die das, was sie selber wollte, nur zum Teil erreichen konnte.

Die Renaissance ließ nun bei ihrer Menschenbildung jedem Teil sein Recht werden. Ihr höchstes Ziel war die schöne Seele im schönen Körper, welches Wort zwar schon das Altertum ausgesprochen, aber in der Kunst nicht zum Prinzip der Darstellung gemacht hatte. Je vollkommener im wirklichen Leben beide Seiten des Menschen zur Vollendung gelangen, umso vollkommener ist der Mensch selbst. Die Kunst kann also auch kein anderes Ziel haben. Die Renaissance strebte nach der Darstellung der tiefsten geistigen Kräfte des Menschen und der höchsten seelischen Anlagen, aber ebenso nach der vollkommensten Durchbildung der vollkommensten Form, und zwar so, dass beide sich so zu sagen deckten, der Körper den ganzen geistigen und seelischen Menschen entschleierte. So vereinigte die Kunst des 16. Jahrhunderts das Eigentümliche der Antike mit dem des Mittelalters und gab dadurch der modernen Kunst den Hauptcharakterzug.

Aus diesem Streben sind jene erhabenen Menschengebilde Rafaels hervorgegangen, die das Höchste sind, was die Kunst bis jetzt geleistet hat, Menschen, die sich groß, frei und natürlich tragen, die an Gestalt göttergleich sind und an geistigem Gehalt und Charakterbildung die höchste Stufe zu erkennen geben, welche menschlichem Vermögen erreichbar zu sein scheint. Diesem Streben gehören jene heiligen Frauen an, die von so großgebildeter, reicher Körperschönheit sind, dass sie jeder Venus und Minerva zur Seite treten können, die sie aber darin übertreffen, dass sie in Auge und Antlitz die ganze Tiefe der weiblichen Seele, die ganze Fülle der göttlichen und mütterlichen Liebe offenbaren. Demselben Streben, beide Seiten zu vereinigen und die Vereinigung aufs vollendetste durchzuführen verdanken wir der süßen, bezaubernden Harmonie der Seele und der körperlichen Erscheinung, welche über den weiblichen Gestalten Leonardos ruht, eine Harmonie, die so groß ist, dass wir uns mit stiller Betrachtung in das Charakterstudium seiner weiblichen Porträts ganz mit derselben Hingebung versenken, wie wir es bei den lebenden Originalen tun würden. Diesem Streben endlich entsprang die ganze stilvolle Behandlung der menschlichen Gestalt und alles ihres Beiwerks, der große Stil der idealen Gewandung, welche sich von den zeitgenössischen Trachtenformen losmacht und dadurch zur bunten, gezierten Kleidungsweise des 15. Jahrhunderts in scharfen Gegensatz tritt; ihm entsprang die Anmut der Bewegung, die hohe, noble Haltung, der würdevolle Gang, der maßvolle Schwung der Linien, die getragene, selbstbewusste Erscheinung, kurzum alles, was den Kunststil dieser kurzen, aber wunderbaren Periode der Kunstgeschichte auszeichnet.

Das alles, kann man zwar sagen, was ich hier anführe, ist nicht mehr Geschmackssache, sondern erhebt sich weit über diesen Standpunkt; es ist die freie Schöpfung großartiger Persönlichkeiten Das ist es zum guten Teil, aber was die großen Künstler geschaffen, wurde zum Geschmack. Sie zeigten den Weg, sie schufen ihn zum Teil, aber ihnen folgte die große Menge, die Künstler wie das Publikum, und traten die Pfade breit.

Aufs deutlichste zeigt dies der Einfluss *Michel Angelos,* dessen gewaltige Natur mehr dem nachfolgenden Geschlecht zusagte, das auch sonst nach energischem Ausdruck rang und darüber, wie ich schon bemerkt habe, in Barockheit und Schwerfälligkeit versank. *Rafaels* Nachwirkung war bescheidener, wie seine ganze Weise bescheidener ist. Der Geschmack, den er anregte, beschränkte sich mehr auf die Kunst und sollte erst später wieder zu neuen reineren Bestrebungen auffordern. Bei der geringen Kraft seiner Nachahmer verfiel die Maßhaltigkeit, die er geübt, alsbald in Schwäche, seine stilvolle Behandlung, seine Art der Formengebung in starren Klassizismus und Formenschematismus. So stellte sich die Manier ein, ebenso schnell wie bei der entgegengesetzten Geschmacksrichtung, welche Michel Angelo einleitete.

Hier sollte alles über das bisherige Maß hinausgehen, alles in das Übermenschliche steigen. Gleichwie Michel Angelo selbst man möchte sagen über geistige Lebensgröße war, gleichwie sein ganzes Wesen in das Gewaltige ging, so trugen auch alle seine Kunstschöpfungen diesen Stempel des Großartigen und Gewaltigen. Ich rede hier nicht von der Peterskirche, obwohl wir ihr ganz dieselbe Lehre entnehmen können, sondern von den Formen und dem Ausdruck, den er den menschlichen Gebilden seiner Kunst gab. Es ist staunenswürdig, welche Kraft des Geistes, welche Stärke des Charakters, welche Energie der Leidenschaften er ihnen zu verleihen wusste, aber um das sichtbar zu machen, bedurfte er auch der mächtigen Köpfe mit den breiten Stirnen, der übertrieben gewaltigen Körperbildungen mit den herkulischen Nacken, den mächtigen Schultern, der breiten gewölbten Brust, den riesenhaften Schenkeln und der eisernen, ausgearbeiteten Muskulatur.

Für einen Künstler, der wie Michel Angelo in solche Körperformen den entsprechenden Geist hineinzulegen und so die notwendige Harmonie herzustellen verstand, war das die durchaus vollberechtigte

Weise. Aber nun kamen die Nachfolger, denen das nicht gelingen konnte, weil ihnen die Begabung abging. Sie ahmten das nach, was sie nachahmen konnten, nämlich das Äußerliche, die Körperbildung und da sie in die muskulösen, bewegten Gestalten den Geist nicht hineingießen, sie nicht mit Leidenschaften erfüllen konnten, so war das, was sie erreichten, nur eine erzwungene, gequälte Großartigkeit, Heftigkeit der Bewegungen ohne die Energie der Leidenschaft, der Ausdruck der Lebendigkeit ohne das Leben selbst, der Schein der Stärke, der Gewaltigkeit ohne wirkliche innewohnende Kraft und Größe. Da nun noch dazu Michel Angelo bei dem Ziel seiner Kunst mit Notwendigkeit einen großen Nachdruck auf die Darstellung des Nackten hatte legen müssen, und wie er bei seiner wunderbaren Meisterschaft darin sich der kühnsten Stellungen und der schwierigsten Verkürzungen nicht hatte enthalten können, so sahen die Nachfolger hierin das Ziel selber und hielten es für ihre, d.h. für die Aufgabe der Kunst, die Meisterschaft in der Kenntnis und Darstellung des Nackten durch die Erfindung und Ausführung der raffiniertesten Stellungen, Wendungen und Lagen des Körpers zu beweisen. So wurde nicht das Darzustellende, sondern die Mache das Ziel der Aufgabe.

Die Folge war, dass auch auf diesem Wege der Geschmack in der Malerei oder überhaupt in der figuralen Kunst, denn auch die Skulptur war ihm unterworfen, alsbald bei demselben Endziel anlangte, dem wir die Ornamentik haben zustreben sehen, bei der barocken Manieriertheit. Nach dem Ausdruck des Gewaltigen und der leidenschaftlichen Größe trachtend und mit allen Mitteln der Kraftäußerung, zumal einer ausgearbeiteten Muskulatur begabt, geraten alle Menschen der Kunst in leidenschaftliche, wilde Bewegung, auch da wo es höchst unangemessen ja ganz unmöglich ist. Personen, die ruhig stehen sollen, machen krampfhafte, theatralische Bewegungen, schwenken die Arme, werfen die Beine und verrenken den Leib; Diener, welche Speisen zum Mahle tragen, laufen die Treppen herunter, die vollen Schüsseln in der Hand, und selbst die speisenden Gäste, die um den gedeckten Tisch herumsitzen, die Jünger bei dem Abendmahl, sehen aus, als ob sie alle ein Zauberer plötzlich inmitten einer gewaltsamen Bewegung festgebannt hätte, ehe sie dieselbe vollenden konnten.

So sah es mit dem *Kunstgeschmack* der *entarteten* Renaissance in der zweiten Hälfte des 16. Jahrhunderts aus; so war der allgemeine Stil, die Vorliebe bei Künstlern und Publikum, womit nicht gesagt sein soll, dass nicht einzelne und vielleicht zahlreiche Künstler, ja damals noch ganz Venedig, eine Ausnahme gemacht hätten. Ich schildere eben den Geschmack, das heißt den vorherrschenden Typus, die leitende Richtung. Ich werde in Deutschland wieder darauf zurückkommen, und werde dann noch zeigen, wie diese Umwandlung in die Barocke noch in anderer tiefer und eigentümlicher Weise mit der Umbildung des gesamten Volksgeistes zusammenhängt.

Konnte sich die große Kunst auf ihrer erhabenen Höhe dem Wandel des Zeitgeschmacks nicht entziehen, so konnte das umso weniger der Fall sein mit der *Kleinkunst,* die davon weit abhängiger ist. Ist einmal die Architektur in einer Umwandlung begriffen, so folgen ihr sofort einige Zweige des Gewerbes, zumal die *Kunstschreinerei,* wenn sie ihr nicht bereits, wie das auch vorkommt, schon vorausgegangen ist. Die Veränderung, welche diese erlitt, tritt zwar weit schärfer diesseits der Alpen hervor, weil hier durch den ausgebildeten gotischen Stil, welcher am Ende des 15. Jahrhunderts alles Holzgerät in Kirche und Haus gestaltete, der Gegensatz viel ausgeprägter war. In Italien hatte die Gotik nie einen solchen Einfluss auf die Kleinkunst ausgeübt. Das war natürlich kein Hindernis, dass die Gestaltung und Verzierung des Geräts nicht hätte dem neuen Stil der Renaissance folgen sollen. Zwar griechische und römische Altäre und sonstiges antikes, heidnisches Kirchengerät sehen wir nicht bei der Wiederbelebung der Antike entstehen, aber diese lieferte doch die Glieder und die Ornamente dazu und beherrschte so wenigstens das Detail. Die Altäre strebten nicht mehr mit ihrer Krönung von langgespitzten, durchbrochenen Fialen zur Wölbung der Kirche empor, sondern gewöhnten sich an einen Abschluss mit flachem Giebelfeld; die dünnen, kantigen Holzpfeiler verwandelten sich in feste, runde Säulen mit ionischem oder korinthischem Kapitäl und dienten als Stützen zu Rundarkaden, das trockne durchbrochene Laubwerk wurde abgestoßen; die beweglichen, bemalten Türen wurden zu feststehenden Bildern oder zu Nischen zwischen den Säulen, welche Statuen von Heiligen aufnahmen. So erhielt der ganze Altar anstatt der spitzenhaften Leichtigkeit der gotischen Altäre durchaus einen kräftigeren, solideren Charakter, der noch umso entschiedener hervortrat, als alles, was bisher von Holz gewesen, alsbald in Stein, von mehrfarbigem Marmor, von Porphyr, Granit u.s.w. ausgearbeitet wurde. So kann man sagen, wurde zum Monument, was im Laufe der Zeiten zum Möbel geworden war. Ähnlich war es mit den Tabernakeln, die man, als sie selbstständig geworden waren, der Kirche oder dem Turme nachgebildet hatte, und die sich nun demgemäß ändern mussten, als Kirche und Turm eine ganz andere Gestaltung annahmen. Wie an die Stelle des letzteren die Kuppel trat, wurde auch das Tabernakel zum Kuppelgebäude im Kleinen.

Aber gar bald zeigte sich auch hier die Barocke; die Ornamente wurden schwer und massenhaft, die Säulen häuften sich unnötig und fingen selbst an sich wie Handtücher zu drehen, die geraden Linien schweiften sich, die steinernen Heiligenbilder hatten keine Ruhe auf ihrem Platz und machten theatralische Bewegungen, was denn alles in der Kirche und bei dem Kirchengerät noch einen viel unangemesseneren und widerlicheren Eindruck machen musste als in der Weltlichkeit.

So eng wie die kirchliche Kunsttischlerei schloss sich freilich die weltliche der Architektur nicht an. Es war vielmehr ein gutes Zeichen für sie, dass sie sich in der Periode der besten Renaissance von der speziell architektonischen Ornamentik, welche nordwärts der Alpen in der spätgotischen Zeit die Möbel überwucherte, frei hielt oder losmachte und nur ganz im Allgemeinen das struktive Prinzip von Last und Stütze in ähnlicher Weise für den Aufbau und die Einteilung ihrer Fassaden zur Richtschnur nahm. In der besten Zeit enthielten sich die italienischen Möbel der Überfüllung mit Säulen, Pilastern, Karyatiden, Bogenstellungen und was dergleichen mehr zum Fassadenbau gehört; vielmehr wenn sie aus einem Zweige der hohen Kunst Lehre und Nutzen zogen, so war es mehr die Skulptur als die Architektur, insbesondere freilich, was die Ornamentik betrifft.

Das Mittelalter hatte in Italien der Renaissance mehr einen malerischen Schmuck der Möbel überliefert, entweder von wirklicher Bemalung mit Bildern in den Füllungen oder mit eingelegter Arbeit von verschiedenfarbigen Hölzern und Elfenbein, dem s.g. Intarsio. Nun brachten die großen Meister der Frührenaissance die Skulptur auf eine seit der Griechenzeit nicht gekannte Stufe der Ausbildung und ganz besonders lernten sie ein feines, zierliches Ornament, das sich vorzugsweise für Holzschnitzerei eignete, in jener ausgezeichneten plastischen Weise behandeln, die ich vorhin geschildert habe. Die Übertragung desselben auf die Möbel lag zu nahe, als dass sie hätte unterbleiben sollen, und es waren schon jene Meister der Skulptur selbst, welche diese Anwendung machten. Anfangs waren es mehr die stützenden und umfassenden Teile, die Umrahmungen, welche den plastischen Schmuck aufnahmen, während die Füllungen inmitten die Intarsio behielten, später aber wurde diese ganz verdrängt und auch die inneren Felder wurden mit plastischem Schmuck verschiedener ornamentaler Art oder figürlichen Reliefs bedeckt.

Unter dem Vorgange dieser und anderer großer und namhafter Künstler wurde die Kunsttischlerei in Italien wirklich eine Kunst, welche Werke geliefert hat, die für alle Zeiten des Studiums würdig sind, Es haben daher auch in Überzeugung dessen die Urheber nicht selten den Werken ihre Namen eingegraben, wie andere große Künstler ihren Bildern und Skulpturen. Trotzdem versank auch sie wieder schnell genug und fiel der Barocke anheim. Auch die *Goldschmiedekunst* erlitt eine nicht minder charakteristische und bedeutende Umwandlung und wurde durch den großen Schwung, der die gesamte Kunsttätigkeit ergriff, auf eine vollkommen entsprechende Höhe gehoben. Mannigfache Umstände wirkten dazu mit.

Zunächst war es die Prachtliebe der Großen und der reichgewordenen Kaufleute in den Städten, welche den Schatz des Hauses mit Gefäßen aus edlen Metallen gestillt sehen mochten und denselben bei festlichen Gelegenheiten auf Kredenzen und Tischen zur Schau zu stellen liebten, wie das auch schon früher Sitte gewesen war. Mehr aber noch als früher gefiel man sich jetzt im Schmuck der Toilette, und Männer und Frauen wetteiferten fast darin. Die Damen trugen reichen Schmuck im Haar, in den künstlichen Hauben und dann am Barett; sie trugen massenhaft Ketten um den Hals und hängend über die Brust mit vielfachem Geschmeide daran und reichlich Ringe und Armbänder; sie hatten die Kleidung von den Schultern herab bis zu den Schuhen mit allerlei Schmuck besetzt; während die Herren außer Ringen und Brustschmuck von Ketten und Medaillen noch besonders eine reichliche Besetzung des Hutes und des Baretts mit Medaillen, Agraffen und anderem Geschmeide liebten. Diesem gesteigerten Bedürfnis kam dann die Entdeckung Amerikas zu Hilfe, und Gold und Silber konnten nun reichlicher in die Werkstätten der Goldschmiede wandern.

Aber nicht bloß das Bedürfnis, auch der Geschmack machte größere Anforderungen. Der Übergang der Ornamentation von einer vorwiegend malerischen in eine mehr plastische Weise, die ausgedehntere Anwendung figürlichen Schmucks, der sich auch die Goldschmiedekunst nicht entziehen konnte, die Vorliebe für Porträtmedaillen, deren Anfertigung den Goldschmieden anheimfiel, das gesteigerte Kunstverständnis im kaufenden und bestellenden Publikum, all das zwang den Goldschmied über sich selbst hinauszugehen. Wenn es auch mehrfach vorgekommen ist, dass Maler Zeichnungen zu Gefäßen und Schmuckgegenständen lieferten, so musste doch am Ende der Goldschmied selbst, um den Ansprüchen zu genügen, ebenso ein geschmackvoll erfinderischer Kopf wie ein durchgebildeter Künstler sein; er musste sich bis in die größten Feinheiten auf die verschiedenartige Kunst des Reliefs verstehen und nicht minder ein Maler sein, um in der Anwendung der Emails des farbigen Effekts sicher zu sein; er musste endlich, um in der Wahl und Komposition der Gegenstände den Geschmack der Zeit zu treffen, die ganze allegorisch-mythologische Bildung der Zeit inne haben.

So waren in der Tat auch die Goldschmiede, wie wir das z.B. an *Benvenuto Cellini* sehen, der sich selbst durch seine Biographie zum berühmtesten seiner Fachgenossen gemacht hat. Mögen manche seiner Arbeiten damals und noch heute überschätzt sein, so war er in jedem Fall ein Künstler in der höchsten Bedeutung des Worts, reich an künstlerischen Ideen, wie sie damals im Geschmack lagen, ebenso fertig im schnellen Entwurf wie in der Vollendung der Arbeit, ebenso fähig zur Durchführung großer plastischer Aufgaben wie der feinsten und zierlichsten Schmucksachen.

Vom Standpunkt der Vollendung aus werden die Goldschmiedearbeiten der Renaissance immer mustergültig bleiben, auch die aus jener späteren Periode, als der Geschmack schon in die Barocke versunken war und Mangel an Ideen zur Überladung mit Beiwerk führte oder auf solche widersinnige Gedanken brachte wie das Salzfass aus einem Löwen gebildet, bei denen sich ein beliebig gewählter Gegenstand der natürlich berechtigten Form unterschiebt. Über diesen Zweig der Kunst kann nur *ein* Urteil stattfinden, was nicht der Fall ist mit einem anderen, der uns noch zum Schlusse zu betrachten übrig bleibt und welcher der Renaissanceperiode Italiens eigentümlich ist, die *Majolika-Fabrikation*. Solche Majoliken, wie man sie noch heute zahlreich in den Sammlungen findet, sind glasierte Tonarbeiten, also eine Art von Terrakotten, welche ihren Namen von den arabischen Fabriken auf der Insel Mallorca erhielten, von wo sie im 15. Jahrhundert nach Italien übergingen. Auf diesen Ursprung weisen auch noch zahlreiche Ornamente hin, welche diesen Gefäßen noch lange Zeit eigentümlich geblieben sind, völlig unabhängig von dem sonstigen Gange des Ornaments. Was auf Mallorca, auf der spanisch-maurischen Halbinsel von dieser Art gemacht wurde, waren nichts als Gefäße, Vasen, Schüsseln, Teller, Flaschen u.s.w. mit darauf gemalten Verzierungen; aber nach Italien gekommen, gab diese Kunst Veranlassung zu einem Nebenzweig dessen ich zuerst gedenken will. Das sind die glasierten Tonreliefs, welche *Luca della Robbia* erfand und deren Fabrikation dann in seiner Familie weiter ging, bis sie mit derselben ausstarb.

Luca (geb. 1400) ist derselbe Meister, den wir schon mit Ghiberti und Donatello als einen der großen Begründer in der Plastik der Renaissance haben kennen lernen. Offenbar wurde er zu dieser Erfindung von dem Gedanken geleitet, seinen Tonmodellen selbst Solidität und Unempfindlichkeit gegen das Wetter zu geben, um sich dadurch die mühevolle Bearbeitung des Marmors zu ersparen und vielleicht auch den Werken selbst die ursprüngliche originale Frische der Meisterhand zu retten, welche sie oftmals am Marmor unter der Mitwirkung der Gehilfen verlieren. Er machte es deshalb ähnlich, wie die Majolikentöpfer; er erfand sich eine Glasur, brannte seine Figuren und Reliefs und überzog sie damit. So gegen die Wirkung des Regens geschützt, konnte er sie offen am Gebäude als architektonisch-plastischen Schmuck verwenden. Er ging aber über diese beschränkte Anwendung hinaus und schuf selbstständige Kunstwerke dieser Art, da sie förmlich Mode wurden und jeder Liebhaber dergleichen besitzen wollte.

Seine Glasur war eigentlich weiß; da aber damals schon die Kunst des farbigen Schmelzes bei Terrakotten geübt wurde, so benutzte Luca auch diese, doch nur, indem er Teile der Augen schwärzte, um ihren Ausdruck zu erhöhen, und den Grund der Reliefs blau hielt, von dem sich dann die meist religiösen Figuren weiß heraushoben. Seine Söhne, seine Nachfolger und Nachahmer fügten Kränze von natürlichen Blumen und Früchten hinzu, welchen sie nach Möglichkeit die natürlichen Farben gaben; auch erhielten die Gewänder der Figuren farbigen Überzug, während die Fleischteile die weiße Glasur behielten. Worin eigentlich das Geheimnis bestanden hat, ob in der Glasur, ob in der Mischung des Tons, ist unbekannt geblieben.

So berühmt und beliebt diese Arbeiten der Familie della Robbia waren, so konnten sie sich doch an Ausdehnung mit der eigentlichen Majolikafabrikation nicht vergleichen, welche sich noch im 15. Jahrhundert über ganz Italien ausbreitete. Ihre Hauptsitze waren zu Urbino, Gubbio, Castel Durante, in den Abruzzen, zu Pesaro, Arezzo, Florenz und zu Faenza, von welcher Stadt die Bezeichnung Fayence sich herleitet, welche der späteren Fabrikation im Gegensatz zum Porzellan geblieben ist. Die Art der Technik ist im Allgemeinen die, dass man die halbgebackenen Tongeschirre in die flüssige Glasur eintauchte, und so lange dieselbe noch nass war, die Gegenstände der Verzierung darauf malte; sodann schob man die Gefäße zum zweiten Brennen wieder in den Ofen. Das Verfahren erscheint sehr einfach, erforderte aber doch viel Sorgfalt und Geschicklichkeit, da die Farbenbereitung schwierig war, die Glasur häufig misslang und Blasen warf und vermöge ihrer Nässe die Farben vom Pinsel so gierig aufsog, dass der Maler nie einen Fehler verbessern konnte.

Was die Verzierung betrifft, so habe ich schon gesagt, dass Italien die arabisch-maurischen Ornamente mit überkam. Aber wenn die dortige Fabrikation sich diese Ornamente auch noch eine gute Zeit gefallen ließ, so beschränkte sie sich doch nicht darauf, sondern erfüllte das Innere der Teller und Schüsseln oder die Außenflächen der Gefäße mit religiösen und historischen Gemälden, zu denen sich dann, wie es im Zeitgeschmack lag, der ganze Inhalt von Ovid und Virgil, die ganze antike Mythologie gesellte. Es folgten dann Porträts, Landschaften, Genre, Allegorien und Arabesken, kurzum alles, was nur überhaupt Gegenstand der Malerei in jener Zeit war.

Nichts desto weniger erscheint es uns heute kaum erklärlich, wenn wir diese Gegenstände der Bewunderung selber sehen, wie sie denn in einer Zeit der höchsten Kunst und des höchsten Geschmacks die allgemeine Liebhaberei der Großen und der zahlreichen Kunstfreunde haben werden können, und zwar in einem solchen Grade, dass Fürsten sie sich gegenseitig schenkten und dass Städte von ihrer Fabrikation reich und berühmt wurden. Denn obwohl wir wissen, dass einzelne Fürsten wirkliche Künstler zu ihren Fabrikstätten herbeiriefen, um diese Gemälde zu entwerfen oder auszuführen, dass man rafaelische Handzeichnungen sammelte, um sie als Vorlagen zu benützen, so tragen doch diese Malereien durchweg einen rohen, handwerksmäßigen Charakter, und wir müssen noch hinzufügen, dass die späteren, welche gewöhnlich sorgfältiger und eleganter ausgeführt erscheinen, weniger geschätzt sind und waren. Wir sehen ferner und wissen es, dass die Farbenskala eine äußerst beschränkte war und eigentlich nicht über verschiedene Töne von Blau, Gelb und Grün hinausgeht, zu denen sich Schwarz und Weiß gesellt, dass Rot als Schmelzfarbe nur eine sehr kurze Zeit in Gubbio bekannt war und dann wieder verloren ging. Es tragen daher alle diese Gefäße in der Farbenstimmung einen außerordentlich gleichförmigen Charakter, mit Ausnahme etwa derjenigen von Gubbio, insbesondere des Giorgio Andreoli, dem der goldig-metallische, irisierende Glanz der maurischen Fabrikate, der auch wieder verloren gegangen war, gelang. Wir müssen ferner sagen, dass diese Gefäße alle vernünftigen Gesetze der Ornamentation verspotten; denn einesteils sind sie als Gegenstände von profaner Bestimmung mit religiösen und historischen Bildern im großen Stil geschmückt, andrerseits ziehen sich diese Gemälde ganz über die Gefäße hin, unbekümmert um alle Gliederungen, um alle Kanten, Biegungen, Einsenkungen und Erhöhungen, wodurch die Figuren oftmals zerschnitten oder durch die Verkürzungen zu Karikaturen werden. Das Eine wie das Andere ist gleich unzulässig.

So wundern wir uns nicht, wenn mancher Mann von Geschmack kopfschüttelnd an diesen Gegenständen hundertjähriger Liebhaberei vorüber geht. Dennoch finden wir die Vorliebe erklärlich, und auch von gewissem Standpunkt aus gerechtfertigt. Wir müssen uns eben die Bestimmung dieser Gegenstände vor Augen halten, denn einesteils waren die wenigsten von ihnen zum wirklichen Gebrauche bestimmt und andernteils kam es nicht so auf die Schönheit des einzelnen

Stücks an als auf ihre dekorative Gesamtwirkung in der Zusammenstellung vieler. Sie sollten eben, auf den Kredenzen und Kasten neben einander aufgestellt, das ganze Zimmer schmücken.

Von diesem Standpunkt müssen wir ihnen zugestehen, dass sie trotz der Verfehltheit, Mangelhaftigkeit und Rohheit der Zeichnung, trotz der Barockheit der dekorativen Prinzipien, ihren Zweck vollkommen erfüllen. Wir müssen zugestehen, dass sie trotz ihrer Eintönigkeit gerade durch ihre Farbenstimmung eine durchaus kräftige und harmonische Wirkung machen, völlig angemessen für den künstlerischen Ausdruck eines Wohn- oder Speisezimmers. Wir müssen endlich anerkennen, dass, wenn nicht die Teller und Schüsseln, bei denen dies weniger hervortreten kann, doch die Gefäße, welche sich den Vasen nähern, eine durchweg edle und des Studiums würdige Form haben, selbst da, wo das Barocke schon an sie herantritt.

Denn das kann man immer noch dieser Kunst der Renaissance nachrühmen, die wir jetzt von allen Seiten haben der Barocke anheimfallen sehen, dass sie auch in ihrem Verfall und in ihrem Irrtum dennoch eine *Kunst* ist; man muss ihr nachrühmen, dass sie auch in der Entartung im großen Stil nach der Größe trachtet, wenn sie auch die Mittel und den Weg verfehlt und Breite und Schwere mit Größe und Würde verwechselt; man muss ihr nachsagen, dass ein nobler, imponierender Zug durch ihre Werke hindurchgeht – ein Charakterzug, um den wir sie heute beneiden können, wir, die wir an Widersinnigkeiten sie überbieten und dabei mit unheilbarer Schwächlichkeit begabt scheinen, wir, die wir überall am unrechten Orte sparen und mit der Verschwendung kleinlicher Kunstmittel niemals irgend einen Effekt erzielen.

Dritter Abschnitt

Die deutsche Renaissance

Die Bewegung, welche das Kunstleben Italiens im 15. Jahrhundert ergriffen hatte, der Schwung, der es erfasste und die Kunst auf jene gewaltige Höhe im Anfang des 16. Jahrhunderts hob, waren so mächtig, dass sie Italien aus der isolierten Lage herausrissen, in welcher sich seine Kunst im Mittelalter befunden hatte. Und nicht bloß das: Italien ergreift nun die Führung, der italienische Kunstgeschmack stürzt sich wie ein Strom über alle Länder der europäischen Zivilisation.

Ich habe schon im ersten Abschnitt gezeigt, wie die Zustände dafür nordwärts der Alpen vorbereitet waren, wie sie förmlich des Retters harrten, den Geschmack aus der Verirrung und Verwirrung hinauszuführen. Aber sie waren nicht überall gleich günstig, oder es traten doch wenigstens, grade als die Renaissance die Alpen zu überschreiten begann, so verschiedenartige geschichtliche Momente mitwirkend auf, dass die Entwicklung in Deutschland wesentlich anders und bei weitem interessanter als in Frankreich vor sich ging. Wir können uns darum mit Frankreich kurz fassen, da es uns eben um den Gang der Entwicklung zu tun ist, nicht um den Auslauf in die Breite, und da Frankreich im 16. Jahrhundert durchaus nicht als Führer im Reiche des Geschmacks erscheint, sondern sich entweder im Gefolge Italiens befand oder für sich allein behielt, was es Eigentümliches hatte. Noch weniger brauchen wir auf die übrigen Länder, auf Spanien und England Rücksicht zu nehmen, bis sie sich von selber einstellen.

Frankreich war in jedem Fall das erste Land, welches die italienische Renaissance rasch und entschieden aufnahm. Wenige Jahre vor dem Ende des 15. Jahrhunderts steckte es noch völlig in der Gotik, zwanzig Jahre später hatte es sich bereits dem neuen Stil, und zwar mit Ausnahme der Architektur, die wir später zu betrachten haben, fast ohne Kampf ergeben. Dazwischen lagen eben die Kriegszüge der Franzosen nach Italien unter Karl VIII. und Ludwig XII., wodurch beide Länder in eine vorher nicht vorhandene und nunmehr ununterbrochene Berührung gebracht wurden. Beide Könige hatten Gefallen gefunden an der neuen italischen Kunst, an dem heiteren, geistigen Leben italienischer Städte und Fürstenhöfe und suchten beides in Frankreich einzuführen, in das „Land plumper Soldaten", wie es kurz zuvor Macchiavell genannt hatte. Ihrem Beispiel folgte mit mehr Bildung und Verständnis, mit mehr Hochachtung und Liebe zu Kunst und Künstlern Franz I.; er vollendete das Werk seiner Vorgänger, und wenn er auch Frankreich noch nicht zu einem auserwählten Lande der Kunst und der Kultur machen konnte, so wusste er doch im neuen Stil ein wirkliches Kunstleben anzuregen, das in Baukunst und Bildhauerei nicht ohne Verdienst und nicht ohne Größe ist.

Die Vermittler waren italienische Künstler selbst, welche schon mit den ersten Heereszügen nach Frankreich gekommen sein müssen, denn schon zwischen 1499 und 1507 baute Fra Giocondo, der Veroneser Architekt, die Brücke von Notre Dame zu Paris und zu derselben Zeit das Schloss Gaillon für den Cardinal d'Amboise. Eine Menge anderer Renaissancegebäude fanden in Frankreich ihre Entstehung, bevor der alternde Leonardo am Hofe Franz I. erschien, bevor Benvenuto Cellini zu Paris arbeitete und bevor Primaticcio, Nicola dell'Abbate und andere Italiener die Werke zu Fontainebleau schufen, von denen man die eigentliche französische Schule, mit Unrecht zwar, herzuleiten pflegt.

Denn so groß auch der Einfluss der damals bereits fertigen italienischen Renaissance auf die französische Kunstentwicklung gewesen, ganz ohne Eigentümliches blieb diese nicht. Schon damals lassen sich an der Skulptur manche Züge entdecken, welche als spezifisch gelten müssen und die spätere französische Kunst des 17. und 18. Jahrhunderts charakterisieren. So finden wir bei Jean Consin, einem vielseitigen und kühnen Geiste von der Art Michel Angelos, der Bildhauer, Baumeister, Graveur, Maler auf Glas und Leinwand war und als gelehrter Anatom eine Schrift über den menschlichen Körper schrieb, bereits das Streben nach pathetischer Größe, das in seiner Übertreibung für die Zeit Ludwigs XIV. so bezeichnend ist. Ein anderer nicht minder bedeutender Bildhauer, Jean Goujon, der es mehr auf elegante Haltung denn auf Größe abgesehen hatte, verstand es schon den Marmor in Fleisch zu verwandeln, ihn wie mit lebendigen Atem zu füllen, der die Brust schwellen macht.

Was alle französischen Künstler dieser Zeit Gemeinsames zu haben scheinen, das sind langgezogene, überschlanke Formen des menschlichen Körpers, ein Geschmack, der aber nichts mit jener Vorliebe für magere, knochige Glieder zu tun hat, welche eine gute Zeit lang im 15. Jahrhundert, insbesondere in der rheinischen und niederländischen Kunst, herrschte. Die Franzosen zeigen bei dieser Schlankheit Fülle und Rundung, aber sie konnten nicht vermeiden, dass sie mit dieser Art von Formengebung hart an stutzerhafte Eleganz, an kokette Geziertheit streiften. In der Tat überschritten sie auch diese Grenze in der zweiten Hälfte des 16. Jahrhunderts, als am Hofe Heinrichs III. die Mignons herrschten, das widerlichste Stutzervolk, welches die Kostümgeschichte kennt. Selbst wenn wir die ausgezeichneten Arbeiten der Emailkünstler von Limoges betrachten, so können wir uns dem Eindruck nicht verschließen, dass in der Zeichnung der Körper, in Stellung, Bewegung und Gewandung bereits eine gewisse, spezifisch französische Geziertheit liegt, so bescheiden sie hier noch auftritt. Ich werde auf diese Limosiner Emails noch einmal von anderem Standpunkt aus zurückkommen.

Haben wir einmal diesen Eindruck empfangen, so werden wir ziemlich überall in der französischen Kunst von der Mitte des 16. Jahrhunderts an etwas Mignonartiges entdecken. Ich habe dabei besonders auch die Ornamentik im Auge, welche Ducerceau, Etienne de Laulne und andere Meister des Kupferstichs in höchst ausgezeichneter Weise vertreten. Alle ihre Ornamente oder ornamentierten Kompositionen der Kleinkunst, so viel Schönheitssinn und Phantasie sie zu erkennen geben, haben etwas Mageres, Durchsichtiges und Schwächliches in den Dimensionen. Wie ganz anders waren noch die ersten Bildhauer der französischen Renaissance, wie ganz anders, um wie viel kraftvoller und energischer erscheint die deutsche Renaissance selbst noch in ihrem Verfall, in der Zeit der Barocke!

Wie schon gesagt, ging die Entwicklung des Geschmacks in *Deutschland* zu dieser Zeit nicht in der gleichen Weise vor sich und wesentlich origineller als in Frankreich. Die italienischen Feldzüge hatten weder unter Karl und Ludwig noch unter Franz I. die Geister im Volke von einer ruhigen und schnellen Umbildung des Kunststils abgelenkt, im Gegenteil hatten sie durch die gesteigerte Verbindung mit dem Quellenlande der neuen Kunst den Prozess nur beschleunigt. Als die inneren, gemütserregenden religiösen Wirren auch Frankreich erreichten und aufwühlten, war die Renaissance dort wie überall längst ausgebildet, ja fast schon wieder im Verfall begriffen.

Dagegen in Deutschland fallen die ersten kräftigeren Lebensäußerungen der Renaissance grade mit der höchsten Erschütterung der Gewissen zusammen. Die religiösen reformatorischen Bewegungen, welche, lange vorbereitet, in dem Jahrzehnt von 1510 bis 1520, also eben in der Zeit, da die Renaissance die Alpen zu überschreiten begann, zum Ausbruch kamen, ergriffen bekanntlich so schnell und gewaltsam die Nation in allen Individuen, dass kaum zu begreifen ist, wie ihr Raum für andere Gedanken und Gefühle übrig blieb. Denn das ist das Eigentümliche eines religiösen Kampfes, dass er an einen jeden als eine persönliche Sache herantritt, als ein Kampf, den jeder nach eigenem Gewissen und für sich selbst mit sich und der Welt auskämpfen muss. Wir vergessen darum heute ob dieses das Interesse vorwiegend fesselnden Kampfes nur zu leicht, wenn wir uns auf das Studium jener Geschichtsperiode einlassen, dass damals gleichzeitig die ganze deutsche Nation nach durchgreifenden politischen Reformen, nach einer „Reformation an Haupt und Gliedern“ schrie, dass damals Adel wie Bürgertum in einem Umbildungsprozess begriffen waren, dass mit Hilfe der Buchdruckerei die ganze Schulbildung, die ganze Gelehrsamkeit und Wissenschaft eine andere wurde, dass die gesamte Volksbildung von dem mittelalterlich gebundenen Standpunkt auf den freien humanistischen überging. Hier schrieb Hutten und rüstete Sickingen gegen die Fürsten; hier predigte man gegen Rom, dort gegen die Neuerer; der Adel wusste nicht, wo aus noch ein, die Landsknechte entzogen ihm den Kriegsruhm, Geld und Gut die Bauern, welche sich für ihre Freiheit rührten und den Krieg um Wald und Feld begannen; die Geistlichkeit war aufs höchste bedroht; aller Orten zogen die Fahrenden umher, die Kriegsknechte um Sold, die Handwerker um Arbeit, die Studenten um ihr Latein, die politischen und religiösen Schwärmer um Aufruhr. So war alles in erregter Bewegung, und in diesem tobenden Meer sollte die Kunst, die Lieblingstochter des Friedens, gedeihen und die Umbildung des Geschmacks vor sich gehen. Es wäre ein Wunder gewesen, wenn nicht auch sie in ihrer Entwicklung Spuren davon an sich getragen hätte.

Sehen wir uns zunächst einmal die *Trachtenformen* an als den Fühler und Führer des allgemeinen Volksgeschmacks. Allerdings diese Welt der buntesten Farben und Formen, diese Welt der Widersprüche in der Kleidung, diese Welt des individuellen Geschmacks, wo sich ein jeder nach seinem Kopfe kleiden konnte, wie ich sie in dem ersten Abschnitte für das 15. Jahrhundert geschildert habe, diese Welt verschwand gänzlich. Bis zum Jahr 1520 vollendete sich eine so vollständige Umwandlung, wie sie nur der Kunststil im Übergang von der Gotik zur Renaissance erlitt. Es war in der Kleidung von Kopf zu Fuß eine vollständige und buchstäbliche „Reformation an Haupt und Gliedern."

Ich habe am Schlusse des ersten Abschnittes gesagt, dass Zucht und Einheit vor allem notgetan hätten. Dahin lenkte auch die Zeit, wie wir denn sehen können, dass mit dem 16. Jahrhundert trotz der Erregung ein jeder anfängt, sich klar zu werden über das, was er will, und einem bestimmten Ziele zulenkt. Zucht und einheitliche Gestaltung kam auch in die bunten Trachtenformen. Die religiöse Bewegung konnte sich nicht der Gewissen bemächtigen ohne auf das moralische Gefühl einzuwirken, und wir können deshalb von Jahr zu Jahr beobachten, wie die Dekolletierung weicht und das Kleid langsam zum Halse empor wächst. Gleichzeitig verschwindet, und zwar sehr rasch, der geckenhafte Charakter der männlichen Tracht; nackte Arme und Schultern sieht man seit dem Anfang des 16. Jahrhunderts bei den Herren nicht mehr, weder bei den alten noch bei den jungen. Die ganze Masse der unzählbaren Hüte und Hauben weicht einer einzigen Kopfbedeckung, welche für Männer wie für Frauen alleinige Tracht des Hauptes werden sollte, dem Barett. Der Körper empört sich gegen die gespannte Enge der anliegenden Kleidung, so dass wir Ellbogen und Knie förmlich durchbrechen sehen, aber ebenso auch gegen die weibische Weite, welche den Gegensatz gebildet hatte. Der Bart wird wieder in sein Recht eingesetzt, während die gebrannten und gesalbten Locken einer würdevolleren und gleichmäßigen Behandlung des Haares Platz machen. Überhaupt bekommt die ganze äußere Erscheinung der Menschen mehr Männlichkeit, mehr Ernst und Charakter, was nur eine Folge des allgemeinen Gefühls war, dass es eben eine schwere und ernste Zeit sei, in welcher die höchsten Interessen der Menschheit auf dem Spiele standen.

Trotzdem aber die Kleidung einen durchaus einheitlichen Schnitt und Charakter annimmt, als ob eine einzige Mode im großen Stil darüber herrsche, trotzdem kann sie nicht verleugnen, dass sie das Kind einer sturmbewegten Zeit ist. Sie musste daher etwas annehmen von der Wildheit, von der Phantastik und malerischen Gefallsucht, zumal es wirkliche Abenteurer waren, welche in der Mode voranschritten und die neugebildeten Trachtenformen in ihrem Sinne zur Karikatur überstürzten. Das waren die Landsknechte, diese wilden, abenteuernden Gesellen, bei deren Leben von heut auf morgen Renommisterei ein gut Stück Lebensfreude ausmachen musste. Sie brachten also ihre Art von flottem, phantastischem Stutzertum an die vorhandene Tracht, dass sich selbst die Kleidung des gesetzten Mannes und der achtbaren Frauen ihren Zutaten nicht entziehen konnte. Wo die Kleidung ihnen zu eng gewesen war, an Hüften, Ellbogen und Knien, da schlitzten sie dieselbe auf und unterlegten die Schütze mit farbigem Seidenzeug. Solche Aufschlitzung und Unterlegung wurde zur Mode und überzog in einem förmlichen System von seltsamen Zeichnungen die ganze Kleidung vom Barett bis zu den Schuhen. Das Barett blieb die alleinige Kopfbedeckung, aber man wusste ihm vielfache Gestaltung zu geben und es mit langen Federn phantastisch aufzuputzen. Die Schuhe hatten schon am Ende des 15. Jahrhunderts ihre langen Spitzen verloren; nun schlugen sie in das Gegenteil um und wurden vorn so breit an den Zehen, dass die s.g. Kuhmäuler oder Bärentatzen, wie man sie nannte, kaum minder auffallend erschienen wie ihre Vorgänger. Trotzdem blieb die Tracht in ihren Hauptformen überall dieselbe, aber sie führte ihre verwilderte, phantastische Karikatur neben sich her.

Ein gut Stück von wilder Phantastik war es auch, welches den *neuen Kunststil* auf seiner ersten Entwicklung in Deutschland begleitete, doch war das nicht die einzige Eigenschaft, welche sie von der italienischen unterschied Deutschland steckte für den ornamentalen Geschmack tief in der Gotik, für den figuralen in einem derben Naturalismus, den nur die treue, liebevolle Wiedergabe des wirklichen Lebens, die Beseelung mit Gefühlen erträglich macht. Es konnte sich nicht auf einmal davon losreißen und sich nicht auf einmal für klassisch-reine Formen begeistern, zumal in einer solchen Zeit sturmvoller Bewegung, wo die Geister und die Gewissen von ganz anderen Dingen eingenommen waren. Hatte doch auch Italien von Nicola Pisano bis Mantegna eine lange Schule der Bildung durchmachen müssen. In Deutschland sollte sich derselbe Prozess in zwei Jahrzehnten vollziehen, der in Italien zwei Jahrhunderte gebraucht hatte. Am Schluss des 15. Jahrhunderts schwebt noch über der gesamten Kunsttätigkeit der Geist des Mittelalters, wenn auch in seiner letzten, sehr veränderten Weise, noch ohne eine Ahnung von der Antike, und zwanzig Jahre später schreibt Dürer, heutzutage muss alles antikisch sein. Es war freilich auch alles, was dann geschaffen wurde, nur antikisch und nicht antik.

Wir könnten, wenn wir wollten, diesen Wandel des Geschmacks an jedem einzelnen Künstler verfolgen, der vom 15. Jahrhundert in das 16. hinüberging, vorausgesetzt, dass er nicht schon als alter Mann in die neue Zeit eintrat. Zu dieser letzteren Art gehört *Adam Kraft*, welcher schon 1507 starb, der Meister des gotischen Sakramenthäuschens in der Lorenzkirche, der Stationen zum Johanniskirchhof und so vieler anderer in ihrer Art höchst ausgezeichneter Kunstwerke in Nürnberg. Wenn Adam Kraft auch nicht mehr auf dem Standpunkt eines Wohlgemut steht, von dem man fast sagen möchte, dass das Hässliche für ihn das Schöne war und dass er ausgegangen sei, für seine Heiligen und ihre Genossen die hässlichsten und gemeinsten Gesichter zu entdecken, so ist doch in seiner ganzen Kunst noch keine Spur von irgend einer Idealisierung der Formen zu erblicken; er bildete sie nach dem Muster der ihn umgebenden bürgerlichen Welt mit solcher naiven Treue, mit solcher Natürlichkeit, dass ob dieser Eigenschaft sein Adam und Eva den König von Portugal, für den sie gemacht waren, in Schrecken setzten, als sie ausgepackt wurden. Auch *Veit Stoß*, obwohl er länger lebte, ist dahin zu rechnen, da seine Tätigkeit der früheren Zeit angehört und er nirgends eine Ahnung, nicht die leiseste Einwirkung der Antike verrät, wenn er auch vielleicht mehr stilistischen Sinn, mehr Gefühl für künstlerische Behandlung besaß als Adam Kraft.

Diese Nürnberger Künstler mit ihren zahlreichen und fruchtbaren Zeitgenossen im südlichen Deutschland erheben sich mit der Bildung der menschlichen Formen durchaus nicht über die wirkliche Erscheinung ihrer städtisch-bürgerlichen Umgebung. Dieselben Bürger, die zu Rate sitzen, die in der Werkstatt arbeiten, dieselben Bau- und Zimmerleute sind ihre biblischen und religiösen Figuren, die Gestalten, welche sie der Verehrung und Anbetung der Gläubigen darbieten. Ihre Engel sind die pausbackigen, rotwangigen Gesichter der Nürnberger Kinder, genau dieselben, die man noch heute sieht; ihre heiligen Frauen sind dieselben, die auf dem Markte sitzen, und wenn es hoch kommt, wohlhabende Bürgerfrauen, kaum je aber die kaufmännischen Aristokratinnen der Städte, die damals mit den Ritterfrauen glücklich wetteiferten. Da ist keine Spur von Stolz, von getragener Würde, von hohem Gang und selbstbewusster Haltung, keine Spur von irgendeiner Absicht geistige Größe in den Kopf zu legen. Die Köpfe der Männer sind, wenn nicht hässlich und knollig, doch hart, kantig und mit dem Ausdruck der körperlichen, nicht der geistigen Arbeit, so auch die Glieder knochig und knotig, und die Haltung des Körpers gibt die Schwere des Lebens zu erkennen. Von der Leichtigkeit und Anmut des Lebens zeigen auch die Frauen nichts; ihre Köpfe sind, wenn jung, rundlich und unbedeutend, ihre Leiber arm und unschön. Es ist nicht bloß der Geschmack und die Bildung eines ehrsamen, um nicht zu sagen, philisterhaften Handwerkers und Krämers, es ist diese ganze ehrsame, kleinstädtische Welt selbst, wie sie leibt und lebt.

Der erste, der sich in der Skulptur davon los rang, und in dem sich die Renaissance, ohne dass wir wissen, wie er dazu kam, schon wahrhaft lebendig zeigt, war *Peter Vischer*, der Rotgießer, mit seinem Sebaldusgrab in Bronce, dessen Ausführung in die Jahre von 1507 bis 1519 fällt. Zwar die künstlerische Grundidee, nach welcher sich dieses bedeutendste Werk der Nürnberger Skulptur aufbaut, scheint ganz aus gotischer Stabarchitektur hervorgegangen zu sein, wie man denn auch behaupten wollte, es sei nur eine Umänderung des ursprünglich von Veit Stoß vorgelegten gotischen Planes. Aber diese Umänderung selbst, die drei kuppelartig eingedrückten Türme, welche Veit Stoß zum Gewölbe hinaufsenden wollte, das Detail der Säulen und Kapitäle, soviel auch noch vom Alten darunter ist, das reiche Spiel der Kindergruppen, welche deutsche Sinnigkeit in allegorischem Gewande darstellen, das alles gibt ein Werk zu erkennen, welches schon völlig aus dem neuen Geiste geboren ist. Vor allem ist es aber die plastische Behandlung der Figuren, im Körperlichen wie in der Gewandung, welche dafür spricht. In diesen lieblich und humoristisch spielenden Kindern lebt ein Hauch von der Heiterkeit und Göttlichkeit der echten Kunst; in den herrlichen Apostelfiguren mit ihren edlen, bedeutenden Köpfen, mit ihrer bewussten Haltung und den fast klassisch reinen Falten der Gewandung ist die Schwere des Lebens, die Gebundenheit des bürgerlichen Daseins abgetan; der Künstler, der selber im einfachen handwerksmäßigen Gewande darunter steht, hat sich mit ihnen in das Reich der freien und idealen Kunst erhoben.

Es ist fast unbegreiflich, wie der Meister diesen Schritt so schnell tun konnte, aber das Werk steht auch einzig unter den Zeitgenossen da; selbst *Dürer* hatte sich damals noch nicht zu der gleichen Reinheit der Formen durchgearbeitet.

Wenn wir den Entwicklungsgang dieses großen Künstlers von unserem Standpunkt aus verfolgen, so sehen wir ihn mitten aus der handwerksmäßigen Kunst beginnen, mitten aus dem bürgerlichen Geschmack, der von idealen Formen keine Ahnung hat. Zwar erhob sich Dürer sofort über alle seine deutschen Zeitgenossen und Vorgänger, aber nicht durch Veredlung ihrer naturalistischen Kunst, sondern durch den Reichtum seiner Talente und die große Gewalt seines Genies. Er konnte eben einen anderen Geist in seine Menschengestalten hineingießen; er war der Prometheus, der das himmlische Feuer in die ruhigen, gewöhnlichen, philisterhaften Menschen brachte, wie sie damals die Kunst schuf, und der die Leidenschaften in ihnen entflammte, bis zur höchsten Gewaltsamkeit. Das vermochte er schon, wie feine, bereits vor dem Jahr 1500 geschaffenen Holzschnitte zur Apokalypse zeigen, bevor irgend ein Einfluss der italienischen Kunst an ihn herangetreten war.

In diesen Zeichnungen zur Offenbarung lebt ein wahrhaft großartiger künstlerischer Sinn, der in Bezug auf Größe der Komposition und Kraft des Ausdrucks alles weit hinter sich lässt, was die ganze Kunst nordwärts der Alpen und vielleicht bis dahin auch südwärts vor ihnen geschaffen hatte. Die wilde Energie der Leidenschaften, wie sie die Würgengel erfüllt, der wuchtvolle Schwung ihrer Streiche, denen die Menschheit erliegt, die Angst und das Entsetzen der Erwürgten, die grauenhafte Phantastik der gespenstischen Reiter, die durch die Luft daher brausen, das alles sucht in der Kunst seines Gleichen, und selbst Kornelius apokalyptische Reiter erreichen darin kaum ihr Dürerisches Vorbild. Es ist das offenbar ein neuer Geist, der in diesen Schöpfungen lebt, aber es ist der Geist Dürers, nicht der Geist der Renaissance. Suchen wir nach diesem, so müssten wir ihn in den Formen finden, aber die Dürerischen Gestalten der Apokalypse sind, von diesem Standpunkt aus betrachtet, Kinder Deutschlands und Kinder ihrer Zeit mit den harten bürgerlichen Gesichtern und den unschönen Gliedern, und selbst die Pferde der Reiter sind nicht besser als ausgearbeitete Bauerpferde. Wenn die Würgengel nicht Flügel hätten, niemand könnte sie für Wesen halten, die nicht der gemeinen Erde angehören. Da ist kein Zug von Formenidealisierung in der ganzen Apokalypse zu erblicken, keine Spur von Veredlung des Faltenwurfs oder von irgendeinem Streben nach Schwung und Schönheit der Linien.

Erst die italienische Reise oder vielmehr der Aufenthalt Dürers in Venedig im Jahr 1506 machten ihn mit der neuen Kunstweise Italiens bekannt. Grade damals hatten Giorgione und Titian in jugendlichem Schwung die venezianische Malerei aus der letzten Befangenheit und Härte herausgehoben, in welcher sie der alte Bellini noch gelassen hatte. Ohne Frage gibt sich auch der Einfluss dieses Aufenthalts in Dürers nachfolgenden Werken zu erkennen, ja wir können die Arbeiten vor dem Jahr 1506 leicht von denen nach demselben unterscheiden, aber keineswegs war die Nachwirkung schnell oder äußerte sich in einer so durchgreifenden Weise wie bei Peter Vischer. Dürer brauchte zwanzig Jahre, bis er die Freiheit der Kunst und die Größe des Stils erreichte, welche ihn den großen Meistern Italiens an die Seite stellen sollten. Das war in den vier Aposteln.

Mochte das Hemmnis teilweise in seiner eigenen Natur liegen, so war es ganz gewiss auch die Umgebung, in der er lebte, die ihn in kleinlich bürgerlichem Stil festhielt. Während die italienischen Künstler auf den Höhen der Menschheit lebten, mit den Fürsten der Macht und der Bildung als mit ihres Gleichen verkehrten, während ihnen die größten Aufgaben gestellt wurden, daran sie mit ihrer Kunst heranwuchsen, lebte Dürer in peinlich beengter und gequälter Häuslichkeit unter einem Krämervolk, das die Kunst nur als Handwerk kannte, dessen Regierung, wie er selber bitterlich klagt, ihm nie auch nur einen einzigen nennenswerten Auftrag gegeben. Es ist darum kein Wunder, wenn ihn Not und Geschmack zugleich bei den kleinen Werken der Kunst, bei Holzschnitt und Kupferstich und kleinen Tafelgemälden festhielten, wenn er sich von den bürgerlichen Formen und dem kleinknitterigen Gefälte nicht losmachen konnte, wenn er sich bei großen Gegenständen seiner Kunst an dem allerdings liebenswürdigen Beiwerk kleiner, genrehafter, stillgemütlicher Szenen gefiel, kurz, wenn es ihm nicht gelang seine reichen Gedanken und die Tiefe und Kraft seines Ausdrucks mit dem großen Stil der Kunst zu vermählen.

Dennoch vermögen wir sein Ringen und den Fortschritt wahrzunehmen, wenn wir mit den früheren Werken die beiden Passionen und das Leben Marias, insbesondere aber jene Arbeiten vergleichen, die er etwa seit dem Jahr 1515 im Auftrag des Kaisers Maximilian oder in Folge seiner Verbindung mit demselben schuf. Maximilian war wohl ein Kaiser, welcher Sinn für die Kunst und Liebe zu den Künstlern hatte – er war ja der Erbe von Burgund – und der es gern den italischen Fürsten gleich getan hätte, aber er hatte diesen Kunstsinn nur in deutscher Weise nach damaliger Art, d.h. kleinlich und phantastisch.

Man muss dem Kaiser zugestehen, er war in den letzten zehn Jahren seines Lebens mit zahlreichen künstlerischen Entwürfen beschäftigt, aber alle, mit Ausnahme seines Grabmals, liefen auf Miniaturen und Holzschnittwerke hinaus. Das Gebetsbuch, die Triumphpforte und der Triumphzug von Dürers Hand, Hans Scheuffeleins Theuerdank, der Weißkunig, die Heiligen Östreichs, der kolossale Triumphzug von Hans Burgkmair, in Holzschnitt und Pergamentmalerei, deren größter Teil im Kloster St. Florian wiedergefunden worden, das war wohl ein Reichtum von Bildern und Gegenständen, aber was wollen sie sagen, wenn wir sie mit den Aufgaben vergleichen, die einem Rafael und Michel Angelo in Malerei, Skulptur und Baukunst zugleich zu

Teil wurden. Und wie gebunden sind die deutschen Künstler an die phantastischen Ideen eines so seltsamen Kopfes, wie ihn Maximilian besaß! Wie konnten sie sich begeistern für so wundersame und kühle Allegorien, wie sie den Theuerdank durchziehen!

Wie ist es daher auch zu verwundern, wenn man von einer geschickten Hand nichts sehen kann, was handwerksmäßiger, nüchterner, kälter und phantasieloser wäre als diese Theuerdankillustrationen von Hans Scheuffelein! Glücklicher freilich war Hans Burgkmair, dem in seinem Triumphzuge eine Art historischer Aufgabe zu Teil wurde und der uns daher mit seinem wunderbaren realen Sinne, mit seiner kraftvollen, markigen und charakteristischen Zeichnung eine Unzahl Bilder hinterlassen hat, welche zur lebendigen Anschauung, zur wahren Kenntnis dieser Zeit von unschätzbarem Werte sind.

Freilich muss man einräumen, dass der Kaiser mit seinen Ideen und Kunstschöpfungen unter dem Einfluss des allgemeinen Geschmacks in Deutschlands stand. Es war eben die Neigung zur Phantastik, von der Dürer am wenigsten frei war, sowie zur spielenden Allegorie aller Orten vorhanden, und was den Holzschnitt betrifft, so war er gerade damals die Vorliebe des Geschmacks in Deutschland und so populär bei Vornehm und Gering und so außerordentlich in Übung, dass er vorzugsweise als die deutsche Kunstweise jener Zeit betrachtet werden kann.

Um wieder auf Dürer zurückzukommen, so zeigt er sich in diesen Holzschnittwerken, was das ornamentale und architektonische Beiwerk betrifft, aller Gotik los und ledig; er schwelgt förmlich in einem freien Naturalismus, den er mit seiner Phantasie belebt und adelt. Auch in den Figuren lebt ein gehobener Sinn; die Gestalten sind freier, bewegter geworden, die Köpfe bedeutender und in den Formen vielfach schöner und edler, wenn ihnen auch immer noch der alte bürgerliche Typus zu Grunde liegt. In dem letzten dieser Werke, im Triumphwagen, geht Dürer förmlich über sich hinaus und man sieht, wie der Geist der Renaissance in ihm lebendig geworden ist. Wie schreiten diese Jungfrauen, allegorische Personifizierungen, neben dem Wagen und den Rossen her! Wie frei, stolz und stattlich ist die Haltung ihrer kräftigen, vollen Gestalten! Wie schwungvoll flattern die Gewänder und lösen sich förmlich vom Leibe, statt dass sie sonst die Glieder ängstlich und kleinlich verhüllten! Selbst auf die Pferde erstreckt sich die Umwandlung: statt der magern, ausgearbeiteten Ackerpferde sehen wir hier eine edle Rahe, stark, voll und rund, wie die ritterlichen Rosse jener Zeit sein mussten, aber von edler, stolzer Haltung des Kopfes und des geschwungenen Schweifes.

Wie schon gesagt, ist es aber nur ein einziges seiner größeren Werke, die vier Apostel, welches als der vollgültige Ausdruck der höchsten Stufe seiner Kunst betrachtet werden kann, denn in dem erwähnten Triumphwagen, einer kalten, philologisch künstlichen Allegorie, tritt seine Eigentümlichkeit vor den fremden, von befreundeten Gelehrten ihm aufgedrungenen Gedanken zurück, und die Renaissance darin, der inneren geistigen Kraft Dürers ermangelnd, hat darum etwas Äußerliches und Gemachtes oder wenigstens Unbeseeltes. Wie vermählen sich aber Erhabenheit und Tiefe der Gedanken mit Größe des Stils in den vier Aposteln, die schon deshalb für Dürers bis dahin auf kleiner Tafel sich ergehende Malweise eigentümlich sind, weil der Künstler sie über Lebensgröße gehalten! Wie edel, schön und geistvoll sind die Köpfe, wie frei die Haltung, wie großartig die Gewandung, die man als Dürerisch nicht wieder erkennt, wenn man sich der früheren Kleinlichkeit erinnert! Dieses Gemälde wurde 1526 vollendet, und nicht viel mehr denn ein Jahr darauf starb der Meister, aufgerieben von den kleinen Quälereien des Lebens, von denen er sich nicht losreißen konnte, so wenig wie von dem kleinlichen Stil seiner Kunst. Wäre er aufgewachsen in Italien, hätte er gelebt in der Anschauung der dortigen Kunstschätze, wären ihm die großen Aufgaben gestellt worden wie anderen, er hätte die Italiener, nach Rafaels eigenem Zeugnis, alle übertroffen.

Was Dürer so spät und schwer gelang, das wollte noch weniger seinen Zeitgenossen gelingen, *Holbein* ausgenommen, und es war ein Glück für sie, denn bei ihrer schwächeren Kraft hätten sie die deutsche Eigentümlichkeit und Innigkeit geopfert, und nur fremde, kalte Formen angenommen, ohne die Fähigkeit sie mit lebendiger Seele zu erfüllen. So ist uns *Cranach* in seiner deutschen Weise ein lieber Meister geblieben, obwohl er der bürgerlichste der bürgerlichen unter den deutschen Künstlern war, und so ist *Georg Penz,* ein Schüler Dürers, der nach Italien ging, um den Kunstgeschmack von dort zu holen, fast ein Manierist, wenigstens ein seelenloser Künstler geworden.

Aber Georg Penz und seines Gleichen blieben für damals noch Ausnahmen in der deutschen Kunst. Dürer's eigentliche und ächte Schule, die ganze Schaar der sogenannten *Kleinmeister*, die beiden Beham, Aldegrever, Altdorfer u.a., dann die Schüler der Schüler, insbesondere Virgil Solis und Jost Amman, sie blieben dem deutschen Geiste treu. Es war auch die Zeit nicht dazu angetan; es war das Leben in Deutschland, – man stand ja mitten in den reformatorischen Bewegungen – noch zu stürmisch, zu ernst, die Gemüter zu sehr ergriffen, als dass die Künstler damals schon in Nachahmung der bereits verfallenden italienischen Kunst hätten in der Form Manieristen werden können. Was die Kleinmeister von der Renaissance lernten, wenn wir noch von der spezifisch ornamentalen Kunst absehen, das war die Abwerfung jeglicher Unbeholfenheit und Befangenheit, die freie, lebensvolle, kräftige Gestaltung ihrer heiligen und profanen Menschen. Sie hielten sich an ihre sturmbewegte Wirklichkeit, in der die Menschen, um nicht fortgerissen zu werden, charakterstark und fest wie Eichbäume stehen mussten. Die kleinen Apostelfiguren Hans Sebald Behams, die kaum zolllang sind, es sind nicht asketisch ausgesogene Skelette, sondern die männlichsten Gestalten, die man sehen kann, die uns mit dem vollen, kräftigen Kopf und den breiten Körpern sofort die Überzeugung aufdrängen, dass sie die Männer sind, die neue Religion trotz Feuer und Schwert, trotz Martern und Tod über die Welt zur Anerkennung zu bringen.

Mit wahrer Lust stürzen sich diese Kleinmeister mit ihrer Kunst in das sie umgebende Leben, ganz im Gegensatz zur italienischen Renaissance, die damals, etwa zwischen den Jahren 1530 und 1560, den realen Boden zu verlieren begann. Es kam dazu, dass ihnen der Protestantismus ein' gut' Teil der religiösen Gegenstände entzogen hatte; ihnen blieb zwar die Bibel, aber die Heiligen gingen ihnen aus. Stattdessen schildern sie uns das Treiben ihrer Gegenwart, insbesondere der bürgerlichen Klassen und der Bauern, welche die Umwälzung der Zeit damals zuerst an die Oberfläche der Geschichte gebracht und wie zu einem Gegenstand des Schreckens, so auch des Interesses gemacht hatte. Ganz vor allem sind es aber die abenteuerlichen und verwilderten Kriegsleute, die Landsknechte, welche mit ihrem ganzen Tross, mit ihren Weibern und Buben, mit ihren Gefangenen von

Türken, Ungarn, Mohren und was es mehr von fremdländischen Völkern bei ihnen gab, in dieser genrehaften Kunst in den Vordergrund treten; fechtend, wandernd, raufend, spielend und trinkend im Lager, wir sehen sie in allen Situationen ihres Söldnerlebens. Die außerordentlich große Zahl dieser Bilder, die noch erhalten ist, beweist, wie populär dieses Kunstgenre damals gewesen sein muss.

Es sind auch bei weitem weniger, ja sogar höchst selten Gemälde, auf denen sich solche Lebensszenen dargestellt finden; es waren der *Holzschnitt* und der *Kupferstich*, die sie verbreiteten. Der derbe, kräftige Holzschnitt, wie ihn Hans Sebald Beham oft in großen zusammengesetzten Tafeln übte, war auch dafür die völlig entsprechende Weise; aber es ist jedenfalls auffallend, dass ebenso auch der Kupferstich dazu benutzt wurde und zwar zumeist auf ganz kleinen, winzigen Blättern, deren Ausführung, im völligen Widerspruch mit den Gegenständen, die zierlichste und minutiöseste war. Und zwar waren es nicht andere Meister, sondern eben dieselben Künstler verstanden sich auf beides, wie z.B. der erwähnte Hans Sebald Beham, der das Schnitzmesser im derbsten und kräftigsten Stil führte, auch mit dem Grabstichel vielleicht von allen der zierlichste und feinste war, ohne dabei von der Markigkeit seiner Gestalten oder an künstlerischer Kraft in Schatten und Licht einzubüßen. Solche Kupferstiche, die für den Geschmack der Zeit eine höchst charakteristische Erscheinung sind, haben ihren Urhebern den Namen der Kleinmeister zugezogen.

Die reale, auf das ihnen gegenwärtige Leben gewendete Richtung dieser Künstler musste sie von der *Phantastik* ihres großen Lehrers abführen, oder vielmehr, es war die Zeit selber, welche Traumgebilden der Phantasie nicht länger hold sein sollte und nur vom abenteuerlichen Charakter das behielt, was das bewegte Leben selbst, das abenteuernde Volk, das im Dienste des Kriegsgottes auf- und abwanderte, davon darbot. Gehen wir zu Dürer zurück – um diese interessante Seite im Entwicklungsgang des deutschen Geschmacks etwas näher zu beleuchten – so finden wir ihn, wie ich schon bemerkt habe, gleich seinem Kaiser Maximilian vollständig von diesem Geiste erfüllt. Beide standen damit nicht außer ihrer Zeit, denn von vorn herein kann man schon diese Richtung des Geistes als eine spezifisch deutsche bezeichnen und damals wurde sie noch künstlich genährt. Es waren wieder die Ritterromane des Mittelalters im Schwange und gingen mit all ihrem Wust von Riesen und Zauberern, von gefangenen und befreiten Prinzessinnen, von wilden, behaarten Männern, Drachen und andern Ungetümen den Leuten im Kopf herum, und die Buchdruckerkunst leistete ihrer Verbreitung Vorschub. Konnten doch selbst die großen Dichter Italiens, ein Ariost und Tasso, die nur die reine Luft der klassischen Studien, der wiederbelebten Antike atmeten, die Zeitgenossen Rafaels und Michel Angelos, die samt allen ihren Mitlebenden an den Schriften der Alten großgezogen waren, konnten doch sie nicht einmal sich dem betäubenden Hauch der Romantik entziehen, wenn sie auch dieselbe im Geist der italienischen Höfe des 16. Jahrhunderts veredelten, wie Tasso im befreiten Jerusalem, oder mit der überlegenen, gutmütig spottenden Ironie des Unglaubens freigeistig und doch feingebildet behandelten, wie Ariost im rasenden Roland.

Die Phantastik Dürers war wohl eine andere, als die der Romantik, weil die Natur seines Geistes eine andere und eigenartige war, aber er war mit ihr nicht minder ein Kind seiner Zeit. Sie ließ ihm selbst im Traum keine Ruhe, und es ist wohl vorgekommen, dass er, erschreckt über die Gebilde seiner Phantasie, aufwachte und sodann in der Frühe mit dem Stift zeichnete, was der Traum der Nacht ihm lebhaft und schrecklich vorgespiegelt hatte. Dieser Hang führte ihn schon fast in der Jugend zur Apokalypse, in deren Bildern sich freilich seine Phantastik zu großartiger künstlerischer Phantasie erhebt. Früh auch liebte er es schon, Gebilden dieser Art tiefsinnige oder melancholische Gedanken unterzulegen und die Nachtseite des Lebens herauszukehren. So jener Ritter, der mit festem Mut, mit gelassenem Schritte, nicht rechts, nicht links blickend, durch eine schreckliche Waldschlucht reitet, bedroht vom Teufel, angegrinst vom Tode, oder jenes großgedachte geflügelte Weib, die Melancholie genannt, das dasitzt, das Haupt aus die Hand, den Arm auf das Knie gestützt, stieren Blicks in innere Betrachtung versunken, nachgrübelnd über das Rätsel des menschlichen Daseins. Zuweilen auch verbindet sich bei Dürer der Humor mit der Phantastik, so in den Randzeichnungen zu Maximilians Gebetsbuch, welche dem Inhalt eines jeden Gebets eine tolle Kehrseite entgegenhalten, gerade wie bei den zierlichen Gebetsbüchern des 15. Jahrhunderts, nur dass hier die bewusste Absicht waltet, statt der Naivität. So gibt es philisterhafte Stadtmusikanten als Seitenstück zu dem Jubilate des Gebets, tanzende Bauern, den weinschwelgenden Bacchus, einen König mit Krone und Reichsapfel in einem Wagen fortgezogen von einem Bock, den wieder ein geflügelter, auf einem Steckenpferd reitender Knabe vorwärts zieht – alles mit bestimmter Beziehung auf die Gedanken des Gebets.

Wenn wir die Künstler-Zeitgenossen Dürers durchmustern, wir werden bei allen die Hinneigung zur Phantastik vielfach entdecken. Ich will nur an Holbeins Totentanz erinnern, diese wunderbar großartigen Schöpfungen aus kleinstem Raume, welche die lange mittelalterliche Reihe der Totentänze abschließen wie Dürers Kompositionen zur Offenbarung die apokalyptischen Darstellungen. Dann aber unter seinen Schülern, etwa von 1530 an, weicht die Phantastik mehr und mehr, einerseits Darstellungen aus der alten Geschichte, davon die Kleinmeister ganze Reihen in Kupfer stachen, andererseits gelehrten Allegorien mit lateinischer Bezeichnung, wie die humanistischen Studien sie aufbrachten. Doch war die Allegorie noch beschränkt in der Wahl der Gegenstände und realistisch in der Ausführung.

Gehen wir von der Darstellung des Menschlichen auf das rein *ornamentale Gebiet* über, so sehen wir auch hier, wie uns schon Dürers Randzeichnungen zum Gebetsbuch lehrten, das phantastische Element sich als eine Art Übergangsstufe von der Gotik zu den antikisierten Formen einstellen. Die zahlreichsten Beispiele dafür liefert uns das reiche Werk *Daniel Hopfers*, eines Künstlers, der mit Dürer ungefähr gleichzeitig tätig war. Daniel Hopfer ist ein ziemlich roher Geselle in der Kunst, von größerem Sinn für die Hässlichkeit, denn für die Schönheit der Formen, aber ein fruchtbarer Kopf und groß in phantastischer Gestaltungskraft, zumal wenn sie sich in das Scheußliche ergeht. Wir haben von diesem Kupferstecher noch einige Ornamente, welche völlig gotisch sind und an die Laubwindungen Israhels van Meckenem erinnern, und andere wieder von reinen Formen der Renaissance, soweit ihm überhaupt solche Reinheit möglich war. Dazwischen liegt die ganze Masse seiner Schöpfungen im Übergangsstil, in denen sein wilder, bizarrer Geist freies Spiel hat. Unerschöpflich in der Erfindung satanischer Fratzen und Tierunholde, schwelgt er förmlich in der Zusammenstellung von allen gräulichen Ungeheuern, die er mit den

Elementen der Renaissance zu einem ornamentalen Potpourri verbindet, mit Vasen, Laub und Früchten, mit nackten Menschenfiguren, davon die Weiber mit aufgedunsenen Leibern von ekelhaft abstoßender Hässlichkeit sind. Mit dieser Verwilderung seines Geistes ist er so recht ein Kind der ersten gärenden Zeit der Reformation.

Aber dieses phantastische Element ist nicht die einzige charakteristische Seite für den ornamentalen Übergangsstil. Neben ihm erscheint eine Zeitlang ein allgemeiner Naturalismus, der wiederum in Dürer seinen Hauptvertreter findet. Wir können das Werden und Entstehen desselben aus der Gotik genau beobachten. Es gibt eine Zeichnung von Dürer zu Wien in der Ambraser Sammlung, eigentlich bestimmt für ein Glasgemälde, die aber dem Mittelbilde eines Altares gleicht und darum wie von einem gotischen Rahmen mit dem gewöhnlichen durchbrochenen Laub und Maßwerk im oberen Teil umgeben erscheint. Hier haben sich nun die gotischen Stäbe in kleine natürliche Baumstämme verwandelt, von denen ebenso natürliche Äste mit natürlichem Laub auswachsen, obwohl sie nach dem künstlerischen Bedürfnis und dem Muster des vorausgegangenen Stils regelmäßig gewunden und angeordnet sind. Man erkennt deutlich den Weg, den die Kunst gegangen ist, und man findet auch leicht bei Dürer und anderen Zwischenstufen, bei denen die Stäbe natürliche Äste, das Laubwerk aber noch stilisiert ist oder auch umgekehrt. So zeigt uns den Übergang eine andere Zeichnung der Ambraser Sammlung in interessanter Weise. Sie stellt einen Hängeleuchter dar in Gestalt eines lorbeerbekränzten Meerweibes, welches in der Hand ein krummgewachsenes Bäumchen mit natürlichen Wurzeln hält, dessen Zweige sich aber ornamental winden, während die Blätter zwischen gotischer Stilisierung und Natur die Mitte halten; auf der Spitze dieses Bäumchens befindet sich der Lichterträger in konventioneller Form.

Wenn die erwähnten Beispiele noch ihren Ausgangspunkt, das spätgotische Ornament, erkennen lassen, so sind die Zeichnungen, welche Dürer zwischen den Jahren 1515 und 1518 für den Kaiser Maximilian machte, frei von jeder solchen Erinnerung. Bei der großartigen Triumphpforte z.B. sind die Rundbogen an die Stelle der Spitzbogen getreten, Säulen an die Stelle der Pfeiler und natürliche Weinranken, die aber mit höchstem Geschmack geordnet sind, bilden

den Hauptschmuck. Schon findet sich auch zu Spitzbogen und Säulen mannigfach antikisiertes Renaissanceornament. Ähnliches können wir gleichzeitig bei Hans Holbeins zahlreichen Randverzierungen zu Druckwerken sehen, nur dass hier bei dem an Jahren jüngeren Künstler die verschiedenartigen Bestandteile des Renaissanceornaments eine weit größere Rolle spielen.

Völlig vorherrschend sind diese schon bei Dürers Schülern und den übrigen Kleinmeistern, ja seit dem Jahr 1530 tritt das naturalistische Element mit dem phantastischen so gut wie gänzlich zurück. Die Kleinmeister, so realistisch sie noch in ihren figürlichen Darstellungen sind, geben sich in ihren ornamentalen Arbeiten geflissentlich Mühe der Renaissance zur Herrschaft zu verhelfen. Zahllos sind die Musterzeichnungen, welche sie in dem neuen Stil mit ihrem bewunderungswürdigen Grabstichel für alle Zweige der Kleinkunst schaffen: für die Architektur zeichnen sie alle Details nach antiken oder italienischen Mustern, sie zeichnen Akanthuswindungen und Laubwerk verschiedener Art im italienischen Geschmack und oftmals nicht ohne Hinneigung zur Weise der Frührenaissance; sie komponieren dekorativen Schmuck für alle Arten von Flächen und alle Arten von Gegenständen, sowie sie Geräte und Gefäße in Menge entwerfen.

Dass sie Neues dabei vorbrächten oder einen ihnen eigentümlichen Charakter behaupteten, sowie es Dürer und seine Zeitgenossen getan, kann man von ihnen schwerlich sagen. Sie bedienen sich genau derselben Bestandteile für die dekorativen Zusammenstellungen wie die Italiener; sie verwenden so reichlich ihre Masken und Fratzen wie Benvenuto Cellini, sie lassen die Laubwindungen aus Bocksschädeln, aus Panzerstücken und Gott weiß woraus hervorwachsen; sie verwandeln die Menschen in Fische, die Fische in Zweige und Laub, das Laub wieder in fratzenhafte Gesichter; Waffenstücke und Musikinstrumente, die Geräte des Gewerbes und der Wissenschaft, Wild und Geflügel, Blumen und Früchte, sie wissen von allem Gebrauch zu machen und es passend oder auch *unpassend* zusammenzustellen.

Denn hier liegt die schwache Seite der Renaissance, was ihr Ornament betrifft. Willkür und Wiederholung konnten diese Künstler nicht vermeiden, denn so reich auch die Zahl der Gegenstände ist, deren sie sich zum Ornament bedienten, und so mannigfach die

Kombinationen erscheinen, so wiederholen sie sich doch und werden langweilig, weil sie der Individualität des Künstlers keine Freiheit gestatten. Wie es der Eine macht, so der Andere, höchstens dass wir an der Führung des Grabstichels den Meister erkennen. Und sodann muss sich eben jeder Gegenstand mit dem gleichen Ornament verzieren lassen: die Kirche, das Wohnhaus, das Gefäß des Goldschmieds oder des Töpfers, Geräte aus Eisen oder Holz, sie lassen darin wenig Unterschied entdecken. Wir können darum nicht umhin zu bemerken, dass oftmals die Verbindung zwischen dem Ornament und seinem Gegenstande nur eine willkürliche ist und den künstlerischen wie den geistigen Zusammenhang vermissen lässt. Auf den letzteren gaben die Künstler der Renaissance zu dieser Zeit sehr wenig oder gar nichts. Auch begannen sie bereits den Sinn für die Unterscheidung kirchlicher und weltlicher Gefäße zu verlieren, welchen Unterschied das 15. Jahrhundert noch fest gehalten hatte. Sie hatten wohl das Gefühl für die Schönheit und Heiterkeit der Gegenstände, weniger aber für Ernst und strenge Würde, daher es kam, dass nunmehr z.B. Kelche und Pokale dieselbe Gestalt annahmen.

Das aber muss man ihnen nachrühmen, dass sie Gefühl für die Anordnung, für Schönheit der Linien und der Formen, insbesondere auch in der Kleinkunst *plastischen Sinn* in hohem Grade besaßen. Betrachten wir die zierlichen Laubwindungen von Aldegrever oder Hans Sebald Beham, wie fein bewegt sind sie in ihrem plastischen Leben, wie maßvoll sind sie mit vollem Bewusstsein über den Raum hin verteilt, dass die schönen Linien klar bleiben und die Zeichnung weder von der Breite des Grundes erdrückt wird, noch dieser unter der Überwucherung des Ornaments verschwindet! Betrachten wir die schönen Gold- und Silbergefäße dieser Zeit, die uns noch in ziemlicher Anzahl erhalten sind, oder die Menge der Entwürfe bei den Kleinmeistern, die alle für die edle Goldschmiedekunst arbeiteten! Unser Auge, das durch die plumpen naturalistischen Schöpfungen unserer Tage fast den Sinn für Form und Kontur verloren hat, muss sofort bemerken, dass hier der erste und der Hauptnachdruck auf die Grundgestalt als auf das Profil des Gegenstandes gelegt ist, und dass all der reiche Schmuck, worin er auch bestehen mag, das schöne Profit nicht zerstören darf, sondern sich ihm einfügen muss.

Und das ist umso bemerkenswerter und umso bewundernswürdiger, als das Profit durchaus nicht einfach ist, sondern das Gefäß, nehmen wir z.B. einen Becher oder eine Gießkanne, sich von Kopf zu Fuß aus gar mannigfachen horizontalen Gliedern zusammensetzt, und dazu noch der reiche plastische Schmuck von Figuren, Masken, Köpfen, Früchten u.s.w. in Mitwirkung tritt. Alles dieses variiert die Kontur und durchbricht die Linien der Grundgestalt, und es ist darum die Aufgabe des Künstlers, solchen Schmuck mit dem Werke in Einklang zu setzen, dass dasselbe überall, von welcher Seite man es betrachten mag, Schwung, Fluss und Charakter der Linien und schöne Verhältnisse bewahrt. Wir vernachlässigen das heutzutage, wir vergraben bei solchen Gefäßen die Kontur der Hauptformen unter der Plumpheit des plastischen Beiwerks, wir zerreißen sie und zerstören vollständig den Fluss der Linien. Der Künstler der Renaissance ließ aber jene Aufgabe seine erste Sorge sein, und darum sind die Werke der Goldschmiedekunst aus dieser Zeit, und selbst die späteren noch, als schon die Barocke hereingebrochen war, für uns des Studiums und der Nachahmung im höchsten Grade würdig.

Die Künstler der Renaissance zeigen sich hier als *Plastiker* im eminenten Sinne, wie gleichzeitig noch die Italiener und die Meister der Frührenaissance. Das Gefühl für die Plastik war allgemein durch die Kunst und daher durchdrang es auch das Handwerk. Wie sehr dies gerade die Goldschmiedekunst trifft, das lehren, wenn man von den figurenreichen Gefäßen in getriebener Arbeit absehen will, insbesondere die zahlreichen, mit dem höchsten Verständnis der plastischen Prinzipien gearbeiteten Porträtmedaillen, welche nicht sowohl Werke von Bildhauern, als von Goldschmieden sind. Die deutschen Meister dieses Gewerbes sind darin Benvenuto Cellini nicht unähnlich, wenn sie auch wenig Gelegenheit fanden, bei dem kleinlichen Anstrich, den damals die deutsche Kunst hatte, ihre Geschicklichkeit im Großen zu üben. Auch Dürer hat das, was er für seine seltenen, aber meisterhaften Schnitzwerke und Medaillen, die ihn als Kenner des bassissimo relievo zeigen, brauchte, in der Goldschmiedewerkstatt seines Vaters gelernt. Durch die Eigenschaften der edlen Metalle ist die Verbindung zwischen der Skulptur und der Goldschmiedekunst auch so natürlich, dass man sagen kann, die Goldschmiedekunst blüht wahrhaft nur in einer Zeit, wo man sich auf die Plastik versteht, wo Skulpturwerke im allgemeinen Geschmack liegen.

Dieser plastische Sinn war ebenfalls wenigstens in hohem Grade dabei beteiligt, dass gleichzeitig die *Kunst des Waffenschmieds* in höchster Blüte stand. Wenn einerseits die Pulvergeschosse den Ritter zwangen seine Schutzwaffen auf den höchsten Grad der Stärke zu treiben, so war es andrerseits damals schon die Zeit, dass der Kriegsadel sich in den Hofadel verwandelte und dass die hohen Herren statt der Rüstkammern sich Waffensammlungen anlegten und sich Rüstungen weniger für die Schlacht als für die Parade machen ließen. Waffen wurden für sie Luxus und Geschmackssache. Das allein aber hätte diese wundervollen Eisenarbeiten aus den Augsburger, Mailänder und anderen Fabriken nicht hervorgerufen, das allein hätte nicht den Waffenschmied zum achten Künstler gemacht, wenn nicht gleichzeitig Malerei und insbesondere Skulptur geblüht hätten. Denn betrachten wir z.B. die in Wien befindliche Rüstung Kaiser Rudolfs II. mit ihrem bildnerischen Schmuck, so müssen wir mit Bewunderung zugestehen, dass die Hand, welche diese Bildwerke so weich wie Wachs aus dem harten Material heraustrieb, welche dieses Ornament in so außerordentlich zarten Übergängen hob und senkte, unter allen Umständen die Hand eines Künstlers war, der sich auf das Relief verstand, mochte sie auch vielleicht eine andere sein, als diejenige, welche die Zeichnungen entwarf. Bedenken wir ferner die Tauschierarbeit in Gold und Silber, die getriebenen Bildwerke in edlen Metallen, die Bedeckung mit Emailschmuck, den reichen Besatz von Edelsteinen, womit wir Waffenstücke aller Art geschmückt sehen, so müssen wir schließen, dass der Waffenschmied Maler, Goldschmied und Juwelier in einer Person war oder dass er wenigstens, da diese Künste zur Vollendung der seinigen notwendig waren, sein Kunstwerk von Anfang an im Geiste und mit den Effekten aller dieser auszudenken vermochte.

Nicht minder zeigt sich das vorwiegend plastische Gefühl der Renaissance lebendig in der *Kunstschreinerei,* in der Verzierung der Holzmöbel. Ich habe schon bei der italienischen Renaissance erwähnt, welche wohltätige Reform diesen Zweig der Kunst ergriffen hatte. Die schweren Holzmöbel diesseits der Alpen warfen zumal den durchbrochenen spielenden Schmuck der architektonischen Ornamente ab und das geschnitzte Laubwerk, die Medaillons, oder was sonst die Renaissance für ornamentale Elemente stellte, schloss sich mit besserem Verständnis des Reliefs näher an ihren Gegenstand an und beachtete genauer die durch die konstruktiven Prinzipien gegebenen Bedingungen. In dieser Reinheit erhielt sich die Möbelschnitzerei nur kurze Zeit, denn sie vor allem war es, welche am meisten und vielleicht zuerst die übertriebenen und barocken Elemente der Ornamentation annahm.

Es dauerte das plastische Gefühl, wie es in der Kleinkunst lebte, überhaupt nicht lange, denn teils folgte es dem schnellen Wandel der Zeit, die wir alsbald werden umschlagen sehen, teils fehlten ihm die großen Aufgaben, denen eine so sturmvoll bewegte Periode wie die der Reformation nicht günstig war. Als dann Ruhe eintrat, hatte bereits zugleich der Umschwung im Geschmack stattgefunden oder er trat mit ihr zugleich ein. Es ist daher die deutsche Plastik der Renaissance in ihrer guten Zeit vielmehr eine Plastik der Kleinkunst und der Kleinmeister. Hierin herrschte sie aber so lebendig, überhaupt im ganzen Reiche des Geschmacks, dass sie der Farbenlust, welche vom 15. Jahrhundert mit in das 16. hinüberging, entschieden Abbruch tat.

Ich werde in dem nächsten Abschnitt mehr im Zusammenhange dartun, wie sich im Lauf des 16. Jahrhunderts der *Farbengeschmack* änderte und von der alten Lust und den scharfen pikanten Gegensätzen in den Zeiten der letzten Gotik dunkler, trüber, gleichsam farbloser und trauriger wurde; hier will ich aber erwähnen, dass die Bemalung der plastischen Gebilde, der figürlichen wie der ornamentalen, welche im 15. Jahrhundert durchaus allgemein gewesen war, in der ersten Hälfte oder schon im Anfange des 16. Jahrhunderts verschwand. Unleugbar wurde damit ein größerer Nachdruck auf die reine Form gelegt, nach dem Muster der Alten, deren Skulpturen man sich – ob nun mit Recht oder Unrecht, lassen wir dahin gestellt – unbemalt dachte. Mit diesem erweckten höheren Sinn für Plastik hängt es auch zusammen, dass man von dem unsoliden Holz, sowie vom Sandstein mehr und mehr abging und sich an solidere und feinere Steinarten hielt, vor allem aber große Vorliebe für Bronze gewann, darin von nun an die bedeutendsten Aufgaben der Skulptur, Brunnen und Grabdenkmäler, ausgeführt wurden.

Auch andere Zweige der Kleinkunst sehen wir die Farbe vernachlässigen, so z.B. die herrlichen Gefäße und Gebilde der *französischen Emailleurkunst* zu Limoges, welche noch im Anfange des 16. Jahrhunderts eine große Anzahl Farben gezeigt hatten, die sie nach und nach alle abwarfen, bis sie sich auf Schwarz, Grau und Weiß reduziert sahen. Und das geschah grade zur Blütezeit dieser Kunst, um die Mitte des 16. Jahrhunderts, als ein Leonard Limousin, Pierre Reymond, Jean Courtois u.a. in Limoges tätig waren. Es geschah das aus Geschmack, sicherlich nicht aus Mangel an Geschicklichkeit, denn als im Anfang des 17. Jahrhunderts die Farbenlust wieder kam, stellte sich auch die Farbe im Email wieder ein. Man kann damit endlich auch die dem Mittelalter nicht eigentümliche und erst in der Zeit der Renaissance entstandene Vorliebe für Tongefäße in Beziehung setzen, die teils einfarbig in der Glasur waren oder doch, selbst wenn bemalt, nur eine geringe Farbenskala zeigten, teils leichten Reliefschmuck hatten.

Eine besondere Art von Ornamentation aber, die gegen die Mitte des 16. Jahrhunderts aufkam und sich bedeutend im Geschmack erhielt, steht nicht damit im Zusammenhang, ja vielmehr im scheinbaren Widerspruch. Das ist eine Art *orientalisierende Flächendekoration*, Arabesken von Streifen, Bändern, Linien und laubartigen Zügen, die eine gegebene Fläche zu erfüllen und zu beleben trachten Es sind durchaus die orientalischen Prinzipien: keine Angabe von Schatten und Licht, also kein Relief, nur Farbe auf Farbe, sodann zwei Systeme von Ornamenten, eines von breiteren Bändern gebildet, deren Zwischenfelder die leichteren Arabesken ausfüllen oder durch welche sie sich hindurchschlingen. Es sind auch in der Tat die Muster dazu aus dem Orient gekommen, und zwar in den ganz vorzüglich gearbeiteten Waffen, die noch heute der höchste Schmuck von Sammlungen dieser Art sind, und die eben damals durch die bereits erwähnte Waffenliebhaberei zahlreicher nach Europa kamen. Die deutschen und auch die anderen Waffen und Goldschmiede verfehlten nicht die ebenso elegante wie geschmackvolle Weise nachzuahmen, daher denn diese Art Ornamentation zuerst bei allen Metallarbeiten, den edlen und unedlen, Eingang fand, sei es nun tauschiert, indem Silber und Gold in Stahl eingeschlagen wurden, oder einfach damasziert mit blanker Farbe auf mattem Grunde. Es gingen aber diese Arabesken alsbald auch auf andere Kunstzweige über, davon ich nur die *Bucheinbände* erwähnen will, deren Verzierung dadurch vollkommen reformiert wurde. Man gab die tiefe Pressung, die namentlich noch im Zeitalter der Reformation den Schweinslederband mit den Porträts der Reformatoren, der Kurfürsten u.a. berühmter Persönlichkeiten beherrscht hatte, ganz auf, und druckte statt dessen die orientalischen Arabesken in braunes, rotes oder weißes Leder mit Gold hinein und tat auch wohl einige Farbe hinzu. Diese Weise ist bis auf die neueste Zeit geblieben, wenn auch die Ornamente selbst in ihrem Stil sich änderten.

Ganz im Gegensatz hierzu beugte sich auf einem anderen Gebiete das Ornament der Reliefvorliebe, grade dort, wo es vorzugsweise hätte flach sein sollen, nämlich bei den *gewebten Stoffen.* Der Geschmack der Zeit führte hier, der bisherigen mittelalterlichen Weise entgegen, eine Zeichnung mit Angabe von Schatten und Licht ein, sodass die Blumen, Blätter oder was sonst die Gegenstände der Verzierung waren, nunmehr plastisch aus der Fläche heraustraten. Auch diese Weise ist geblieben und hat später nicht am wenigsten zur Verwirrung aller vernünftigen Prinzipien in der heutigen Ornamentation beigetragen.

So sehen wir fast überall die Kleinkunst von dem plastischen Gefühl beherrscht, gleich der italienischen Kunst, überall aber einen vollständigen Umschwung sich vollziehen. Man kann annehmen, dass dieser Wandel des Geschmacks, was die Skulptur und die Kleinkunst betrifft, bereits um das Jahr 1530 vollendet war. Das war aber keineswegs mit der *Architektur* der Fall, die in Deutschland entschieden der Bewegung nachhinkte und sich diesmal keineswegs als die Mutter der übrigen Künste bewährte.

Es lagen ihr die Bedingungen bei uns in der ersten Hälfte des 16. Jahrhunderts nicht günstig. Wie ich das schon in Bezug auf die Aufgaben der großen Plastik gesagt habe, es war die Zeit zu wild bewegt und die Geister zu sehr von anderen Gedanken und Ereignissen in Anspruch genommen, als dass Fürsten, Adel oder der reiche Bürger, wie noch kurz zuvor, an großartige Bauunternehmungen hätten denken können. Dergleichen erfordert Geduld und Ruhe des Gemüts. Andrerseits, was die kirchliche Architektur betrifft, so war alle Welt beschäftigt, das geistige Gebäude der Kirche umzugestalten, und sah das sichtbare Haus mit gleichgültigeren Augen an; zudem machte die Reformation vielmehr eine große Menge vorhandener Kirchen überflüssig, anstatt zu neuen anzuregen. So trat die Nachwirkung der Geschmacksreform wie der sozialpolitischen Bewegung in Deutschland für die Architektur erst in der zweiten Hälfte des 16. Jahrhunderts auf.

Anders gestalteten sich die Dinge in *Frankreich,* wo vom Beginn des 16. Jahrhunderts an der neue Stil und die Gotik hart aufeinander stießen. Die Zeiten waren dort verhältnismäßig ruhig und die Könige und Fürsten, insbesondere auch die der Kirche, waren kunstliebend, pracht- und baulustig. Sie alle gewannen gar bald die Vorliebe für die italienische Kunst, aber umso schneller dies geschah, desto heftiger musste der Kampf mit dem alten Geiste sein. Noch lebte der phantastische Sinn, der sich in den kirchlichen wie in den weltlichen Bauten des Mittelalters aussprach, und die neuen Kunstelemente mussten mit ihm eine Verbindung eingehen. So waren die zahlreichen Neubauten und Restaurationen in Frankreich in dieser Zeit dem Geiste nach französisch, nach dem Detail italienisch; die Anlage war von der Gotik beherrscht, das Ornament von der Renaissance. Da nun die Gotik in die Höhe steigt und in den Himmel ragt, die klassische Architektur aber sich breit und ruhig über den Grund hinlagert, so war die Ehe, die die beide eingingen, keineswegs aus Liebe geschlossen, sondern nur eine Konvenienzheirat.

Der Geschmack, wie er bis dahin vorhanden war, der bauliche Sinn gefiel sich in der malerisch-unregelmäßigen Anlage, in dem Aufbau zahlreicher und ungleicher Türme, in hohen Giebeln und steilen Dächern, kühnen Wendeltreppen, hoch emporragenden Schornsteinen, welche senkrecht die horizontalen und schrägen Linien durchbrachen, in mannigfachen Zubauten von Erkern und Vorsprüngen, wie sie ursprünglich das kriegerische Bedürfnis hervorgerufen hatte.

Alles das blieb im Wesentlichen noch eine Zeitlang im französischen Schlossbau, und man hätte von Ferne keinen Unterschied mit den alten Bauten gesehen Kam man aber näher, so sah man die Fassaden mit Pilastern und Halbsäulen bedeckt, man fand ionische und korinthische Kapitäle, man sah die Gesimse mit Eierstäben und von Karyatiden getragen und die Fenster rundbogig oder flach, und so verschiedene Einzelheiten dieser Art von außen wie im Innern. Nicht minder behielten eine Weile die Kirchen vollständig ihre Anlage, das

Querschiff, den polygonen Abschluss und Kapellenkranz, den Turmbau, die Strebepfeiler und Strebebögen, das Sterngewölbe, aber alles mit antikisierendem Detail bedeckt. Da gibt es korinthische und dorische Pilaster und Säulen und Triglyphenfriese, Kandelaber auf den Pilastern statt der Fialen, Eierstäbe, Rundbogenfenster statt der Spitzbögen, aber noch mit Maßwerk darin u.s.w.

Erst gegen die Mitte des 16. Jahrhunderts weicht diese willkürliche Verbindung einer strengeren Durchführung der italienischen Architektur; die Grundanlagen verändern sich und alle noch übrigen gotischen Reminiszenzen werden abgeworfen, mit einziger Ausnahme der Türme, welche in den Pavillons des französischen Palaststils zur Befriedigung des malerischen Sinnes fortleben.

Dieselbe Erscheinung, welche Frankreich in der ersten Hälfte des 16. Jahrhunderts darbot, zeigte *Deutschland* in der zweiten Hälfte, zumal jedoch in den Städten. Die politisch-religiöse Bewegung war einigermaßen zur Ruhe gekommen und die Baulust regte sich aufs Neue. Mittlerweile war aber die Renaissance in allen übrigen Zweigen der Kunst zum Abschluss gelangt, und das konnte nicht ohne Einfluss bleiben. So sehen wir gleich nach 1550 schon einzelne Palastbauten, die vollkommen in Aufriss und Detail im Stil der Renaissance durchgeführt sind, wie z.B. den Otto-Heinrichsbau der Burg von Heidelberg, fast das früheste und zugleich das reizendste und vollendetste Werk der deutschen Renaissance. Daneben aber können andere Schlossbauten, und zwar die Mehrzahl, die Vorliebe für Wendeltreppen, Türme und Erker nicht ablegen und behalten diese bei, wenn sie dieselben auch regelmäßig gruppieren, wie die Türme an allen vier Ecken, und das Detail des Aufrisses und des Ornaments antikisieren.

Weit länger und entschiedener hielt sich diese Verbindung der gotischen und antiken Bauelemente in den Städten, ja sie pflanzt sich noch in das 17. Jahrhundert fort. So haben wir hier die merkwürdige Erscheinung, dass in der städtischen Architektur die Periode der Verschmelzung und Ausgleichung zweier Stile fortdauert, während in den übrigen Zweigen der Kunst der daraus entstandene neue Stil bereits im Verfall und in neuer Wandlung begriffen ist. Daher gehören die besten städtischen Renaissancebauten, wie die Rathäuser von Nürnberg und Augsburg, der ersten Hälfte des 17. Jahrhunderts an.

Die Ursachen dazu liegen teilweise auf der Hand. Die Bevölkerung der Städte war gegen das 16. Jahrhundert hin gewachsen, die engen Mauern waren geblieben. Die Häuser hatten darum gegebenen schmalen Raum und mussten mit schmaler Front und steilen Giebeln in die Höhe steigen, um Raum zu gewinnen. Dieses Verhältnis ließ sich nicht ändern und es konnte dem charakteristischen Verlangen des italienischen Baustils nach breiter Raumentfaltung kein Genüge geschehen. Dazu wirkte der phantastisch-malerische Sinn in der deutschen Nation fort, und man möchte sagen, umso mehr hier, als er von anderen Gebieten verdrängt war. So blieben denn bei der Tiefe der Anlage die hohen Fronten und die steilen Giebel, selbst mit den treppenförmigen Anlagen, nur dass sie zum Öftern Atlanten, Vasen oder Kandelaber als Schmuck erhielten oder mit Voluten ausgefüllt wurden. Auch die zierlichen, liebenswürdigen Erker blieben, aber mit antikisierendem Detail. Türen und Fenster bildeten sich rundbogig oder flach, aber erst spät warfen sie die gotischen Profilierungen ab und wurden von Karyatiden und Pilastern eingefasst und mit Giebeln oben abgeschlossen. Wenn es möglich war, erhielten die Patrizierhäuser große Hallen und Höfe mit zweifachen und dreifachen Bogenstellungen übereinander nach italienischer Weise, aber noch im Anfang des 17. Jahrhunderts, also eigentlich ein ganzes Jahrhundert nach dem Ende der Gotik, finden sich wohl die Balustraden noch mit durchbrochenem gotischen Flamboyant ausgefüllt. So z.B. bei dem herrlichen Pellerhause in Nürnberg, welches in den ersten Jahren nach 1600 vollendet wurde.

So führt die Kunst des Mittelalters an den Bauten der deutschen Städte, deren Bürger das damals beginnende allgemeine Sinken des städtischen Lebens konservativ, den Neuerungen abgeneigt und bald philiströs machte, ein wunderliches Nachleben, als die übrige Welt und zumal die gelehrten Architekten schon lange Jahrzehnte damit fertig waren. Nicht so war es im Inneren der Häuser, wo die Kleinkunst regierte. Hier war schon um die Mitte des 16. Jahrhunderts keine Spur der Gotik mehr, es sei denn, dass sich wirklich alter schwerer Hausrat erhalten hätte. Die Möbel hatten andere Gestalt angenommen, sie hatten sich von den Wänden losgelöst und waren wirklich zu dem geworden, was sie sagen, zu *beweglichem* Hausrat. In Folge dessen wurden sie nunmehr auch statt der lose darauf gelegten Kissen, die immer herunter fielen, bleibend gepolstert und mit Leder oder bunt gewebten Stoffen überzogen. Die Decken und Teppiche änderten ihre Ornamentik, aber sie spielten ihre Rolle auf den Tischen und dem Fußboden fort, Für den Behang der Wände mit figurenreichen Gobelins waren flandrische und auch deutsche Fabriken nach wie vor tätig; der Geschmack war nur gewachsen, seitdem ein Rafael selbst dafür gearbeitet hatte. Anstatt der Gobelins oder unter denselben blieben auch die Wände wie früher mit Holz getäfelt, nur dass die Einteilung der Tafeln und die Profilierung der Rahmen sich stilgemäß änderten. Reichere Häuser hatten auch wohl in einzelnen Prachtzimmern die Wände mit figürlichen Holzschnitzereien oder kostbaren Alabasterskulpturen ausgefüllt; auch fing man an Ölgemälde in die Umrahmungen einzusetzen. Überhaupt machte sich auch in Deutschland das Bestreben geltend, die ganze Wand als ein Kunstwerk zu betrachten und als solches im Zusammenhang mit Türen, Fenstern, Kaminen und etwaigen Nischen zu gliedern und zu verzieren. Ebenso suchte man für die Holzdecke des Plafonds eine kunstreiche, harmonische Einteilung zu gewinnen und begann, ebenfalls nach dem Muster Italiens, die so gewonnenen, oft zahlreichen umrahmten Felder mit Gemälden auszufüllen.

Nimmt man nun hierzu den reichen Schmuck, den die Goldschmiedekunst an edlen Gefäßen lieferte und der in den Zimmern zur Schau ausgestellt war, die prachtvoll verzierten Waffen und Rüstungen, die farbig und mit Reliefs verzierten Kamine und Öfen, die effektvollen Majoliken, das kleine Ziergerät von eingelegter Arbeit, von Elfenbein und was dergleichen mehr die blühende Kleinkunst lieferte – fasst man das alles in einem Gesamtbilde zusammen, so wird man gestehen müssen, dass die deutsche Renaissance um die Mitte des 16. Jahrhunderts einen Zustand des Geschmacks darbot, der Pracht und Solidität mit Feinheit und Schönheit vereinte, der das gebildetste Kunstgefühl befriedigte, der gleich weit entfernt war von der Überladung der Barockzeit, wie von dem leeren, falschen Schein, dem erborgten, hohlen Prunke, in welche wir in den folgenden Perioden den Geschmack werden verfallen sehen.

Vierter Abschnitt

Die Barockzeit und die naturalistische Periode in der 2. Hälfte des 16. und 1. Hälfte des 17. Jahrhunderts

Wir pflegen den Kunststil, welcher der Renaissance folgte, als den *Barockstil* zu bezeichnen, und wir haben auch in den vorausgegangenen Abschnitten schon mehrfach Gelegenheit gehabt uns dieses Ausdrucks zu bedienen. Wir würden aber in einiger Verlegenheit sein, sollten wir mit kurzen Worten eine solche Erklärung geben, welche alle Hauptcharakterzüge des neuen Stils in sich schließt. Wir sind sogar schon in Verlegenheit um die Ableitung und die erste Bedeutung des Wortes. Ein Kunstforscher möchte dabei zunächst an einen berühmten Maler und Kupferstecher dieser Zeit denken, an den großen Manieristen Federigo Baroccio, der auf falschem Wege nach der Natur strebte und der Unnatur anheimfiel, der ein Kolorist sein wollte und kalt, geleckt und unharmonisch wurde, der nach Schönheit und Anmut trachtete und widerliche Geziertheit erreichte. Und in der Tat passen alle diese Eigenschaften so trefflich zu der Zeit, dass er nicht unwürdig wäre ihr den Namen zu geben. Da kommen aber die Sprachforscher und belehren uns, baroco sei schon eine bestimmte Schlussformel in der mittelalterlichen Logik gewesen, deren Beispiele allerdings oft sonderbar lauten, und daher sei das Beiwort gekommen. Wie dem sei, so ist das Wort barock seit dem Ausgang des 16. Jahrhunderts so mit der Kunst und dem Geschmack verschmolzen, dass, wenn wir es von andern Dingen gebrauchen, wir fast glauben, es sei von der Kunst dahin übertragen.

In nicht minderer Verlegenheit sind wir, den Umfang dieser Periode und den Charakter zu bestimmen Wir sind schon ungewiss über den Anfang, denn, abgesehen davon, dass überhaupt aller Übergang in der Kunst allmählich ist, traten die Eigenschaften, welche den Charakter der Barockzeit bilden, nicht überall gleichzeitig ein, wie z.B. Venedig weit länger mit Erfolg sich dagegen behauptete und in der deutschen Architektur noch bis in das 17. Jahrhundert der Verschmelzungsprozess der gotischen und Renaissanceelemente fortdauerte, als schon der übrige Geschmack längst der Barocke anheimgefallen war. Ebenso unsicher ist man über den Ausgang. Denn ältere Kunstschriftsteller pflegten wohl mit diesem Wort den ganzen Geschmack des 17. und 18. Jahrhunderts zu bezeichnen, und es geschieht auch wohl heute noch so, während andere das Wort auf die Entartungsperiode der Renaissance, also eigentlich auf die 2. Hälfte des 16. Jahrhunderts, beschränken möchten, sodass dasselbe noch die Renaissance trifft, aber im Gegensatz zu ihrer Blütezeit, gegen die rafaelische Periode. Diese Ansicht hätte das für sich, dass der Hauptgeschmack des 17. Jahrhunderts andere Kunstformen annahm, als sie in den letzten Jahrzehnten des 16. Jahrhunderts, in der eigentlichen Zeit der Barocke, herrschten, sodass wiederum ein neuer Stil eintrat; obwohl sich nicht leugnen lässt, dass auch für diese neuen Kunstformen der Zeit Ludwigs XIV. und der Perücke, wenn wir sie der Natur und dem Ideal gegenüber stellen, die Bezeichnung barock keineswegs unpassend ist. Endlich kann man nicht übersehen, dass im Anfang des 17. Jahrhunderts sich eine Reaktion gegen den barocken Geschmack geltend machte, die hier und da selbst energisch austrat, und wenn sie auch den Verfall der Kunst nicht verhindern konnte, doch ihn aushielt und teilweise ableitete.

Werfen wir nun noch unsern Blick auf die verschiedenen Länder, um die gleichzeitigen Zustände mit einander zu vergleichen, so sehen wir, dass diese durchaus nicht dieselben, oftmals durchaus ungleichartig zu sein scheinen, und merkwürdige, fast widersprechende Elemente neben einander auftreten, Zu derselben Zeit, als in England aus der Renaissance der elisabethanische Stil, der nur ein Nebenzweig der Barocke ist, hervorging, wirkte und dichtete dort ein Shakespeare, und nicht in der Einsamkeit, sondern in der Gunst des Hofes und des Volkes, und das zu derselben Zeit, als es in Deutschland nur gelehrte lateinische Dichter gab und in Frankreich Ronsard, der überkünstlichste und gemachteste aller Dichter, blühte. Zu derselben Zeit als in

Venedig noch der alte Titian, Tintoretto und Paul Veronese schufen, waren die Schulen Rafaels und Michel Angelos längst dein Manierismus anheimgefallen und als dann durch die Bestrebungen der Bolognesen eine Nachblüte der italienischen Malerei eintrat, welche noch immer Künstler wie Guido Reni, Salvator Rosa, Domenichino zählte, versanken Plastik und Architektur durch Bernini, Borromini und die Jesuitenpatres und verließen völlig den Weg der Natur und der Wahrheit. Und werfen wir eben zu dieser Zeit einen Blick auf Deutschland, so sehen wir die Malerei durch den dreißigjährigen Krieg fast verschwunden, die Kleinkunst und die Ornamentik in die schauderhaftesten Formen entartet, während doch dicht neben an in den Niederlanden mit Rubens, Van Dyck, Teniers, Rembrandt und ihren zahlreichen Mitarbeitern die Kunst groß und herrlich blüht und sich in vollem Einklang mit der Natur befindet. Der Friedenszeit in Deutschland, welche der Reformationsperiode folgte, stehen in Frankreich die langen religiös-politischen Kämpfe der zweiten Hälfte des 16. Jahrhunderts zur Seite, und als dann die Reihe der Kriegszeit wieder an Deutschland kam und der dreißigjährige Krieg hier alle Kultur vernichtete, erfreute sich Frankreich unter der Leitung Richelieus, des eminentesten aller seiner Regenten, der fruchtbringendsten Ruhezustände im Innern; diese wurden wieder von den unruhigen Zeiten der Fronde abgelöst, als das erschöpfte Deutschland den westfälischen Frieden geschlossen hatte. Solche Verschiedenheiten konnten natürlich nicht ohne Einfluss auf die Kunst und den Geschmack bleiben.

Man kann deshalb fast sagen, dass, während die Renaissance den Geschmack aus der Verwirrung des 15. Jahrhunderts in ein einziges Strombett gelenkt hatte, er nun in der Barockzeit wieder auseinander ging, bis ihn die Alleinherrschaft der französischen Kultur in der zweiten Hälfte des 17. Jahrhunderts aufs Neue zusammenzwang. Es soll mit diesem Auseinandergehen nicht gesagt sein, dass der Geschmack verschiedenartige Kunstformen annahm oder erschuf, nur dass die Bewegung sowohl in den einzelnen Kunstzweigen, wie in den einzelnen Ländern nicht gleichzeitig vor sich ging, dass das Kunstgefühl und Kunstbedürfnis dem Grade nach ein sehr verschiedenes war und dass endlich die Kunstformen unter den verschiedenen Einflüssen doch mannigfache Gestaltung annahmen.

Wir werden daher auch die einzelnen tonangebenden Länder mehr für sich zu betrachten haben und beginnen mit *Deutschland*, anknüpfend an den letzten Abschnitt, zumal wir den Geschmack der italienischen Renaissance schon bis in die Barockzeit hinein herabgeführt haben.

Die lange, wenig unterbrochene Friedenszeit, welche Deutschland nach dem Augsburger Religionsfrieden die zweite Hälfte des 16. Jahrhunderts hindurch genoss, bietet uns, wenn wir uns in die Kulturzustände vertiefen, einen keineswegs erfreulichen Anblick. Nach der langen Aufregung, die jeden Einzelnen im Innersten ergriffen hatte, folgte die Zeit der Ermattung und der Reaktion. Erschöpft, ließ man willig über sich ergehen, was kommen sollte, wenn nur der gerettete Glaube, wie man protestantischer Seits dachte, nicht angegriffen wurde. Deshalb ist dies die Zeit, wo der Absolutismus seine Grundlage legte, die Zeit der Ausbildung des modernen Hoflebens, welches den Adel vollständig an sich zog. Zum Unglück gab es für den deutschen Bürger nun auch keine große politische und patriotische Geschichte mehr, der große Welthandel, der bei der veränderten Sachlage durch Diplomatie, durch den moralischen Einfluss einer großen Macht, zur Not durch Flotten geschützt sein wollte, wurde den deutschen Städten genommen, und die Städte verloren dadurch im Lauf des 16. und 17. Jahrhunderts sichtlich an Wohlstand, Bedeutung und Einfluss. Da die gemeinsamen Interessen schwanden, jeder Fürst nur an sein Land, jeder Bürger an seine Stadt dachte, so beschränkte sich alles mit seinem geistigen Horizont auf sich, und es entstand jene Abschließung in immer kleinere Kreise, welche die Engherzigkeit, das spezifisch-deutsche Philistertum, die Spießbürgerlichkeit bis auf den Dorfpatriotismus hinaus erzeugte.

Unter solchen Umständen konnte wohl von einer eigentümlichen und bedeutenden geistigen oder künstlerischen Tätigkeit in Deutschland nicht die Rede sein. Der Katholizismus rührte sich zwar, aber er arbeitete noch an seiner eigenen Regenerierung, bevor er das verlorene Terrain wieder gewinnen oder von neuem mit seinem Geist auf die Kunst einwirken konnte. Die protestantische Welt, zufrieden mit dem Errungenen, überließ sich der Knechtung der Geistlichen. Die sturmbewegte Zeit war an dem Volk vorübergegangen wie ein Rausch.

Nunmehr in der Abspannung und Erschöpfung der geistigen Kräfte lag es wie eine Schuld auf dem Gewissen. Man dachte in der inneren Angst, welche die Geistlichen durch ihre Predigten erhöhten, nur an Bußfertigkeit. Das frische religiöse Leben war gänzlich verschwunden. Formeln beherrschten alles. Die Theologen machten ihrer Gemeinde von der Kanzel herab die Hölle heiß mit ihren „Jagdteufeln, Pluderteufeln, Saufteufeln, Fluchteufeln" und wie sie alle heißen, dieses ganze theatrum diabolorum, das sie damals erfanden. Untereinander zankten sie um Worte und Buchstaben, wie nicht minder die Gelehrten und Schulmänner, unter deren philologischen Streitigkeiten der Same der Wissenschaft erstickt wurde. Fragen wir gar nach einer nationalen deutschen Literatur, nach einer nationalen deutschen Poesie, so suchen wir vergebens; wir finden lateinische Schriften, lateinische Verse in überreichlicher Fruchtbarkeit, aber die deutsche Poesie ist seit Hans Sachs verstummt, oder sie hat in ihren seltenen Äußerungen eine Gestalt angenommen, die wir lieber verleugnen.

Hier Buchstabenglaube, dort Moral, damit sollten sich die Gewissen beruhigen – wie konnte daraus eine religiöse Kunst hervorgehen, wie Begeisterung zur Aufführung großer Kirchenbauten, wie zur Schöpfung tief empfundener Bilder religiösen oder biblischen Lebens! Der Glaube war wieder da, den man im 15. Jahrhundert an den meisten Orten vergebens suchte, aber er war starr, nüchtern, unpoetisch und für die Kunst unproduktiv. Ging man doch selbst bei den Reformierten so weit, die Kunst zu hassen und zu verbannen und in den Niederlanden selbst einen neuen Bildersturm zu erregen, durch den unzählige der schönsten Kunstwerke zu Grunde gingen!

Ganz andere Gegenstände sind es nun, auf welche sich der Kunstgeschmack wirft. Zwar versucht der deutsche Katholizismus aufs Neue reichlich genug mit Bildern aus der Heiligengeschichte auf die Menge zu wirken, aber es sind nur schlechte, handwerksmäßige Holzschnitte oder Kupferstiche, bei denen weder Kunst noch Geschmack in Frage kommt. Die protestantische Welt in Deutschland und in den Niederlanden war damals entschieden produktiver in der Kunst, wenn auch die Höhe dieser Kunst keineswegs bedeutend anzuschlagen ist und der Geschmack alles andere eher war als ein reiner. In Bezug auf die Gegenstände spricht die Moral das erste Wort und mit ihr die

Allegorie. In Deutschland, scheint es, liebte man es damals nicht, den Teufel an die Wand zu malen; man fürchtete sich entsetzlich vor ihm, seitdem die Geistlichen mit ihren Teufelspredigten ihm aller Orten Respekt verschafft hatten. So groß seine Rolle in der phantastischen Kunst zur Zeit Dürers gewesen war, so gering scheint sie jetzt zu sein; wir begegnen ihm selten. Dagegen tritt er umso schrecklicher in den Niederlanden auf, wo zahllose Bilder ihm ein anderes theatrum bauen als das, welches die deutschen Geistlichen ihm errichtet hatten. Hieronymus Bosch, der alte Pieter Bauernbreughel und seine beiden Söhne, Pieter und Jan, der erstere eben nach diesen Bildern der Höllenbreughel genannt, der andere der Samtbreughel, obwohl gerade er die feinsten und nettesten der Höllenbilder schuf, und eine Schaar Nachahmer und Genossen, deren Namen unbedeutend geblieben sind. Sie erschöpften ihre Phantasie im Wetteifer mit den Geistlichen die Hölle auszumalen. Sie suchten nach allen Gegenständen herum, die ihnen dazu Veranlassung geben konnten, und nur deshalb machten sie den heiligen Antonius, der ihnen vom religiösen Standpunkt aus völlig gleichgültig war, zu ihrem Lieblingshelden, weil er vom Teufel versucht war und die ganze Hölle um ihn ihr fratzenhaftes Spiel treibt. Die Phantasie eines Dante ist es nicht, welche diese Künstler besitzen, das poetische Grausen ist es nicht, welches sie erregen, noch ist es die qualvolle Angst und das Entsetzen der Gemarterten, welche den Beschauer erschüttern und ihm durch Mark und Bein dringen: es ist nur die Fülle dieser widerlichen, ekelhaften Fratzen und ungeheuerlichen Gebilde, diese scheußlichen Marterszenen mit allen möglichen abenteuerlichen Instrumenten, welche uns einigermaßen imponieren, lauter Abnormitäten der Natur, die dem Erfindungsgeist der Künstler alle Ehre machen, aber nur die aberwitzigen Ausgeburten einer im Fieber liegenden Phantasie sind und uns ästhetisch mit Grauen erfüllen. Nur der Samtbreughel mit seinen kleinen, zierlich ausgemalten Höllen- und Feuerbildern kam zu einiger künstlerischer Wirkung. Der Kupferstich – denn ein ganzer Zyklus ist davon gestochen worden – verschaffte dann diesem Genre die populäre Wirkung.

Wurde hier die Moral gewissermaßen mit Kolben gepredigt, so tritt sie feiner in der Allegorie auf. Die Laster und die Tugenden spielen jetzt eine große Rolle in der Kunst. Was die ersteren betrifft, so waren einzelne der Kleinmeister in ihrer Schilderung nicht schüchtern gewesen, aber sie hatten sie eben gezeichnet, wie sie waren, vielleicht sogar selbst mit Vergnügen daran, ohne viel moralisierende Hintergedanken. Jetzt aber sieht man überall die Absicht durch; die Kunst hat nicht mehr sich selbst zum Ziel, sondern will auf das Gewissen wirken. Wenn einer das Laster malt, wie es die Jugend verlockt, so stellt er gewiss die Tugend oder sonst irgendeine Warnung, irgendein Schreckbild dahinter. Hercules am Scheidewege, die Geschichte vom verlorenen Sohn, die klugen und die törichten Jungfrauen sind Lieblingsgegenstände und namentlich werden die beiden letzteren zu ganzen Zyklen ausgebeutet. Vor ihnen treten die Passionsgeschichten, vom Leben der Maria gar nicht zu reden, in den Hintergrund. Statt deren empfehlen sich vom neuen Testament die Parabeln, solche Erzählungen, denen irgendeine Moral zu entnehmen ist, wie die Geschichte vom Splitter und dem Balken, die sehr buchstäblich nach dem Wortlaut dargestellt wird. Auch das Alte Testament mit der Strenge des mosaischen Gesetzes gibt reichlicheren Stoff als früher.

Neben dieser moralisierenden Allegorie macht sich überhaupt mehr als je vorher die Allegorie breit. Wo dieses Genre von Stoffen in der Kunst mit Vorliebe auftritt, da kann man immer auf einen krankhaften Zustand, auf Nüchternheit und Kälte schließen. Niemand kann sich dafür erwärmen. Und niemals hat die Allegorie wohl mehr im Geschmack gelegen als in der zweiten Hälfte des 16. und im Anfang des folgenden Jahrhunderts. Die damals bekannten vier Weltteile, die verschiedenen Länder, die Künste und Gewerbe, die Wissenschaften, die Religion, alle Affekte und Gefühle des menschlichen Herzens, die Elemente, die Jahreszeiten, die Monate, kurzum, was sich nur alles wohl oder übel, verständig oder unverständig unter dem Bilde einer schönen, gezierten Frau mit mehr oder minder Beiwerk künstlerisch darstellen lässt, das brachte auch diese Zeit zu solcher allegorischen Darstellung. Dieselben Gegenstände wurden aber auch in breiteren Bildern ausgeführt, wobei dramatische oder gelehrte Szenerie an die Stelle der Frauengestalt trat: so namentlich das Landleben, die Gewerbe, Jagd, Viehzucht, Fischfang, Gartenbau, die Monate u.s.w., zu denen wir förmlich wissenschaftlich belehrende Illustrationen erhalten. Natürlich blieb auch dabei die Geschichte mit ihrem reichen

Material nicht ausgeschlossen. Aber auch bei ihr trat nunmehr der gelehrte Gesichtspunkt zum malerischen. Das Mittelalter hindurch und bis in den Anfang des 16. Jahrhunderts hinein hatte der Künstler alle historischen Gegenstände im Kostüm seiner eigenen Zeit dargestellt, und noch Dürer und seine Zeitgenossen, sowie die Kleinmeister in ihrer früheren Periode hatten so wenig wie ihr Publikum daran Anstoß genommen, dass Griechen, Römer und Karthager im Kostüm der Ritter und Landsknechte kämpften, gotische Burgen hatten und sich mit Kanonen und Hakenbüchsen beschossen. Dieser Anachronismus kommt nun zum Bewusstsein, da man angefangen hatte die Archäologie des Altertums auf gelehrtem Wege kennen zu lernen. Die Römer erhalten daher seit dieser Zeit ihr eigenes Kostüm, ihre eigenen Waffen, und auch das übrige Beiwerk sucht man einigermaßen historisch treu zu behandeln, die Karthager aber und andere barbarische Völkerschaften, deren Trachten die Wissenschaft noch nicht entdeckt hatte, müssen es sich gefallen lassen als Türken verkleidet zu werden. Auch die Juden der Bibel erhalten orientalische Gewandung, bis später Rembrandt sie wieder dieses idealen Charakters entkleidete und ihnen das Kostüm gab, welches er sie in Holland leibhaftig tragen sah.

Aus allem diesem geht hervor, dass die Kunst nicht mehr ursprüngliche, frisch sprudelnde Schöpferkraft besitzt; sie ist nachdenklich geworden, sucht, studiert, grübelt und verfolgt Absichten. Über diesem Raffinement ist ihr die Natur, wie über dem Schuldbewusstsein die Naivität zu Grunde gegangen. Und doch ist es merkwürdig, Wahrheit und Naivität sind es gerade, was diese Zeit am meisten sucht wie das verlorene Paradies, und was sie am wenigsten erreicht. Dieses Suchen ist zwar unbewusst, oft aber scheint es uns doch, als ob die Kunst eine Ahnung von dem Mangel der Naivität hätte, und es will uns fast bedünken, als ob sie in dem Gefühl dessen einen Anflug von Sentimentalität erhielte, so wenig diese Seelenstimmung zum damaligen Charakter zu passen scheint, der eigentlich, trotz der Leere und der Schwäche, doch große Zufriedenheit mit sich selbst ausdrückt. Wenigstens, wenn wir all den zahlreichen Gebilden des Grabstichels von *Hendrick Goltzius*, diesem großen und fruchtbaren Manieristen, nebst seiner ganzen Schule, in das Antlitz schauen, so wollen uns diese himmelnden, verschwommenen, unklaren Augen, deren keines offen, klar und präzise gezeichnet ist, nicht anders bedünken. Auch mögen wir uns erinnern, zum Zeichen, dass so etwas schon damals in der Luft lag, wie gleichzeitig in Frankreich der erste Schäferroman geschrieben wurde und ein berühmtes und vielgelesenes Buch das Landleben pries, Erscheinungen, die eigentlich hundertfünfzig Jahre zu früh kamen. Andrerseits verfällt die Kunst in dem Bestreben, das Einfache und Natürliche zu treffen, in das Triviale, namentlich bei der religiösen Malerei, so z.B. bei jener Verkündigung, wo der Engel Maria nicht kniend am Betpult trifft, sondern wie sie am Tische sitzt und näht, ein Gedanke, welcher der früheren Zeit gar nicht hätte kommen können.

Eine weitere Folge dieses Mangels an naivem, unbefangenem Gefühl ist es. dass den Künstlern dieser Zeit die Darstellung von Kindern misslingt. Ihre Kinder sind nichts als altkluge, verkleinerte dicke Männer, denen keine Spur von Unschuld, von kindlichem Gefühl innewohnt. Es ist ausfallend, dass die Barockzeit hier mit der deutschen Kunst vor der Renaissance zusammentrifft, denn auch dieser misslingen die Kinder durchweg, aber wohl mehr weil ihr Geschmack auf das Magere, Harte und Eckige stand und sie keinen Sinn für die weichen, runden Formen hatte, als aus Mangel an innerem Gefühl und Verständnis für die Kindernatur. Dürer und die Kleinmeister dagegen verstanden sich sehr wohl darauf, und auch Cranach hat uns in seinen spielenden Engeln liebliche Kindergruppen hinterlassen.

Statt Wahrheit und Natur erreicht die Kunst in ihrer raffinierten Weise nichts als äußerste Manieriertheit. Die Menschen, die sie schafft, sind von Kopf zu Fuß affektierte, gezierte Wesen; sie sind alle stutzerhaft, eitel und gefallsüchtig, die Götter wie die Menschen, die Frauen der Bibel und der Mythologie wie die des Lebens, die Heiligen wie die Helden. Sie sollen offenbar die große, noble, freie Haltung der Gestalten Rafaels, andrerseits die kühnen Bewegungen Michel Angelos nachahmen, darüber aber verfallen sie der Theatermanier und sind dramatis personae, Rollen des Schauspiels; sie stellen nur die Helden der Welt vor, aber sie *sind* es nicht; sie sind in Wirklichkeit nur die Helden der Bretter, die ihre Positionen machen, Arme und Beine in künstlich studierte Stellung bringen, den Kopf mit Absicht tragen, die Hände vorschriftsmäßig bewegen, die Schulter ziehen, auf die Zehen treten, selbst den Ausdruck des Gesichts arrangieren und nun vortreten und fragen: wie gefalle ich euch? Es ist Vornehmtuerei, eine erkünstelte und darum falsche Großartigkeit, Steifheit und Erstarrung in Formen, davon wir das wirkliche, entsprechende Urbild im Leben noch kennen lernen werden; es ist Grandezza, nicht Grazie, nicht die Würde und Hoheit großer, edler Naturen.

Bei solcher Vornehmtuerei ist es natürlich, dass sich die Kunst nicht mit dem Niedrigen gemein macht; sie kann deshalb an der Derbheit der Volksszenen, wie sie uns die Kleinmeister so unübertrefflich wahr und gesund schildern, keinen Geschmack mehr finden, Bauernprügeleien, Dorfkirmes und dergleichen kommen daher in Deutschland aus der Mode, wenn sich ihnen nicht etwa irgend eine Moral unterlegen lässt. Stattdessen macht sich breit, wie ich schon gesagt habe, die vornehme, dem großen Publikum unverständliche Allegorie und die gespreizte Gelehrsamkeit. Nur in den Niederlanden setzt allenfalls der alte Pieter Breughel, wie ein Gegenbild zu den entsetzlich manierierten Schöpfungen eines Hendrick Goltzius und des fruchtbaren Hemskerk, dessen einst zahllose und hochgeschätzte Bilder heute nicht mehr aufzufinden sind, den Bauerngeschmack in allerrohester Gestalt fort und bildet so die Verbindung zu den Teniers, die einer neuen Zeit angehören.

Der Geschmack, der sich in der Wahl der Gegenstände und in der Zeichnung der Figuren ausspricht, zeigt sich auch in der *Technik*. Die Vollendung des technischen Machens, wenn sie einmal erreicht ist, pflegt länger anzuhalten, als der Geist, der sie auf die Höhe getrieben und beseelt hat. Das lehrt auch diese Periode. Den Geist haben wir bereits entfliehen sehen, aber die Virtuosität der Technik erbt sich als Tradition fort, ja vielmehr, da ihr die Seele fehlt, wird auf die Geschicklichkeit der Hand umso mehr Wert und Nachdruck gelegt. Solche Geschicklichkeit besaßen die großen Maler dieser Zeit, ein Bartholomäus Spranger, ein Johann von Aachen, Heinze, Hemskerk und die andern Niederländer seiner Zeit, etwas später Rottenhammer in hohem Maße, aber es war eine kalte, geleckte, porzellanglatte, durch und durch manierierte Malweise, die zu den affektierten Stellungen und Manieren der Figuren vortrefflich stimmte.

Nicht anders war es mit dem *Kupferstich* Dürer und namentlich die Kleinmeister, die Meister der alten malerischen Stechweise, hatten nichts weiter gewollt, als ihren Gegenstand in möglichster Freiheit und zugleich in möglichster Feinheit der Modellierung, selbst mit malerischer Wirkung herauszubringen. Sie hatten sich dazu kurzer Striche bedient, ohne die Technik höher zu schätzen denn als Mittel zum Zweck. Durch Goltzius aber, den ich schon als eines der Häupter des Manierismus genannt habe, wurde das technische Verfahren ein Etwas, das selbstständigen Wert haben sollte. Indem er den sogenannten Linienstich ausbildete, d.h. das Verfahren, durch lange, geschweifte, stärker oder schwächer werdende Linien die Modellierung anzugeben, erweiterte und verbesserte er allerdings technisch den Kupferstich, aber er handhabte sein eigenes Verfahren schon in so spielender, virtuoser Weise, indem er die langen parallelen Linien um alle Glieder, um alle neuen Gegenstände herumführte, dass er, die Technik überschätzend, der Manier anheimfiel. Konturen gab es gar nicht mehr, sondern es wurde nur eine Andeutung davon durch die Anschwellung der Linien hervorgebracht. Schließlich kam es in seiner Schule soweit, dass man ganze Bilder nur durch eine einzige Linie hervorbrachte. So gibt es ein ziemlich großes Blatt mit einem Christuskopf. Die Linie fängt an der Nasenspitze an und windet sich in enger Spirale um sich selbst, bis sie das ganze Blatt zu den äußersten Rändern erfüllt hat; ihr stärkeres Anschwellen oder ihr Nachlassen ist es allein, wodurch die Zeichnung und die Modellierung entsteht. Das ist gewiss eine Kunstweise, welche die Bezeichnung barock verdient.

Nichts spricht deutlicher, als die Stellung, welche der *Holzschnitt* einnahm. Hatte derselbe in der ersten Hälfte des 16. Jahrhunderts so recht der realistischen Kunstweise entsprochen, wodurch er zu außerordentlicher, populärer Bedeutung gekommen war, so verfiel er jetzt gerader in Misskredit Seine ganze damalige technische Art, die mehr auf Kraft denn auf Feinheit angelegt war, ließ sich nicht in der geleckten, glatten, kalten Weise behandeln, wie der neue Geschmack es verlangte, und man vernachlässigte daher das Schnitzmesser vollständig zu Gunsten des Grabstichels und der Radiernadel, obwohl auch die letztere erst im 17. Jahrhundert ihre Blütezeit feiert. Die letzten, die den Holzschnitt noch in der zweiten Hälfte des 16. Jahrhunderts mit Geschick und Liebe handhabten, waren die Venezianer und der Deutsche Jost Amman, der seinen Realismus noch eine Weile in die Barockzeit hineintrug. Zwar zeichnete auch Goltzius für den Holzschnitt, aber nur für die malerische und künstlichere Manier des Clairobscurs, darin er es allerdings zu einiger, aber auch barocker Wirkung brachte. Später versuchte es freilich Rubens, völlig gemäß seiner ganzen Richtung, den Holzschnitt wieder zu beleben, aber die trefflichen Blätter der Niederländer blieben doch nur eine isolierte Erscheinung. In Deutschland, seiner eigentlichen Heimat, versank der Holzschnitt immer tiefer, sodass man nur noch Kupferplatten in die Bücher eindrucken konnte. Die ganze Zeit der Barocke und des Rokoko hindurch war er nur gut genug für Kalenderbilder, fliegende Volksblätter und Straßenanschlagzettel der rohesten Art, bis ihn, wie bekannt, erst die jüngste Zeit, aber als eine Kunst des Grabstichels, nicht des Schnitzmessers, zu einer früher nicht einmal geahnten Feinheit und Vollendung wieder emporgehoben hat.

Auch in der *Kleinkunst,* wie überhaupt auf dem Gebiet des Ornaments, lebten noch die erworbene Technik und manche gute Reminiszenzen fort, sodass noch viele wahrhaft schätzbare Kunstwerke zu dieser Zeit geschaffen wurden, zumal in der Goldschmiedekunst und in der Holzschnitzerei, sowie nicht minder in Eisenarbeiten. Die deutschen Kunstkabinette, zumal das Grüne Gewölbe in Dresden und die Wiener Schatzkammer, sind reich gerade an Arbeiten dieser Art. Aber im Allgemeinen überschätzte man doch die Technik, sodass man Anforderungen an sie stellte, welche schon die Grenzen der Kunst überschreiten.

Liegt hierin schon eine Wendung zur Manier, so spricht sich der Geist der Zeit noch mit größerer Deutlichkeit in der Überladung mit *Ornament* und in der Schwere seiner Formen aus. Hierin zeigen sich auch diese Zweige der Kunsttätigkeit vollständig dem allgemeinen Geschmack, der Barocke, anheimgefallen. Schon die gute Zeit der Renaissance nahm es nicht genau mit den Elementen, aus denen sie ihr Ornament zusammensetzte, weder in Bezug auf die Wahl noch auf den Ort oder den Gegenstand, den es schmücken sollte. Dass eine Art symbolischer oder ideeller Beziehung zwischen dem Gegenstand und seinem Schmuck obwaltet, dass das Ornament, wenn es von bestimmter Art ist, auch etwas bedeutet, das war schon der Renaissance nicht eingefallen, wie viel weniger der Barockzeit. Das malerische und plastische Gefühl hatte allein vorgewaltet, reizvolle Harmonie der Farben, das Spiel des Reliefs mit Licht und Schatten im Helldunkel, der Schwung der Linien, das waren die einzigen Ziele gewesen, und man konnte sich bei den Resultaten beruhigen.

Nun blieben wohl in der Zeit der Entartung die Ziele dieselben, aber die Feinheit und die Maßhaltigkeit des Gefühls ging verloren. Wie die Muskulatur im Stil Michel Angelos und seiner Nachfolger, so mussten die Ornamente stärker aus der Fläche heraustreten und tiefer unterschnitten werden, um kräftigere Schatten zu geben; über solcher übertriebenen Ausladung ging dann die maßvolle, edle Schönheit des Profils bei Geräten und Gefäßen zu Grunde. Man häufte dann auch das Ornament, so dass es gemeiniglich viel zu breit, schwer und massig wurde im Verhältnis zu dem Gegenstand, den es schmücken sollte. An Mitteln dazu war man nicht in Verlegenheit, die Renaissance war schon mit gutem Beispiel vorangegangen. Wie die Gegenstände tausendfach in den Kopf kamen, so stellte man sie zusammen, ohne irgendwie an ihre Bedeutung zu denken: Masken, Waffen aller Art, Baustücke, Musikinstrumente, alle Geräte der Künste und der Wissenschaften, von Handwerk, Jagd und Landbau, Bänder, Kränze, Blumen und Fruchtgehänge; dazwischen natürliche und fabelhafte Menschenbildungen, Genien, Amoretten und Kinder, Delphine, Sirenen und Sphinxe, der Olymp mit seinen Göttern, das Meer mit seinen Tritonen und Ungeheuern, die Erde mit ihren Tieren u.s.w. Das wurde einfach an einander gereiht, mechanisch verschlungen und verwirrt, oder man ließ, wie organische Gebilde, eines aus dem andern herauswachsen.

Bei solchem ornamentalen Potpourri der abenteuerlichsten Ingredienzen hörte die feine Behandlung des Laubwerks, welche immer einen guten Stil auszeichnet, völlig auf. Statt des Laubwerks kommt ein anderes der Barockzeit eigentümliches Ornament auf, in welchem sich ihr ganzer Charakter sprechend ausprägt. Man hat dieses Ornament, welches sich schwer beschreiben lässt, wohl als Lederornament bezeichnet, weil es sich gleich Riemen biegt, windet und durch einander zieht. Es ist aber ursprünglich nichts als die Pfosten, Gesimse, das Gebälk von Stein und Holz, welche mit ihren Enden in Bewegung geraten, herausgezogen, umgebogen und in verschiedene Streifen und Bänder geschnitten werden, die sich nun zu allerlei künstlichen

Systemen durcheinander schieben, verbinden und verflechten lassen müssen und dann noch all den geschilderten Wust der ornamentalen Elemente in sich aufnehmen. Vom Gebäude, wo die Sprödigkeit des Steins noch bestimmte Grenzen setzt, wird dieses Ornament auf andere Arbeiten übertragen, auf die Möbelschreinerei, insbesondere auf Rahmenwerk und die unter dem Namen Cartouchen so beliebten Einfassungen, auf Eisenarbeiten, auf die Goldschmiedekunst, sodann auf Randverzierungen u.s.w. Je nachdem der Stoff es gestattet, springt das Riemenwerk kühner in die Luft vor; bei manchen Gegenständen jedoch, wie z.B. bei Silbergefäßen, legt es sich platt an, wie eine Art Flächenornament.

Mehr in dieser letzten flachen Art erscheint es in England gleichzeitig unter der Regierungszeit der Königin Elisabeth. Dieser nach ihr benannte *elisabethanische Stil* ist somit nichts als eine Abart der Renaissance oder richtiger eine Spezies der Barocke. Seine Schnörkel, Bänder und Riemen sind der deutschen und holländischen Kleinkunst entnommen, welche dieses zuerst der Architektur entsprossene Ornament kühner und wilder ausgebildet hatte. In dieser neuen Gestalt ging es wieder auf die Architektur zurück. Doch muss man sagen, dass der englische Künstler die wilde Kühnheit des Reliefs mäßigte, dagegen die Flächen damit zu überziehen liebte.

In Deutschland war es insbesondere der Architekt *Dietterlin*, den sein berühmtes Buch über die fünf Säulenordnungen nicht abhielt unter den Architekten und Ornamentisten der größte Manierist dieser manierierten Zeit zu sein, – es war Dietterlin, welcher durch seine zahlreichen Entwürfe vorzugsweise zur Verbreitung dieses Ornaments beitrug. Bei ihm ist alles schwer und massig, und doch gerät das gesamte Mauerwerk mit allem sonstigen ornamentalen Beiwerk in Bewegung. Die Figuren auf den gebrochenen Giebeln und Gesimsen spielen dramatische Szenen ab, die in den Nischen machen gewaltsame Positionen und Verrenkungen, die Karyatiden scheinen fast herauszuschreiten, und dazu sind sie alle von plumpem Gliederbau und dickem, aufgedunsenem Fleisch, mit aufgeworfenen, wehenden Gewändern. Nicht einmal die Wappenhalter, die doch keine andere Aufgabe haben, können ruhig dastehen; einmal sind es Engel, welche mit hochgehobenen Flügeln herbeizufliegen scheinen, ein andermal Löwen, welche mit fürchterlichem Gebrüll an das Wappen heranspringen, das sie halten sollen Mindestens sind diese Einhörner, Greifen, Bären, oder was immer für Tiere ihre heraldische Pflicht zu erfüllen haben, auf den beiden Seiten des Giebels, welche das Wappenschild in der durchbrochenen Spitze in die Mitte nehmen, in kühnen und gekünstelten Positionen gelagert, Positionen, welche vollkommen der damaligen Salonweise nachgebildet sind und durchaus als elegant gelten können; dabei müssen sie noch vielbedeutende Mienen annehmen und künstliche Gesichter schneiden, welche den Ausdruck wilder Kraft bei den alten Wappentieren in seltsam barocker Weise mit menschlicher Empfindelei verbinden und dadurch zur Grimasse werden.

Unter all solchen Verschrobenheiten, die doch dem menschlichen Geist entsprangen, konnte der Mensch selbst nicht in klassischer *Gewandung* einherschreiten. Das Barocke seines Geschmacks und seiner Ideen strahlte, wie aus der ihn umgebenden Welt, die er sich erschaffen, so auch aus seiner eigenen Erscheinung hervor. All die verschiedenen Züge, die wir an dem Charakter und dem Geschmack dieser Periode haben kennen lernen, die moralisierende Tendenz des verschüchterten Gewissens, die Versteifung und Erstarrung, die Schwere und Massenhaftigkeit der Formen, die Plumpheit und Manieriertheit der Bildungen, die gesuchte und gekünstelte Ziererei, die verlorene Natur – alles das tragen *Kleidung* und *Toilette* auf das offenste zur Schau.

Zwar begann diese Periode gleich nach der Mitte des 16. Jahrhunderts noch mit der wildesten Ausgeburt der Mode, welche die Kostümgeschichte kennt, mit der Pludertracht, einer Erfindung der Landsknechte. Diese verstanden es, auf Jacke und Beinkleider hundert Ellen und mehr Stoffes zu verwenden, der von den Schultern zu den Füßen um sie herumflog, dass es flatterte und rauschte, um mich des Ausdrucks eines damaligen Sittenpredigers zu bedienen, wie wenn ein Mühlbach über das Wehr fällt. Aber es dauerte kaum ein paar Jahrzehnte, als sich auch schon am freien Landsknecht der Einfluss der erstarrenden Zeit erkennen lässt. Es kam damit über das Soldatenwesen ein neuer Geist, das Drillsystem mit den Exerzierreglements, auch ein charakteristisches Zeichen dieser Periode, welche den Schulpedantismus eingeführt und das Spießbürgertum begründet hat. All die pludrige Masse schrumpfte nun ein, und wurde mit den dicken, mit Werg, Kleie, zuweilen auch Weizen ausgestopften Wülsten vertauscht, mit welchen spanische Mode, im Gegensatz zur deutschen Pludertracht, den Leib umlegte. Solche Wülste zogen sich um die Schultern herum, umgaben die Hüften und die Schenkel und fielen von der Brust in einem dicken hängenden oder prall gestopften Bauch, dem sogenannten Gänsebauch, tief herunter. Das gab denn freilich eine sonderbare Figur, wenn man die Konturen dieser menschlichen Erscheinung verfolgte.

Solche Tracht wurde allgemeine Mode und die Damen wollten hinter den Herren darin nicht zurückstehen. Auch sie umlegten Schultern und Oberarme mit dicken Puffen und Kissen, für die Hüften aber erfanden sie stattdessen den Reifrock, der damals zum ersten Mal in der Geschichte auftritt. Freilich hatte er als erste Erfindung noch sehr unförmliche Gestalt, denn von den Hüften ging er in horizontaler Linie wie eine Scheibe grade aus oder stieg gar noch in die Höhe und fiel dann senkrecht herab. Die Tonne gab das Muster dazu.

Zeigt sich in all diesen Ausladungen derselbe Mangel eines feinen und maßvollen Formensinns, den auch das Ornament vermissen ließ, so wirkte in anderer Weise auf die Kleidung die moralisierende Tendenz der Zeit. Man möchte diese Tendenz schon in der *Farbe* erkennen. Die alte Farbenlust des 15. Jahrhunderts, welche sich in großer Buntheit, in reicher Wirkung, in starken Gegensätzen gefiel, hatte schon die Reformationszeit gemildert; die Landsknechte ausgenommen, mied sie wenigstens das Schreiende und Bunte und befliss sich mehr edler Einfachheit. Die Fortschritte der Reformation und namentlich der Einfluss, den sie auf das Leben selbst gewinnt, machen sich aber weiter geltend im Verdunkeln der Farben: Scharlach, Goldgelb, Himmelblau, alle solche Farben werden mehr und mehr vermieden und der Bürger, dem auch die Vornehmen folgen, geht in Dunkelbraun, Dunkelviolett und Schwarz. Widerstrebend folgen selbst die katholischen Länder, wenn auch in beschränktem Maße. Die zahlreichen Porträts dieser und der nachfolgenden Zeit lehren uns, dass am Ende Schwarz die Lieblingsfarbe geworden ist, die nur durch den weißen Kragen und die goldenen Ketten gehoben wird, ja, um den dunklen Effekt recht tief zu machen, wird nun anstatt Seide oder Atlas regelmäßig zur Staatskleidung schwarzer Sammet genommen, welcher das Licht auf den Flächen einsaugt, statt zurückzuwerfen wie die anderen Stoffe. Schwarz war freilich für das Porträt nicht ungünstig, weil alle Wirkung sich nun lediglich auf den Kopf konzentriert, aber es erstirbt mit diesem wachsenden Geschmack an dunkler Kleidung doch auch ein gut' Stück Lebensfreudigkeit, davon die moralisierende Tendenz die Schuld trägt.

Auch der Wandel der Kleiderformen lässt dasselbe erkennen. Ich habe schon erwähnt, wie vor der Reformation die übertriebene Dekolletierung verschwunden war und wie die Kleidung langsam zum Halse hinaufwuchs. Die Blößen sind bedeckt, aber da die gleiche Tendenz anhält, so macht sich das Bestreben bemerklich, nicht bloß zu bedecken, sondern das verderbliche Fleisch, wenn möglich überall, selbst mit der Maske, die in dieser Zeit zur Mode wird, zu verhüllen. Die Kleidung wächst über den Hals bis starr unter Kinn und Ohren, und da sie nicht weiter kann, so drängt sie die kleine, zierlich gefaltete Hemdkrause heraus und schwellt sie an zu einer dicken, scheibenförmigen Krause, der Kröse oder Radkrause, auf welcher der Kopf wie auf einem großen Teller liegt, wie das Haupt des Johannes auf der Schüssel der Herodias, um ein Bild jener Zeit zu gebrauchen.

Vor dieser Tracht kann die Freiheit des Bartes und des Haares bei den Männern, die edle Fülle der Locken bei den Frauen nicht mehr bestehen. Die Männer stutzen den Vollbart ringsum und schneiden das Haupthaar ganz kurz über den Kopf, während die Frauen es nach oben frisieren, unter kleinen Hauben und Hüten zusammenbinden oder anfangen, von der Stirn aufsteigende Frisuren gleich der Mondessichel der Diana zu erfinden. Auch das faltige, weiche Barett wird als unzeitgemäß mit den seidenen steifen, feinen Hüten vertauscht. So herrscht nach oben Zierlichkeit und Steifheit, dann folgt die weite Ausladung der Puffen und Wülste, während nach unten bei den Herren wenigstens die Beine mit eng anschließenden Trikots bedeckt sind, um mit Hilfe zierlicher Schuhe zu allen eleganten Positionen gerecht zu sein. So verlangte es die spanische Mode, welche für die letzten Jahrzehnte des 16. und den Anfang des 17. Jahrhunderts in Deutschland, Frankreich, in den Niederlanden und in England, großenteils auch in Italien die herrschende wurde.

Spanien, das christliche wenigstens, tritt hier zum ersten und eigentlich auch zum letzten Mal bedeutungsvoll in den allgemeinen Entwicklungsgang des Geschmacks ein. Wenn wir von den Mauren absehen, so beginnt sein eigenes und eigentümliches Kulturleben mit lebhafterer Erregung erst nach dem Fall Granadas und der Entdeckung Amerikas. Die Ereignisse jener Zeit unter der Regierung Isabellens und Ferdinands des Katholischen wirkten gleich Wundern auf die Gemüter, weckten den poetischen Geist, den Drang nach Taten und Abenteuern, den phantastischen Sinn, jenen feurigen Schwung in der ganzen Nation, verbunden mit außerordentlicher Beharrlichkeit, zugleich jenen mystischen und unbarmherzigen Religionseifer, welche Eigenschaften mitsammen den Spanier des 16. Jahrhunderts charakterisieren und eine Isabella, einen Cortez und Pizarro, einen Alba, Ximenez und Torquemada möglich machten.

Wir erinnern uns, dass zu jener Zeit am Ausgang des 15. Jahrhunderts im übrigen christlichen Europa nordwärts der Alpen die größte Geschmacksverwirrung herrschte. In Spanien flossen damals nicht minder die verschiedenartigen Elemente zusammen, das Maureske, das Gotische und dazu eine Menge antikisierender Details, die früh von Italien kamen. Aber jener Aufschwung der ganzen Nation machte aus dieser Verbindung eine blühende, üppige Kunst, welche namentlich in den Säulenhöfen der Paläste und Klöster die sinnlich-farbigen Reize der arabischen Weise mit dem Phantastischen der Gotik und der Eleganz der Alten vereinigt. Gleichzeitig begann damals die so erstaunlich fruchtbare Kunst der dramatischen Poesie in Spanien, welche freilich erst hundert Jahre später ihre Blütezeit hatte, gleichzeitig jene kaum minder fruchtbare Romandichtung, welche mit ihren Ungeheuerlichkeiten, wunderbaren Abenteuern, Zaubereien und all den glänzenden, fabelhaften Gebilden der Phantasie ebenso eine Folge des ersten Schwunges war, als sie den Hang nach Neuem, Unbekanntem und Absonderlichem weckte und nährte.

Dieser Aufschwung der Kultur nahm aber schon früh eine andere Richtung an, als die Keime der reformatorischen Bewegungen auch in Spanien erstickt wurden, als auf dem Schlachtfelde von Villalar die Freiheiten der castilianischen Communeros zum Opfer fielen, als die Inquisition von den Mauresken ab sich mit blutiger Verfolgung gegen jegliche freiere religiöse Richtung wendete. Mit Ausnahme der schönen Literatur, insbesondere des Dramas und des Romans, auf welche sich das ganze geistige Interesse der Nation, die ganze Produktionskraft warf, erstarrte damals die spanische Kultur, zumal als Philipp II. seinen finster' n Blick darauf warf. Seit jener Zeit entstanden jene steifen, ausgestopften, barockzierlichen Formen der spanischen Tracht, welche am Ende der Regierung Karls V. nach Deutschland kamen und unter Ferdinand, Maximilian und Rudolf vom kaiserlichen Hof aus die Mode beherrschten; seit jener Zeit verschwand in der Architektur jener blühende Mischstil und es trat an seine Stelle die italienische Renaissance mit einer streng antikisierenden Richtung, aber in schmuckloser, fast finsterer, schwerer, trockner Weise. Das ganze Wesen des Spaniers nahm die Grandezza, den feierlichen Ernst an, der hart an das Komische streifte, das Steife und Zeremoniöse, das Zugeknöpfte und Finstere, Eigenschaften, die dem Spanier blieben und ihn zur historischen Figur machten.

Selbst in die schöne Literatur, das einzige Gebiet, das frei gegeben war, da doch der überquellenden, sprudelnden Produktivität ein Ausweg gelassen werden musste, drang dieser Geist geschraubter und gespreizter Würde ein. Es bildete sich gegen den Ausgang des 16. Jahrhunderts unter Anführung Luis de Gongora eine Schule von Schöngeistern und Dichtern, welche die feierliche Grandezza in den Stil einführte, neue Wörter ersann oder aus dem Latein herübernahm, neue, verwickelte Satzbildungen und Wortstellungen erfand, die Darstellung mit Bildern überlud, was denn der Poesie einen höheren Charakter verleihen sollte, aber nur zu einer hohlen, schwülstigen Schreibart, zu den abenteuerlichsten Abgeschmacktheiten, zu einem bombastischen Wortschwall führte, in dessen Dunkel sich die Geistlosigkeit verhüllte.

Gegen diesen Gongorismus aber, wie nicht weniger gegen die ganze finstre, versteifte und geschwollene Richtung der Periode Philipps II. erhob sich im Anfang des 17. Jahrhunderts ein kräftiger Rückschlag. Es erwachte der spanische Geist aufs Neue mit einer solchen Gewalt und mit einer solchen Wahrheit und Natürlichkeit, dass Kunst und Literatur unter Philipp III. und IV. in Spanien ihre höchste Blüte erreichten und eine der Höhe ebenbürtige Fruchtbarkeit entwickelten. Ich brauche nur einerseits an Cervantes und seinen unbegreiflich gelungenen Don Quixote zu erinnern, mit welchem er 1605 den Kampf gegen die unsinnige romantische Novellistik eröffnete, an Lope de Vega und Calderon, andrerseits an die Maler, an Murillo, Velasquez, welche kühn die höchsten Höhen der Kunst erstiegen. Immer war es freilich der spanische Geist, der hier seine Triumphe feierte, denn wenn Velasquez die Natur mit einer Wahrheit wiedergibt, als wäre sie es selber, wenn Murillo sich in das Gemeine versenken kann, um es durch die Kunst zu veredeln, wenn er für den Schmutz der Bettelknaben dieselbe Künstlerliebe hat, wie für die Schönheit und Glorie der Heiligen, so schildert uns Zurbaran mit nicht minderer realistischer Wahrheit die religiöse Askese bis zum zehrendsten Fanatismus, so erfüllt nicht minder Calderon seine Autos, diese dem Spanier eigentümlichen religiösen Schauspiele, mit tiefen, schwärmerischen Gedanken und durchglüht sie mit einer heiligen Lohe der Begeisterung, welche sie zu den erhabensten Schöpfungen der christlichen Mystik machen. Beide Richtungen waren dem spanischen Geiste damals gleich eigentümlich und finden sich in demselben Künstler, in demselben Dichter vereinigt.

Dieser Rückschlag gegen den barocken Geschmack geschah nicht in Spanien allein, vielmehr traf er zu derselben Zeit mit dem Beginn des 17. Jahrhunderts alle damaligen Hauptländer der Kultur, Italien, Frankreich, Deutschland und die Niederlande; England folgte den letzteren. Jedoch waren die Umstände, die ihn begleiteten verschieden, daher auch Wirkung und Folgen überall verschiedene Gestaltung annahmen.

Die glücklichste Wirkung hatte er ohne Zweifel in den *Niederlanden,* wo der Krieg um die Freiheit alle Kräfte wach gerufen hatte, wo ein großartiges Streben von Reichtum begleitet wurde. Hier blieb es nicht bei der Reaktion, sondern der Umschwung war so gewaltig, dass in einem Fluge die niederländische Malerei eine zweite Blütenperiode sah, welche die erste im 15. Jahrhundert an Großartigkeit, Kühnheit und Freiheit und in der eigentlich malerischen Gesamtwirkung übertraf. Der Naturalismus, der hier wie überall den Anstoß gegen die Unnatur des barocken Geschmacks gab, oder wir wollen lieber sagen, die wahre und liebevolle Naturauffassung, erreichte in

Rubens eine Höhe, auf der sie mit dem Idealismus zusammenfällt und zur vollendeten Kunst wird.

Der Gegensatz zwischen der Kunst am Ausgang des 16. Jahrhunderts und derjenigen zwanzig bis dreißig Jahre später, als *Rubens* wenigstens die ganze junge, frische Produktionskraft mit sich fortgerissen hatte, ist ein ungeheurer; es sind die Pole der Kunst. Auf der einen Seite die höchste Unnatur, Ziererei, verblasste und verglaste Farbe, geistige Schwäche, verknöcherte, schematische Formen, man kann sagen Tod und Erstarrung, auf der andern die wahre Lust und Freudigkeit des künstlerischen Schaffens, ein blühendes, üppiges Leben in Farben und Formen, ein wahres Schwelgen in der Natur und allen ihren Herrlichkeiten. Verschwunden sind die künstlichen, gezierten Stellungen, die angenommenen Gebärden ohne Gefühle und Leidenschaft; alle Figuren gehen und stehen froh und frei, groß und herrlich in der strotzenden Fülle des Lebens, im Bewusstsein ihrer innewohnenden Kraft und Tüchtigkeit.

Spricht sich die wiedergefundene Wahrheit der Natur so im allgemeinen Charakter der hohen Kunst aus so entdecken wir sie überall, wenn wir die einzelnen Zweige verfolgen wollen, nur dass die Malerei vor ihren Schwesterkünsten so vorherrschte, dass sie alle bedeutenden Kräfte für sich allein in Anspruch nahm. Nun, da der vornehme, gespreizte Ton der Barockzeit gestürzt war, bricht das Genre wieder hervor, und zwar nicht bloß, wie zur Zeit der Kleinmeister, im Kupferstich oder im Holzschnitt, sondern als ein ebenbürtiger, vollberechtigter Zweig der Malerei. Die Bauernszenen machen sogar in den beiden Teniers den Anfang und erst langsam folgt die feinere und vornehmere Welt mit Caspar Netscher, Terburg, Franz und Wilhelm Mieris, die dann in der zweiten Hälfte des 17. Jahrhunderts wieder in die unter dem Einfluss Frankreichs stehende, nicht ungezierte Eleganz übergeht. Aber bis dahin, zumal bis Adrian van der Werff seine verblasenen, elfenbeinernen Bilder schuf, und noch neben ihm herrscht in allen Zweigen des Genre das wahrhafteste, aufrichtigste Naturgefühl, eine wirkliche, innige Liebe zu den Dingen um ihrer selbst willen, die, verbunden mit einer poetischen Erfassung von Licht, Helldunkel und Farbe, auch die kleinsten und gemeinsten Dinge in den Zauber der Verklärung hüllt.

Denn es konnte bei dieser freudigen Lust an den Dingen der äußeren Erscheinung nicht ausbleiben, dass auch solche Richtungen auftraten, wie diejenige *Rembrandts*, welche die hohen, erhabenen und heiligen Gegenstände der Kunst, die Vorgänge im Olymp, die Geschichten der Bibel, die wir mit Ehrfurcht, mit heiliger Scheu zu lesen und zu sehen gewohnt sind oder im hohen Stil dargestellt wünschen, welche diese Gegenstände in gewöhnliche Haus- und Straßenszenen holländischen Lebens verwandelte. Sie entlehnte dazu als Modelle die ersten besten Leute aus den Judengassen oder Matrosen vom Hafen und zog das Heilige somit auf die tiefste Stufe des gemeinen Daseins herab, um es freilich durch andere Mittel der Kunst wieder hoch in eine ideale und poetische Welt zu erheben. Es zeigte sich das Vergnügen am Gesindel, an der Darstellung all des bettelhaften, zerlumpten, vagabundierenden Volks, welches der große, wilde deutsche Krieg, der auch die Niederlande berührte, in zahllosen Massen erzeugte, obwohl es eigentlich ein Franzose war, Jacques Callot, ein Künstler, den das Schicksal eine Zeitlang unter die Zigeuner und Abenteurer geschleudert hatte, der hierin den ersten Preis davon trug. Auch war es mehr die Radiernadel als der langsamere Pinsel, welche in diesem Genre geschäftig und fruchtbar war.

Es war aber nicht bloß die Naturauffassung, es war die Natur selber im landschaftlichen Sinne, welche den Geschmack gefangen nahm. Die *Landschaft* hatte zwar schon bei den alten Niederländern bei Rafael und Titian, bei Dürer und Lucas von Leyden eine große Rolle gespielt, immer aber nur als Grund oder Hintergrund der menschlichen Begebenheiten. Einige späte Kleinmeister waren vielleicht die ersten, welche sie selbstständig, um ihrer selbst willen, erfassten und darstellten. Dann kamen einige niederländische Künstler am Ausgang der manierierten Periode, welche sie in *der* Art mit mythologischen, frommen oder biblischen Szenen verbanden, dass sie diese zur bloßen Staffage mit den kleinsten Figuren herabdrückten und die Landschaft zur Hauptsache machten. Aber obwohl diese Künstler, an deren Spitze *Jan Breughel*, der s.g. Samtbreughel steht, die größte Geduld, den mühsamsten Fleiß, die innigste Liebe in der Ausführung des Details bewähren, wie fern stehen sie noch, ich will nicht sagen, einer großen und freien, sondern nur einer wahren Erfassung der Natur!

Diese blaugrüne Landschaft mit den selbsterschaffenen Bäumen, mit der unermesslichen Ferne und der unendlichen Menge des Details, sie ist reizend, sie ist liebenswürdig, aber sie ist noch nicht die Natur, nicht die wahre, große, freie Natur. In diesem Sinne erfassten sie erst Rubens und die Seinen. Durch sie erst wurde die Landschaft zu einem selbstständigen, vollberechtigten Zweige der Kunst. Und sie ergriffen sie auch bereits von allen Seiten. Während Rubens selbst sie in der großen Weise nahm, die ihm eigen ist, versenkten sich andere hier in das Liebliche, Stille und Einfache, dort in das Wilde und Romantische, hier in die weite Ebene, dort in den Wald und die Schluchten, andere studierten das Meer: allen aber enthüllte die Natur ihren Schleier und offenbarte ihnen ihre Geheimnisse; sie schauten sie in ihrer Wirklichkeit.

Von all dem, was die Niederlande in dieser Periode groß macht, zeigen sich in *Deutschland* kaum die Anfänge. Es regt sich derselbe Geist, aber was er Gutes schaffen konnte, wird alsbald in den Strudeln des dreißigjährigen Kriegs erstickt oder in eine andere Richtung getrieben. Nur im Kostüm sehen wir Deutschland mit den anderen Nationen Schritt halten, ja es geht ihnen eine Zeitlang voraus, indem es den *Trachten* aufs Neue ein kriegerisch-abenteuerliches Gepräge aufdrückt.

Schon vor dem Beginn des Krieges in den ersten Jahren nach 1600 erkennen wir das Bestreben, dem Körper, der ein Sklave der widernatürlichen Kleidung geworden war, die Freiheit zurückzugeben. Die dicke, steife Krause fällt herab, legt sich auf die Schultern und verwandelt sich langsam in den einfachen, erst gestärkten und gesteiften, dann schlaffen Spitzenkragen; dadurch gewinnt der Hals wieder die Freiheit der Bewegung und zugleich kann das bisher kurzgeschorene Haupthaar aufs Neue in vollen Locken sich herabergießen. Da aber ein langes Haar und ein Vollbart sich nicht mit einander vertragen, so nimmt der letztere die Gestalt des spitzen Knebelbarts an, die uns aus den Porträts des dreißigjährigen Kriegs tausendfach bekannt ist. Wams und Beinkleid werfen die Wülste und Puffen ab, steppen sich wohl noch für den Krieg, werden aber sonst für freiere Bewegung und mehr malerische Wirkung an Armen und Beinen der Länge nach ausgeschnitten und mit Seide, feiner Leinwand und Spitzen bauschig unterlegt. Der kleine, steife spanische Hut passt nicht mehr zu den vollen Locken; an seine Stelle tritt der schlaffe Filzhut, der unter dem Einfluss des wilden Kriegs hundertfach phantastische und teilweise kolossale Gestalt annimmt und sich mit Federn schmückt, die oft ellenlang den Rücken herabwallen. Auch die zierlichen spanischen Schuhe, die in derberer Gestalt in den Krieg hinübergehen, werden vom Mann der Mode abgelegt und mit den schweren, gespornten kriegerischen Stulpstiefeln vertauscht.

Die Frauen blieben im Wechsel nicht zurück. Sie legten die Puffen und den Reifrock ab und zeigten große Neigung zur Schleppe; sie dekolletieren wieder, lassen den Kragen, der sich gerade so bei ihnen verwandelt wie der der Männer, von Kinn und Ohren heruntersteigen und erst auf Brust und Schultern den Anfang nehmen Damit fallen auch die aufgebundenen, gehöhten Frisuren, und die Haare, die sich mit Federn und Diademen schmücken, fallen wieder in Locken herab.

So entstehen die freie, ungebundene, malerische Tracht des dreißigjährigen Kriegs, die wahre Freude der Kostümmaler und die historische Garderobe der Künstlerfeste. Aber sie ist in unserer Beschreibung nicht vollständig, wenn wir nicht einer Zugabe gedenken, welche damals in außerordentlicher Weise die Liebhaberei des Modegeschmacks wurde. Das sind die *Spitzen*.

Die Spitzen wurden erst gegen Ende des 16. Jahrhunderts, wenn nicht gerade erfunden, doch in der Fabrikation zur Blüte gebracht. Ihr leichtes, feines, zierliches Wesen, das Clairobscur, das sie geben, der mysteriöse Reiz durch das halbe Verschleiern und halbe Sichtbarmachen sagten ungemein zu, und sie wurden alsbald zur Mode. Anfangs verbanden sie sich noch mit den steifen, dicken Krausen und umsäumten sie, dann schlossen sie sich an die gesteiften, mit Fischbein und Draht ausgespannten platten Kragen an, aber es war offenbar hier ihres Ortes nicht, denn sie mussten sich selber steifen lassen und verloren dadurch den Hauptreiz. Ihre goldene Zeit begann mit der freien, malerischen Tracht, und sie wussten daran überall Platz zu finden, so wenig sie auch zum Krieg und dem kriegerischen Charakter zu passen scheinen; und keineswegs blieben sie ein Vorzug der Damen, sondern die Männerwelt, ob General, ob Staatsmann, ob Bürger oder Stutzer, fand nicht minder Gefallen daran. Sie umsäumten den Rand des Hutes, sie umflatterten Hals und Schultern, Brust und Hände, sie folgten allen Säumen und Nähten der Kleidung, sie hingen sich als Rosetten an Schultern und Knie, besetzten die Ränder der Degenkuppel und die Schuhe und füllten sogar die ungeheure Weite der umgekrämpten schlappen Stulpstiefeln ans. Mit diesen spitzengeschmückten Stiefeln sah man damals den Pariser Löwen vor dem Palais royal flanieren, wie der Offizier damit auf seinem Rosse in das Gefecht stürzte, nur hatte allerdings der Pariser die deutsche Kriegsmode verfeinert.

Fast möchte man sagen, sind auch die Spitzen das Beste, was die *deutsche Kleinkunst* damals hervorbrachte, wenn auch Deutschland nicht der eigentliche Sitz der Spitzenfabrikation war. Diese regelmäßigen stilvollen Muster, welche der Technik so angemessen sind, wurden später nie wieder übertroffen, so sehr sich auch die technische Seite an Feinheit und Geschick vervollkommnete. Der große Aufschwung, den die Kunst anderswo durch die wiedergewonnene Natur nahm, wurde, wie schon gesagt, in Deutschland alsbald durch den Krieg erstickt Wir können daher wohl in der Kleinkunst einen Umschwung wahrnehmen, aber er führte nicht zum glücklichen Ende. Betrachten wir die Goldschmiedearbeiten und geschnitzten Möbel, welche uns die erste Hälfte des 17. Jahrhunderts hinterlassen hat, so machen sie uns vor allem den Eindruck, dass sie roher und liebloser gearbeitet sind; es ist Handwerksarbeit geworden statt Künstlerwerk. An den Formen des Ornaments ist nicht viel geändert, nur dass die Schwere desselben und die Überladung zurückgegangen sind. Den Eindruck größerer Feinheit und Zierlichkeit machen uns auch die ornamentalen Kompositionen, welche Kupferstecher dieser Zeit nach dem Beispiel des 16. Jahrhunderts ausgeführt haben, so die Kilian in Augsburg. Bei ihnen sieht man auch einzelne Ornamente von mehr neuen und originellen Formen, aber sie scheinen mehr Sache der Mode zu sein und verschwinden bald wieder.

Bei der Rohheit und Lieblosigkeit der Ausführung, welche die meisten Arbeiten, die auf Kunst Anspruch machen, charakterisiert, ist es aber auffallend, dass andererseits auf Geschicklichkeit der Hand ein ungeheurer Wert gelegt wird. Die Talente, so scheint es, suchten, in der Künstlichkeit ihre Befriedigung, welche ihnen die verdorbene Kunst nicht gewähren konnte. In dieser Zeit entstanden vorzugsweise alle die wunderbaren künstlichen Arbeiten, die wir heute noch in den Raritätenkabinetten anstaunen, die Elfenbeinkugeln, die ineinander beweglich herumlaufen, die beweglichen Augen von dem gleichen Stoff, die langen Ketten aus einem Stück geschnitten, die Miniaturschlösser und Miniaturpistolen, die Passion Christi in einem Kirschkern und was dergleichen Kunststücke mehr sind, bei denen uns der Verstand eine Weile still steht. Das ist aber auch der einzige Eindruck, den sie machen. Diesen Elfenbeinarbeiten gegenüber stehen andere Werke aus dem gleichen Stoff, der damals sehr beliebt war, ausgezeichnet schöne, feingearbeitete Reliefs mit hoch heraustretenden Figuren, insbesondere aber Becher und Pokale, um welche sich ähnliche Reliefs von ganz vorzüglicher Arbeit herumziehen. Sie lassen insbesondere die Schule des Rubens erkennen und sind auch zum größten Teil in Flandern gemacht.

Je länger der Krieg dauerte, je mehr sehen wir in Deutschland den Geschmack nach allen Seiten hin verwildern; die Verwilderung überdauerte noch den Krieg und mehrere Jahrzehnte. Was zu dieser Zeit in Altären, in Möbeln und anderen Schnitzereien und Verzierungen geleistet wurde, ist wahrhaft entsetzlich. Es hatte sich aus Muscheln, Schnecken, Fratzen und Masken eine Art von Schnörkelornament gebildet, welches an Rohheit, Unschönheit und Geschmacklosigkeit alles überbietet, was die Kunstgeschichte nur aufweisen kann. Überall sehen wir diesen wilden, ordnungslosen Wust, zu dem keine Phantasie nötig ist, kein Talent und Geschmack gehört, zu dem nur die Hand nach rechts und links in krummen Linien willkürlich auszufahren braucht. Alles, was Italien und Frankreich damals erschufen, ist Gold gegen diese deutsche Ornamentik, die sich durch die angegebenen Eigenschaften sofort als heimatlich, als ein Kind des entsetzlichsten aller Kriege erkennen lässt.

Es sahen die Menschen zunächst nach dem Kriege auch nicht besser aus. Das Haar, welches mit der französischen Perücke zu wetteifern trachtete, hing lang und verwildert, wie zerrauft, um den Kopf; an Stelle des Spitzenkragens, den das Haar verdarb, trat eine Binde um den Hals, der Rock hing weit und lang wie ein Sack ohne Taille am Leib herunter – es war der Bauernkittel, den der Rekrut mit zum Regiment gebracht hatte und der nun feine Mode geworden war. Der

Hut war verkleinert, aber statt der malerischen, freien Linien, war er steif und unschön. Dessen ungeachtet gab es Spitzen, Goldbordüren und anderen Schmuck genug an der Kleidung. Die ganze Tracht von damals macht in Deutschland den Eindruck eines plumpen Bauern, der reich geworden und in vornehme Gesellschaft gekommen ist.

In den Köpfen gibt es dieselbe Verwilderung wie um dieselben. Die Sprache setzt sich aus Rohheiten zusammen und mischt welsche, spanische und französische Wörter massenhaft hinein, in dem Glauben, sich dadurch den Charakter der Feinheit und Vornehmheit zu geben. Obwohl das Gefühl nichts weniger als fein war, herrscht dennoch im Umgangston die geschraubt höfliche Phrase, für welche es Mustersammlungen gab, die man aus den spanischen Ritterromanen herausgezogen hatte. Der Stil ist ein wahrhaftes Labyrinth von Wörtern und Sentenzen geworden, durch welche es einen Ariadnefaden bedarf, um zum Gedanken zu kommen. Vor allem ist das Theater in dieser Zeit der beste Gradmesser des Geschmacks. Um auf die abgestumpften Sinne irgend Eindruck zu machen, bedurfte es allen möglichen Aufwandes von Pomp und Pracht, von Maschinerien und Verwandlungen, von wunderbaren und fremdartigen Schauspielen; Kamele und Elefanten, der Himmel und die Hölle kommen auf die Bühne, und die Teufel sind dabei wohl so höflich, sich nach dem Ton der Zeit gegenseitig mit Monsieur anzureden. Was man am liebsten sah, das waren Hinrichtungen mit Hängen und Köpfen, die mit andern Scheußlichkeiten in größter Natürlichkeit auf der Bühne vor sich gingen; das Publikum weidete sich dann nachher noch eine gute Zeit an den blutigen Leichnamen, die man auf der Bühne liegen ließ. Die Schrecknisse des Kriegs hatten das menschliche Gefühl fast ausgelöscht und die Sinne an Grausen und Entsetzen gewöhnt, dass es zur lieben Unterhaltung geworden war.

Bei solchen Zuständen ist es fast als ein Glück zu preisen, dass der deutsche Geschmack sich von dieser Zeit an völlig in die Herrschaft des französischen begab, der damals in mächtigem Aufschwung begriffen war und wenigstens der Verwilderung Grenzen setzen und anständige Formen geben konnte, wenn diese Formen auch in das Bombastische und Pompöse hinausliefen und die Barockzeit wieder im Triumph zurückbrachten.

Fünfter Abschnitt

Der Jesuitenstil und die Entwicklung des französischen Geschmacks im 17. Jahrhundert

Bevor wir dem Entwicklungsgange des französischen Geschmacks folgen, welcher etwa von der Mitte des 17. Jahrhunderts an im ganzen Kulturleben Europas die Führung übernahm, müssen wir noch in kurzen Zügen die Entartung des italienischen Kunstgeschmacks betrachten, weil derselbe mit den Formen, welche er in dieser Periode annahm, auf Frankreich selbst und die übrigen Länder einen großen Einfluss übte.

Wir haben *Italien* verlassen, wie es in der zweiten Hälfte des 16. Jahrhunderts dem Barocken anheimgefallen war. Der naturalistische Rückschlag und in Folge dessen die neue Erhebung der Kunst, welche wir in Spanien und den Niederlanden haben kennen lernen, brach auch in Italien aus, ja hier vielleicht früher noch als im Westen und Norden. Die Überzeugung, dass diejenigen, welche sich als die Schulen Rafaels und Michel Angelos betrachteten, das Vorbild dieser großen Meister verlassen hatten oder verkannten, die Überzeugung, dass eine Umkehr notwendig sei, führte schon am Ausgang des 16. Jahrhunderts zum Kampfe gegen den Barockstil. Während aber in Spanien und den Niederlanden der Umschwung fast einzig auf Grundlage der wiedergefundenen Wahrheit der Natur vor sich ging, schlug man in Italien zwei Wege ein, den *akademischen* und den *naturalistischen.*

Der erste Weg ging nicht auf die Natur zurück, sondern auf die großen Meister. Er hielt sich an die göttliche Formgebung Rafaels, an die Zeichnung Michel Angelos, an das Kolorit der Venezianer, an das Helldunkel Correggios und suchte daraus, indem er die starken Seiten aller zusammenfasste, einen vollkommenen Stil zu bilden. Dies ist der

Weg der Schule von Bologna, der Weg, den die Carracci als Maler und Lehrer betraten und durch welchen sie den größten Einfluss auf die nachfolgenden Kunstgenerationen ausübten. Man muss zugestehen, dass es im Gegensatz zu der Barocke eine Erhebung war und dass dieser Weg von den Auswüchsen jenes Stils befreite und den Geschmack zur Reinheit wieder zurückführte, ja dass er die Malerei weit länger vor der erneuerten Abgeschmacktheit bewahrte, welche Skulptur und Baukunst im 17. Jahrhundert trafen. Aber auf diesem Wege der eklektischen Imitation konnte doch kein großer, kein originaler Kunststil geschaffen werden; ihn charakterisiert mehr die Abwesenheit von Mängeln als das Vorhandensein von Vorzügen; Allgemeinheit der Formen und Allgemeinheit des Kolorits und darum eine gewisse langweilige Mittelmäßigkeit, verständige Berechnung und überlegte Mache statt Frische und Kühnheit, akademische, schematische Nüchternheit mussten das Resultat sein.

Der zweite Weg, der *naturalistische,* war entschieden kühner und originaler, aber er entartete nach jeder Seite hin in Verwilderung und Rohheit, und zwar schon von Anfang an bei Caravaggio, dem wilden und leidenschaftlichen Haupt dieser Schule. Wohin einzelne Künstler der Niederlande erst später kamen, die Gemeinheit der ganzen Auffassung und Formenbehandlung, damit begann Caravaggio. Er hatte nicht nur Vorliebe für Genreszenen aus dem niederen Volk, für Figuren von Spielern und Räubern, er zog auch die heiligen Personen in den Kreis und die Atmosphäre dieser Lebensschichte herab. Den unheimlichen Eindruck, den diese Gestalten bieten, erhöhte er noch durch den dunklen Grund und die grellen Lichter, die er über sie ausgoss. Das Bestreben möglichst natürlich in der Darstellung der Heiligen zu sein, verleitete ihn und seine Nachfolger zu Plattheiten und Gemeinheiten des Geschmacks Caravaggio z.B. malt zwei hässliche Nätherinnen und meint damit die Erziehung der Jungfrau durch die heilige Anna. Bei der Auferweckung des Lazarus, bei der Grablegung Christi müssen sich einige Personen die Nase zuhalten, um durch diese derbsinnliche Art der Darstellung das Wunder umso größer erscheinen zu lassen. Wenn einmal Tode zum Leben erweckt werden, so scheint es uns, ist das Wunder groß genug; ein bisschen länger oder kürzer tot, macht dabei keinen Unterschied. St. Thomas rührt nicht die Wundmale des Herrn an, sondern er schiebt seine Finger tief hinein, und bei der Hinrichtung der heiligen Katharina wählt sich Caravaggio gerade den Moment der Enthauptung selbst, um den Kopf in der grässlichsten Verzerrung zu zeigen Überhaupt ist die Vorliebe für das Grässliche und Blutige, wie sie in Deutschland der dreißigjährige Krieg erzeugte, eine nicht unwesentliche Seite des Geschmacks in Italien, und es entstammen demselben viele Bilder mit dem bethlehemitischen Kindermord und zahllose Martyrien der Heiligen, in denen förmlich ein Schauspiel von Metzgerarbeiten aufgeführt wird.

Hält sich hier die Sucht, alle heiligen und übermenschlichen Dinge möglichst handgreiflich und natürlich darzustellen, an die niedere Sphäre des Lebens, so übertragen andere in gleichem Streben das Zeremoniell der vornehmen Lebenskreise auf die himmlische Welt. Die heilige Jungfrau erhält einen förmlichen Hofstaat; wie sie um den Tod ihres Sohnes trauert, machen sämtliche Apostel ihr eine Kondolenzvisite, Petrus kniet vor ihr als Wortführer und wischt sich mit dem Sacktuch die Tränen ab. In der Krönung Mariens von Allori küsst die Mutter in Ergebenheit dem Sohne die rechte Hand; auch der heilige Antonius von Padua muss sich fortan bescheiden: er darf das Christuskind nicht mehr auf den Arm nehmen, sondern er erhält nur die Erlaubnis zum Handkuss.

Es ist merkwürdig, wie sich im Lauf des 17. Jahrhunderts diese gemeine Natürlichkeit der Kunst mit der Sucht nach Affekten verbindet. In Form und Auffassung ist das Ideale aufgegeben, in der Ekstase und Verzückung der Heiligen möchte man über das Menschliche wieder hinausgehen. Die gefalteten Hände, die himmelnden Augen, die schmachtend sentimentale Haltung des Kopfes werden jetzt Modesache. Es kommt förmlich ein neues Genre von Heiligenbildern auf, die „Sehnsuchtshalbfiguren", wie Burckhardt sagt, Brustbilder von Heiligen, welche in inbrünstige Sehnsucht, in schwärmerische Andacht, in ein Gefühl, in welchem sich Schmerz, Hingebung und Wonne mischen, versenkt und verloren sind. Auch die Madonna verliert ihr Kind und wird zu einem solchen Sehnsuchtsbilde, während der schlichte Christuskopf zum dornengekrönten Ecce homo wird, davon Carlo Dolce den Typus schuf. Von diesen kleinen Bildern steigert sich die Ekstasenmalerei zu großartigen Altargemälden mit Visionen und den Glorifikationen von Heiligen, die am Ende in Verbindung mit dem Baustil der Jesuiten von allen Wänden, insbesondere aber von den Plafonds der Kirchen Besitz nehmen, wo sich mit Rohheit und Interesselosigkeit des Details und mit überkünstlicher Perspektive ein ungeheurer bombastischer Schwulst in der Malerei ergeht. Auch auf die weltliche Architektur geht, wie wir später näher sehen werden, die Perspektiven-Malerei über. Die Malerei wird in dieser Richtung zur reinen Dekoration und verliert den Charakter der hohen und freien Kunst.

Ganz zu demselben Resultat gelangte die *Skulptur*. Anfangs zeigte sich diese Kunst wenig ergriffen von der neuen Richtung am Ausgang des 16. und im Anfang des 17. Jahrhunderts und sie kam durch die naturalistische Periode hindurch, ohne bedeutend von diesem Geiste anzunehmen. Teils lag die Ursache in der Gewalt Michel Angelos, welche fort und fort nachwirkte, teils wohl darin, dass weitaus die bedeutenderen Talente sich der alles beherrschenden Malerei zuwandten. Erst als das Natürlichkeitsprinzip sich mit der Darstellung der Affekte oder vielmehr der Affektation verband, gelangte die Skulptur auf Grundlage dieser Verbindung zu einem neuen Stil, der an Barockheit seinen Vorgänger, an Verwilderung die gleichzeitige und gleichartige Malerei und endlich an Massenhaftigkeit der hinterlassenen Kunstwerke alle vorausgegangene Bildhauerei übertraf. Der große Meister, der in diesem Sinne den Ton angab, und ein halbes Jahrhundert die Skulptur beherrschte, war *Bernini.*

Seine Skulpturrichtung welche seine Schüler und Nachfolger, zumal die Franzosen unter ihnen, nur übertrieben wetteifert in allen Dingen mit der Malerei und musste dadurch nur um so widerlicher werden, als ihr Abstand von den wahren Prinzipien umso größer war, je enger die künstlerischen Grenzen der Skulptur gezogen sind.

Die Skulptur ist an den Stoff gebunden und Ruhe und Gleichgewicht ist ihr erstes Gesetz. Nun aber sollte sie gerade leidenschaftliches Leben, dramatische Bewegung in möglichst natürlicher Weise darstellen, oder wenn das nicht möglich, selbst auf Kosten der Natur. Bernini macht jetzt den David im Moment des Schleuderns, wie alle Muskeln auf das Höchste angespannt sind. Die gequälten und gemarterten Heiligen krümmen und winden sich wie Würmer in ihren Schmerzen;

diejenigen, welche in Ekstase geraten, verrenken den Körper, werfen die Arme hinaus und legen den Kopf zurück mit dem Blick nach oben, dass man vom Gesicht nur die Nasenlöcher und die Augenbrauen sieht. Dahin muss notwendig die Skulptur in Übertreibung des Malerischen kommen, weil ihr nicht dieselben Mittel zum Ausdruck des inneren Gefühls zu Gebote stehen, wie der Schwesterkunst. Die Aufgabe, die dem Künstler bei der Größe der Anforderungen in dieser Art gestellt wurde, war oft nicht gering; Bernini z.B. mochte seinen Erfindungsgeist schon anstrengen, als er zu solcher Heiligenfiguren, welche die Kolonnaden von St. Peter in Rom schmücken sollten, die Entwürfe zu machen hatte.

Wenn das Natürlichkeitsprinzip soweit ging, dass es den Heiligen ihre Attribute in natürlicher Größe beigab, dass St. Lorenz z.B. einen mannslangen Rost erhielt, auf dem er wirklich hätte liegen können, während ihm früher andeutungsweise ein ganz kleines Röstlein genügte, so musste die Skulptur andrerseits zu Gunsten der gewaltsamen Bewegung über die Natur hinausgehen. Das war bei der Gewandung der Fall. Motivierung derselben durch die körperliche Bewegung oder gar die Andeutung der Glieder unter derselben, das gab es nicht mehr. Der Körper war ein selbstständiges Ding und das Gewand ein anderes, welches willkürlich hinausgeschwungen wurde, wie flatternd im Sturme.

Ist das alles schon unerträglich bei Einzelfiguren, so wirkt es vollends widerlich in Gruppen, und grade hierin suchten Bernini und die Seinen ihren Triumph. Was schon die Barocke des 16. Jahrhunderts versucht hatte, nämlich auf Pfeilern stehende Einzelfiguren in dramatische Beziehung zu setzen, das wurde jetzt zum Prinzip, selbst einzelne Heilige erhielten wenigstens ein Kind zu ihren Füßen, mit dem sie eine Konversation führen konnten. Solcher Wetteifer mit der Malerei führte förmlich zur Stellung lebender Bilder, welche Nischen, Altäre und ganze Wände einnahmen. Die Figuren standen auf dem Marmor, welcher den landschaftlichen Grund nachahmte; über ihnen schwebten die marmornen Wolken, auf denen die Glorie der Heiligen und der Engel, wiederum in Hochrelief, erschien. Die Höhe des Unsinns bezeichnet diese Wolkenskulptur, welche sich auf freien Plätzen als Denkmäler und Denksäulen aufbaut, umgeben von einer Schaar herumkletternder und herumflatternder Engel, während oben auf der Wolkenspitze irgend eine heilige Scene theatralisch sich abspielt. Schließlich fing man denn in den Kirchen an, um an der Natürlichkeit auch gar nichts mehr fehlen zu lassen, die Figuren wieder anzumalen und ihnen glänzende Kleider anzuziehen. Damit war denn die Skulptur einerseits gleich der Malerei zur Dekoration, andrerseits zur Puppenfabrikation herabgesunken.

Noch mehr Widerstand als die Skulptur hätte die Architektur diesem Geiste setzen sollen, weil ihre Regeln noch strenger und gebundener sind. Aber als die Neigung zu einer kälteren und nüchterneren Auffassung der Antike zurückzukehren, welche nach der ersten Barockperiode eintrat, überwunden war, geriet auch sie in das wildbewegte Leben hinein. Von dem Satze ausgehend, dass die runde Linie absolut schöner sei als die grade, gaben die Architekten die grade Linie, welche doch durchaus die Grundlage aller Architekturgesetze bildet, überall auf, wo sie irgend konnten, und führten die gebogene ein. So schweifte sich denn der Grundriss, die Fassaden bogen sich ein und heraus, die Giebel bäumten sich und brachen sich und die abgebrochenen Enden bogen sich in Schnecken zusammen, Gesimse schwangen sich in Wellenlinien, die Säulen drehten sich wie Taue, die Türme krümmten sich zur Zwiebelgestalt zusammen oder wanden sich gar in der Spirale.

Alles war nur auf den Schein berechnet, auf eine gewisse betäubende Wirkung für die Sinne, und man muss zugestehen, dass diese erreicht wurde. Vorspringende Pfeiler, Halbpilaster und Viertelpilaster wurden im Äußern und Innern massenhaft verwendet, um durch das Zurücktreten derselben gewissermaßen den Blick in Perspektiven zu eröffnen und so den Eindruck größerer Räume hervorzubringen. Zu Gunsten dieser Großräumigkeit und massenhafter Entfaltung von Dekoration wurde die dreischiffige Basilikenform aufgegeben und die Pfeiler und die Säulen wurden als Verzierung oder zur Nischenbildung an die Wand gesetzt. So bildeten die Kirchen jetzt einen einzigen Raum mit weitgespanntem Tonnengewölbe oder flacher Decke, welche für die perspektivische Malerei der Glorifikationen von Heiligen, für die Darstellung des ganzen Himmels und der himmlischen Heerschaaren prachtvolle Flächen entfaltete, während an den Wänden in den Räumen zwischen den vortretenden Pfeilern sich die Marmorskulpturen von Bernini und seinen Nachfolgern breit machten.

Was hier an kirchlichen Gebäuden im Großen sich aussprach, fand im kirchlichen Gerät noch viel schärferen Ausdruck. Für Ostensorien und Reliquiarien konnte man die alten Formen gar nicht mehr brauchen; man musste dem Beschauer gleich einen blendenden Glanz in das Gesicht werfen und umgab daher die Monstranz sonnengleich mit einem Strahlenkranze, dessen einzelne Strahlen hinauszuckten und wie Flammen züngelten. Insbesondere wurde der Altar, als der Zentralpunkt der Kirche und des kirchlichen Lebens, auch am glänzendsten von diesem Geiste der Kunst bedacht. Die gedrehten Säulen wurden bei ihm völlig Regel; die geschwungenen Gesimse, Giebel und Bekrönungen spotteten aller Regel und Symmetrie; Steinblöcke schweiften und krümmten sich, als wären sie von Wachs oder wie flatternde Gewänder; in Bildern, in Einzelfiguren, in Hochreliefgruppen mit Marmorwolken und Scharen von Kindern trieb hier der Geist der Ekstase, der Visionen und Martyrien ein unerschöpfliches Spiel.

Überhaupt, wenn man den Geist dieses zweiten und potenzierten Barockstils, den man auch wohl den Jesuitenstil nennt, würdigen will, muss man die Gesamtwirkung, das Ineinandergreifen von Malerei, Skulptur und Architektur zu einen gemeinsamen Effekte bedenken. Denn das lag vollkommen in der Absicht der Erbauer, eines Bernini, Borromini, Domenichino und anderer, jedenfalls bedeutender Meister, welche sich auf mehr als eine Kunst verstanden, wie denn Bernini berühmter als Bildhauer ist, Domenichino als Maler. Hierin machten sie es ganz wie die großen Meister der Renaissance, und sie erreichten auch ganz entschieden eine höchst bedeutende und harmonische Wirkung – aber welch ein anderes Resultat, welche Wirkung und welche Harmonie! Es war ein einziges Kunstwerk, welches sie lieferten, ein Werk aus einem Guss, aber alle Effekte darin waren auf das äußerste angespannt und übertrieben, alle Instrumente musizierten, sozusagen im *fortissimo,* sodass endlich ein Lärm entstand, der die Sinne betäubte.

Man hat, wie gesagt, diesen Stil als den *Jesuitenstil* bezeichnet und es ist etwas Wahres daran, jedoch nicht in dem Sinne, als ob die Jesuiten die Erfinder desselben gewesen wären oder einen besonderen

Stil für sich gehabt hätten. Es trifft aber dieser Geist der Kunst, der in der Kirche seine höchsten Triumphe feiert, mit dem Bestreben zur Wiedererweckung des katholischen Lebens, davon die Jesuiten die Führer und Vorkämpfer waren, völlig zusammen. Sie verschmähten es nicht zur Neubelebung des religiösen Gefühls auch auf die Sinne zu wirken und fanden grade dazu in der vorhandenen Kunstrichtung ein entsprechendes Mittel. In jedem Fall waren sie die Protektoren derselben; ihre Kirchen zeigen sie im blühendsten Gepräge; sie selbst übten sie als Künstler über die ganze Erde hin, bis mitten unter den Chinesen, deren originale Kunst sie verdarben; und endlich kam ein Mitglied ihres Ordens, der Pater Andreas Pozzo, fasste die neuen Prinzipien zu einer Art Theorie zusammen und brachte so Methode in den Wahnsinn.

Dass ein solcher Geschmack grade in dieser Zeit entstehen konnte, nimmt uns nicht Wunder, ja wir finden ihn natürlich und zeitgemäß, wenn wir nur den Leuten in das Gesicht schauen, das sich damals mit der riesigen Allongeperücke umrahmte. Der Geist, der sich dieses sinnlose Haarungeheuer auf das Haupt setzte, musste notwendig im Geschmack geschwollen und bombastisch sein. Man hat daher auch diesen zweiten und potenzierten Barockstil mit vollem Recht den Perückenstil genannt, jedoch mehr mit besonderer Beziehung auf die Geburtsstätte dieser unübertroffenen Mode, auf Frankreich, welches von der Mitte des 17. Jahrhunderts an, erstarkt in seiner Kultur, die Leitung des allgemeinen Geschmacks im zivilisierten Europa übernimmt.

Der erste Barockstil hatte *Frankreich* in einer unglücklichen Periode getroffen. Grade war es daran mit seiner Kultur eine Art Reinigungs- und Entwicklungsprozess vorzunehmen, eine Periode der Kunst, der Literatur, der Poesie, der Wissenschaft zu entfalten, darnach der Drang alle Stände vom Thron herab erfüllte, als in der zweiten Hälfte des 16. Jahrhunderts die religiösen Kriege hereinbrachen. Die Folgen dieser Kriege, die alle Leidenschaften weckten und alle edlen, humanen Gefühle erstickten, die nur Hass und Mordlust in den Herzen entzündeten, die zugleich den Wohlstand des Landes vernichteten oder wenigstens jeglichen Aufschwung hemmten, sie mussten im Verein mit dem barocken Geschmack, der Frankreich von allen Seiten, von Italien, Deutschland, den Niederlanden und Spanien aus umgab, der neuen Kulturströmung eine durchaus schiefe und verkehrte Richtung geben. Der barocke Geschmack, der dadurch in Frankreich entstand, war daher nicht ohne Eigentümlichkeit, namentlich auf den Gebieten des literarischen Lebens.

Die Franzosen haben immer eine Neigung zu einer gewissen gezierten Grazie gezeigt, diese nahm auch der damalige Geschmack an. Man trug dieselben Moden, wie wir sie in Deutschland und Spanien haben kennen lernen, aber sie waren in Frankreich, wenn nicht übertrieben, doch weit affektierter, stutzerhafter und karikierter. Die Ornamente zeigen mehr Kleinlichkeit, Ziererei und Phantastik, als das plumpe, überladene Ornament der damaligen Barocke. Die Figuren sind magerer, schlanker und lang gestreckt in den Gliedern, darum aber nicht minder gespreizt in Haltung, Stellung und Bewegung als anderswo. Am sonderbarsten nahmen sich die Sprache und die Poesie aus. Das mit dem Wiederausleben des klassischen Altertums neu erwachte wissenschaftliche Leben hatte eine Menge neuer Begriffe und Gedanken gebracht, für welche das alte Französisch keinen Ausdruck besaß. Man half sich nun, indem man teils aus den Volksdialekten, teils aus dem Griechischen und Lateinischen, aus dem Italienischen und Spanischen eine Menge Wörter entlehnte und sie unter das Französische mischte. Diese Mischsprache wurde die Sprache der Wissenschaft und der Kanzel, der gerichtlichen Beredsamkeit, der gesellschaftlichen Konversation und der Poesie. Unter dem Einfluss des barocken Geschmacks wurde aber alsbald das Bedürfnis zur Modesucht und die Poesie, die Kunst der Liebe und des Herzens, redete nun eine so sonderbare, gesuchte und größtenteils für einen jeden, der nicht gelehrter Grieche oder Lateiner war, so unverständliche Sprache, dass diese Erscheinung zu den größten Abgeschmacktheiten der Barockperiode gehört. Grade wie in Spanien der Gongorismus, den wir haben kennen lernen, bildete sich in Frankreich eine ähnliche, aber weit einflussreichere Dichterschule unter Anführung Ronsards, welchem eine Reihe von namhaften Schülern folgte, die man seine Plejaden nannte. Wenn wir hiermit die Architektur, namentlich die kirchliche vergleichen, so führte sie eigentlich mit ihrer sonderbaren Verbindung von gotischen und antiken Elementen keine andere Sprache.

Dieser Geschmack dauerte bis gegen den Ausgang des 16. Jahrhunderts. Damals traf es sich so glücklich für Frankreich, dass, als anderswo der naturalistische Rückschlag erfolgte, der in Italien zur Verwilderung, in den Niederlanden und in Spanien zu einer neuen und echten Blütenperiode der Malerei führte, in Frankreich zu gleicher Zeit friedliche und gesegnete Zustände eintraten. Als Heinrich IV. nach der Schlacht von Ivry seinem Lande den Frieden gab, durch das Toleranzedikt die Religionsübung sicherte, durch vernünftige Freiheit die Parteien beruhigte, endlich eine in staatsökonomischer Beziehung ausgezeichnete Verwaltung einführte, da begann in Frankreich eine Blüte der Kultur sich zu entfalten, welche es binnen einigen Jahrzehnten allen Ländern in allen Zweigen voran stellen sollte, nachdem in Italien die echte künstlerische Produktionskraft sich in den aus gequälten Kunstwerken des Jesuitenstils völlig erschöpft hatte, und nachdem in den Niederlanden die schnell emporgeblühte Rubensperiode fast ebenso schnell wieder erloschen war.

Der Aufschwung, der das Kulturleben Frankreichs seit jener Zeit ergriff, war ein allseitiger, jedoch betätigte er sich weit mehr auf dem Gebiete der Literatur als dem der Kunst, wenn auch diese einzelne große Erscheinungen von klassischer Reinheit und Vollendung hervorrief. Die ganze geistige Richtung drängte vorwiegend dem literarischen Leben zu und man kann sagen, die ganze Nation, insbesondere aber die höheren Stände, nahmen Teil an jener großen Aufgabe, an der Ausarbeitung der französischen Sprache, die erst vollendet sein musste, bevor sie eine Weltliteratur schaffen konnte. Diese Arbeit geschah in der ersten Hälfte des 17. Jahrhunderts.

Im engsten Zusammenhang mit diesem literarischen Geschmack steht die Entstehung und Ausbildung des französischen Salons und der französischen Konversation, deren Gründerin die Marquise Rambouillet ist. Diese Dame, ausgezeichnet durch alle Vorzüge des Herzens und des Geistes, durch Liebenswürdigkeit und Schönheit, wie durch Bildung und Wissen, vereinigte alltäglich länger denn dreißig Jahre hindurch in ihrem Hotel alles, was Paris, ja was Frankreich an hoher Geburt und Schönheit, an feiner Bildung, an Talent und Wissen besaß. Hier trafen sich Angehörige des königlichen Hauses und die Männer der Wissenschaft, die hohen Geistlichen und die gelehrten Staatsmänner und Juristen, die großen Künstler und Dichter und vor allem auch die schönen Frauen. Hier entstand der freie, ungezwungene Konversationston, hier war die Schule der feinen Manieren, welche binnen wenigen Jahrzehnten das übrige Europa so begierig war von den Franzosen zu erlernen, von hier ging aber auch der Geschmack an den schönen Künsten, die Sammelliebhaberei aus, die damals förmlich zur Mode wurde. Die Marquise Rambouillet selbst war Liebhaberin, ihre Räume waren mit Kunstgegenständen aller Art angefüllt. Sie hatte ihr Haus für den gesellschaftlichen Zweck neu aufgebaut, die Räume besonders nach eigner Wahl, anders als es Sitte war, angeordnet, um eine längere Flucht von Zimmern zu gewinnen, und sie hatte den Schmuck der Wände und die innere Ausstattung selbst angegeben oder gezeichnet. Was sie hier geschaffen, galt als Muster des Geschmacks und wurde nicht bloß im Einzelnen nachgeahmt, sondern es entstand überhaupt seit dieser Zeit und nach ihrem Beispiel die Lust unter den Vornehmen und Reichen sich die Wohnungen und Paläste zum Zweck der neuen Art von Geselligkeit behaglicher, bequemer und reicher einzurichten. Das war natürlich auf die Entfaltung der Kleinkünste, zunächst in Frankreich, von großem Einfluss, nur dass leider nicht ein reiner ornamentaler Geschmack mit dem gesteigerten Bedürfnis zusammentraf.

Wenn es in den Niederlanden und in Spanien, zum großen Teil auch in Italien vorzugsweise die wiedererkannte Natur war, welche den Geschmack in Kunst und überhaupt in der Kultur bedingte und dort den Aufschwung charakterisiert, so nahm derselbe in Frankreich vielmehr eine *ideale* Richtung an. Allerdings so gut wie hier die Barockzeit vo0m Wege der Natur abgewichen war, so gut musste auch die nachfolgende Zeit wieder die verlorene Spur der Natur aufzufinden suchen, und es spricht sich das in mehrfacher Weise deutlich aus. Nicht bloß, dass die Sitten, der Umgangston, die Konversation freier und natürlicher wurden, die geschraubten Redensarten der Barockzeit sich in einfache, feine Höflichkeit verwandelten, nicht bloß, dass die Tracht gleich derjenigen Deutschlands allen Schwulst, alle Ausladungen und Steifheiten ablegte und sogar etwas von dem kriegerisch-malerischen Geiste annahm, selbst die spitzenbesetzten Stiefel mit in den Salon brachte, nicht bloß in solcher mehr indirekten Weise zeigt sich die Rückkehr zur Natur in Frankreich, obwohl diese Richtung neben der idealistischen anhielt und später noch einen Moliere erzeugte, als der Idealismus schon seine Karikaturen neben sich hatte. Das deutlichste Zeugnis ist die jetzt entstehende Vorliebe für das Land, für Landleben, Gartenbau, überhaupt für die freie Natur, die in der Literatur wie in der Kunst sich ausspricht, mit den Schäferromanen beginnt und in den Landschaften der beiden Poussin gipfelt.

Der Geschmack an der *Schäferpoesie,* die in Spanien beginnt und am Schluss der Barockperiode mit Honoré d'Urfés berühmter Asträa auch in Frankreich aufblühte, ist immer das Zeichen eines Übergangs aus einer entarteten Zeit in eine einfachere und mehr naturgemäße. Dem Charakter nach gehört sie allemal (wir werden ihr später noch einmal begegnen) noch der Periode der Entartung an, denn nichts kann unwahrer sein als diese Art Natur, die in ihr geschildert wird, nichts unwahrer als diese Naturkinder von Hirten und Hirtinnen, die nur in weinerlicher Sentimentalität die Unschuld des Paradieses erheucheln, die süß, zärtlich und galant tun, als hätten sie von Kindheit auf in der parfümierten Luft des Hofes und des Salons gelebt, nicht die Frische des Waldes, den Duft der Wiesen und Felder, die Atmosphäre der Viehställe geatmet. Zugleich aber verkündet dieser Geschmack die vielleicht noch unbewusste Unbehaglichkeit und Unzufriedenheit mit den vorhandenen Zuständen. Es ist eine Art von Weltschmerz über die Verbildung und Falschheit der Zeit, welche sich in sentimentaler Wehmut, in dem Suchen nach einer besseren, reineren und einfacheren Natur ausspricht. Einerseits in diesem Suchen nach der Natur, andererseits in den falschen Formen, darin sich dasselbe darstellt, findet damals die Schäferpoesie ein vollkommen zutreffendes Seitenstück in den fein ausgeführten blaugrünen Landschaften des Samtbreughel, denen auch die idyllische und paradiesische, aber der Naivität und der Wahrheit ermangelnde Staffage nicht fehlt. In Frankreich wurde das Vergnügen an „Bergerien", wie man alle literarischen und poetischen Erzeugnisse dieser Art nannte, so stark, dass ein solcher Schäferpoet, nachdem er sich lange genug mit seinen dichterischen Gedanken in der Schäferwelt bewegt hatte, endlich selbst unter die Hirten ging, eine Herde hütete und sich eine Hirtin zugesellte. Selbst Bücher, die den Landbau wissenschaftlich behandeln, wie Olivier de Serres berühmtes und folgenreiches Buch[1]; das noch unter Heinrich IV. erschien, tragen in Auffassung und stilistischer Behandlung den sentimentalen Schäfercharakter.

Wie hoch haben sich über solche Auffassung der Natur beide *Poussin* in ihren Landschaften emporgeschwungen! Sie suchen nicht mehr nach der verlorenen Natur, sie haben sie wiedergefunden und erobert und sie beherrschen sie; sie ergeben sich nicht in treuem, innigem Anschluss an die Natur: die Natur ergibt sich ihnen. Sie sind mit dem vollsten Verständnis in die Tiefen, in die Mysterien der Natur eingedrungen und sie überschauen sie von oben her im weiten Umkreis mit dem Blick des Adlers. Darum sind sie im Stande, die Natur neu und selbstständig zu schaffen nach ihrem eigenen künstlerischen Gefühl, ohne im Mindesten ihren Gesetzen, ihrer Wahrheit untreu zu werden Was sie schaffen, das ist die Natur, aber aufgefasst und wiedergegeben mit dem Auge eines großen idealisierenden Künstlers.

So trifft hier in der französischen Landschaftsmalerei mit der Hinneigung zur Natur der andere und weitaus bedeutendere Charakterzug des französischen Geistes dieser Zeit zusammen, der Idealismus. Ihm huldigten die größten Geister, ihm die ganze Nation und selbst ein solcher absolutistischer, aber erleuchteter und weiser Regent wie Richelieu, der sich selbst für einen großen Tragödiendichter hielt und mit Corneille zu wetteifern glaubte, nährte und stärkte ihn nur. Ein idealer, heroischer Schwung war es, der dem jungen Condé mit zwanzig Jahren seine erste Schlacht gewinnen half und ihn dann von Sieg zu Sieg führte, Idealismus war es, der damals in der französischen Geistlichkeit lebte und durch ihren Eifer und ihre Aufopferung hunderte von wohltätigen Instituten in das Leben rief. Diese Richtung des Geistes war es, welche die ganze gebildete Gesellschaft, insbesondere das Hotel Rambouillet absichtlich und unabsichtlich an der Ausbildung der Sprache und des Stils mitarbeiten ließ, welche die Prosa, die Poesie, die Rede der Kanzel und der Gerichtsschranken von der dunklen, geschwollenen Mischsprache der Ronsardischen Periode befreite und statt der hohlen Phrasen die wahren, natürlichen, aber beredten und edlen Worte des Herzens und der Vernunft ertönen ließ.

1 Le théâtre d'agriculture et mesnage des champs.

Auf diesem Wege des Geistes treffen wir den Philosophen Descartes, der sich dem Materialismus der Engländer gegenüber stellt und dem Geiste sein Recht zurückgibt, indem er ihn, und das bildet den Ausgangs- und Angelpunkt seiner ganzen Philosophie, als das einzig Sichere und Gewisse bestimmt. Dies war der Weg, der das Schauspiel von den Rohheiten und Wildheiten des 16. Jahrhunderts der Form wie dem Inhalt nach befreite, es in feste Formen band und es in schnellem Schwung auf die ideale Höhe eines Corneille erhob. Ohne diese Zeitrichtung in Betracht zu ziehen, würden wir bei diesem Dichter die klassisch gebundene Form, das hohe Pathos, die edle, würdevolle Sprache, die Reinheit und Erhabenheit der Gedanken, kurzum, eben den idealen Charakter nicht begreifen können.

Was Corneille in der Poesie, das sind Lesueur und Nicola Poussin in der Malerei, insbesondere der letztere, den wir so eben als den Idealisten in der Landschaft haben kennen lernen. Poussin vertritt durch und durch diese ideale, poetisch-philosophische Betrachtungsweise des französischen Geistes, er ist der Maler des Gedankens, aber des reinsten, erhabensten Gedankens. Die klassische Reinheit seiner Formengebung, die wunderbare Ruhe, die über seinen Kompositionen liegt, der große Stil seiner Zeichnung, der große und doch ruhige Schwung der Gewandung, die Schönheit der Gestalten und das Edle und Maßvolle des Ausdrucks, wie kontrastiert das alles mit der Übertreibung und Leidenschaftlichkeit vor ihm und dem Schwulste nach ihm, und wie harmoniert es mit dem gleichzeitigen Idealismus der Poesie und der übrigen schönen Literatur! Strenger, aber herber auch als Poussin ist noch Lesueur, der jünger war und bereits mit dem nachfolgenden Geschmack vergebens zu konkurrieren hatte. Einsam und ernst schuf er in klösterlicher Zurückgezogenheit seine frommen Bilder, aber die Zeit ging über ihn hinweg und beachtete ihn nicht.

So erkennt man in Frankreich in der ersten Hälfte des 17. Jahrhunderts überall eine Reinigung des Geschmacks in edler, selbst idealer Richtung, aber sie reichte doch nicht hin, um einen neuen Stil der Kunst, zumal in der Ornamentik, bleibend einzuführen. Die Ursache lag wohl teils darin, dass das Hauptinteresse der Nation doch vor allem der Literatur zugewandt war, und teils war der Zeitraum, der dazu gegeben war, zu kurz; ehe die Nation sich in der Kunst so recht fassen konnte, brach der neue italienische Geschmack des 17. Jahrhunderts über die Alpen nach Frankreich herein und verschmolz sich mit dem Geiste Ludwigs XIV. Poussin und Lesueur, so vollständig sie auch aus dem französischen Geiste der Zeit hervorgegangen sind, blieben doch unter den Künstlern allein in ihrer Reinheit und Größe. Die Menge der Künstler, unbedeutend und ohne Originalität, folgten der Zeitströmung, indem sie zuerst kalt und nüchtern sich wieder an die strenge Antike anlehnten und später der erneuten Barocke sich hingaben. Vor ihnen floh Poussin nach Italien, um auch dort, obwohl bewundert, doch einsam zu stehen, und Lesueur in die stillen Klosterräume, die bald sein Grab wurden.

Der Idealismus musste einmal – es ist das der naturgemäße Weg der Geschichte – zu einer Art von hohlem, falschem Pathos führen und die Travestie erzeugen, aber dieser Wechsel des Geschmacks trat sehr früh in Frankreich ein. Wäre Ludwig XIV. noch unter Richelieu und zu der Glanzzeit des Hotel Rambouillet aufgewachsen, vielleicht hätte er besseres Kunstverständnis gelernt und hätte den reineren Geschmack noch länger aufrechterhalten, aber seine Lehrzeit fiel in die unruhige Periode der Fronde und des Kardinals Mazarin. War damals schon der Stern des Hauses Rambouillet unter der alternden Marquise im Erbleichen, so sprengte noch die Fronde, dieser Parteienkrieg des Adels mit der Regierung, die vornehme Gesellschaft völlig auseinander. Es gab keinen anerkannten Richterstuhl mehr, der über den guten Geschmack hätte wachen können; ein jeder war seinem eigenen, wahren oder falschen Verständnis überlassen.

Wie der Geschmack nun auf literarischem Gebiete zur Karikatur wird, zeigt die Geschichte des Salons. Zu jener Zeit, als die vornehme Welt und zum guten Teil auch die Schaar der Schöngeister, welche sich an sie angeschlossen hatte, durch die Fronde für eine gute Weile zerstoben war, da war der Salon bereits Mode geworden; die Bourgeoisie hatte ihn nachgeahmt und ihr blieb nun das Feld einzig überlassen. Aber ihr fehlte die angeborene und anerzogene Leichtigkeit des Lebens, der Manieren und des Geistes; die beflügelte Konversation, die leichtbeschwingte Pfeile des Witzes oder treffender Bemerkungen hinüber- und herüberschoss, die war ihr nicht gegeben; die Bourgeoisie sah das Wesen der Konversation in dem Stoff der Unterhaltung, nicht in der Art, wie darüber gesprochen wurde. Sie erkannte, was allerdings richtig war, dass die Literatur eine große Rolle im „blauen Salon" der Marquise Rambouillet gespielt hatte. Sie machte aber nun die Literatur zum Ein und Alles. So entstand der spezifisch literarische Salon um die Mitte des 17. Jahrhunderts, der rein bürgerlich war und aus Mangel an großen Geistern, welche dem Bedürfnis mit Konversationsstoff hätten genügen können, notwendig zur Karikatur herabsank.

In diesen literarischen Salons, deren es bald eine große Menge gab, musste alles gelehrt oder poetisch sein. Wollen wir einer Schilderung der Mademoiselle Scuderi glauben, so hielt sich eine Dame, die einen solchen Salon leitete, fünf oder sechs Lehrmeister, von denen der mindest gelehrte sie in der Astronomie unterrichtete; fortwährend stand sie mit Gelehrten in brieflichem Verkehr und sprach auch nie mit ungelehrten Leuten. Auf ihrem Tische lagen beständig ein paar Dutzend Bücher, von denen sie immer eines in der Hand hielt, sobald jemand kam; daneben gab es Pinsel, Leier und mathematische Instrumente. Stets bemüht etwas Bedeutendes zu sagen, konnte sie nur Nichtigkeiten vorbringen, die sie in schweren, ernsten Worten aussprach. War die Gesellschaft beisammen, so wurden in pedantischer Weise gelehrte Fragen besprochen, schwierige Stellen der Griechen und Lateiner erörtert und nächtlicher Weile astronomische Untersuchungen angestellt. Natürlich mussten bei solcher Beschaffenheit des Salons Bombast und Schwulst der Rede, Geschmacklosigkeiten aller Art die Folge sein. Für die Mode gab es nicht Gelehrte genug; und die es wirklich noch waren, hielten sich für solchen Missbrauch zu gut. Deshalb spielten denn literarische Schwindler, aufgeblasene Menschen, dreiste Halbwisser die erste Rolle in dieser Art von Gesellschaft.

Nur *ein* Salon, der s.g. „Samstag" der Mademoiselle Scuderi, bewahrte noch eine gute Zeitlang, obwohl er wesentlich schöngeistiger Art war, die alte Freiheit, Leichtigkeit und Unbefangenheit der Konversation, weil er eben von denselben literarischen Größen und feinen, geistreichen Männern gebildet wurde, welche die Sterne des Hauses Rambouillet und die Gründer der französischen Akademien gewesen waren. Auf die Dauer aber konnte auch er nicht widerstehen, und namentlich war es eine Richtung, in welcher Mademoiselle Scuderi selbst wesentlich zum Verderben beitrug.

Diese Richtung ist das Preziösentum, wie man sie damals nannte. Das Wort ist nicht leicht zu erklären, da es verschiedene Dinge in sich begreift und seine Bedeutung mit der Entartung des Salons verschlechterte. Anfangs waren alle Besucher des Hotel Rambouillet, alle, die sich im Salon mit schöngeistiger Literatur beschäftigten, Preziösen und als solche führten sie angenommene Namen, die meist dem Altertum entlehnt waren. Dann aber trat mit der Entartung eine gespreizte Galanterie und Geziertheit der Sprache und der Gefühle hinzu. Im blauen Salon war die Galanterie nichts weiter gewesen als die freie, natürliche Huldigung an die Schönheit und das Ewigweibliche, bei den Nachahmern wurde eine Art System daraus gemacht und es schienen die Zeiten der Troubadours, aber in abgeschmackter Weise, wieder aufzuleben. Was Feinheit und Verehrung gewesen war, wurde Geziertheit und Sklaverei. Das Benehmen gegen die Damen sollte selbst in der Liebeswerbung bestimmten Vorschriften folgen. Das zufällige Begegnen, das langsame Bekanntwerden, die träumerische Melancholie, die Erklärung, das Beleidigttun, Verbannung und Versöhnung, die Abenteuer, die Eifersucht und ihre Qualen, die Querstreiche der Rivalen, die Schwierigkeiten von Seiten der Väter, Verzweiflung, Entführung und endliches Gelingen – das war alles im Lehrbuch des Preziösentums vorgeschrieben.

Indes blieb das nur die Geschmacksliebhaberei einer kleinen auserwählten Schaar. Schlimmer stand es mit der Geziertheit und Gespreiztheit der Gefühle und der Sprache, und in dieser Beziehung war Mademoiselle Scuderi durch ihre beiden Romane, Cyrus und Clölia, nicht ohne Schuld. Diese Romane entlehnen Namen der Personen und Länder aus Persien und dem alten Rom, in Wirklichkeit sind aber nur die Zeitgenossen der Verfasserin mit ihrer ganzen Art und Weise in Leben und Denken darin dargestellt. Die Verfasserin besaß ein großes Geschick in der Analyse der Gefühle und sie ergeht sich darin mit solcher Spitzfindigkeit und solcher Breite, dass sie notwendig in Empfindsamkeit und Gefühlsschwärmerei verfallen musste. Solche Gefühlsreflexionen, solches Räsonieren in Sachen des Herzens verbreitete sich denn wie eine ansteckende Krankheit. In der Clélie ging die Verfasserin selbst schon bis über die Grenzen, indem sie darin die Landkarte des „Königreichs der Zärtlichkeit“ aufnahm, welche einst in empfindsamen Stunden des Samedi entstanden war. In dieser Karte waren alle Ausdrücke von guter und böser Art, die etwa bei der Liebesgalanterie vorkommen, als Städte, Dörfer, Flüsse u.s.w. verzeichnet, und wer mit zur Farbe und Fahne dieses Landes schwor, der galt als Bürger des Reichs der Zärtlichkeit.

Die Ziererei der Rede ging durch alle Salons. Bald konnte eine Dame das Wort Liebe nicht mehr aussprechen hören und suchte sich selbst durch Umschreibungen zu helfen. Sogar die ersten Dichter wurden angesteckt, und wenn wir den der Zeit nach jüngeren Racine mit Corneille vergleichen, so werden wir der Reinheit und Erhabenheit des letzteren gegenüber bei dem ersteren eine größere Gefühlsreflexion, eine geziertere Sprache nicht unbemerkt lassen können. Nur Molière hielt tapfer Stand und brachte endlich dies ganze Preziösentum mit seinen literarischen, galanten und sentimentalen Abgeschmacktheiten zum Gespött der Menge auf die Bühne. Dass aber deshalb der Geschmack nicht natürlicher wurde, dafür sorgte Ludwig XIV. und sein Hof.

Der literarisch-bürgerliche Salon und das Preziösentum standen in höchster Blüte, als der hohe Adel aus der Fronde nach Paris zurückkehrte. Die goldene Zeit des Salons war vorüber und all den hohen Besuchern des Hauses Rambouillet blieb nichts übrig, angewidert von dem nachgeäfften Zerrbilde, welches die literarisch-bürgerliche Welt darbot, als sich an den Hof anzuschließen, oder wie einige der hohen Damen taten, in das Kloster zu gehen und dort wohl selbst Salon zu halten.

Der Hof, der unter Ludwig XIII. für den Geschmack und die Gesellschaft gar nichts gewesen war, hatte unter seinem heranwachsenden Sohn Bedeutung gewonnen und absorbierte alsbald so vollständig alle Zirkel des Adels, dass neben ihm nur noch die literarischen Koterien der bürgerlichen Welt existierten. Aller Einfluss auf den Geschmack geht nun vom Hofe, ja man kann sagen, allein von Ludwig aus. Er war die Sonne, welche die Strahlen über ganz Europa warf. Wie er von sich sagte: der Staat bin ich, so konnte er auch sagen, der Geschmack bin ich. Freilich stand er mit seiner ganzen Bildung unter dem Einfluss dessen, was vor ihm und mit ihm geworden war, und er konnte nur an die vorhandenen Formen anknüpfen, aber die weitere Entwicklung sieht immer ihn im Mittelpunkt.

Ein Zögling Mazarins und seiner Nichten war Ludwig XIV. unter dem Einfluss des italienischen Geschmacks ausgewachsen, und sowie sich die Kunst damals in Italien bis zur Mitte des 17. Jahrhunderts herausgebildet hatte, unter Borromini und Bernini, so stimmte sie zu seinem Charakter. Er wollte nicht bloß ein König *sein*, er wollte es auch *scheinen* und aller Welt durch königlichen Glanz imponieren. Er liebte die Pracht und den Prunk und den blendenden Pomp, und diesem Bedürfnis konnte freilich der italienische Geschmack, der nur betäubend auf die Sinne zu wirken suchte, vortrefflich genügen. Der ganze hohle, aufgeblasene, gespreizte Stil geht damit, wie wir im nächsten Abschnitt ausführlicher sehen werden, auf Frankreich über und er fand hier, wie die sozialen Zustände zeigen, bereits einen vortrefflich vorbereiteten Boden. Mit der Reinheit und dem Idealismus war es zu Ende und nur die Karikaturen davon waren noch übrig. Falschheit, Eitelkeit, Aufgeblasenheit treten an die Stelle und bilden den Hauptcharakterzug des Franzosentums unter der Regierung Ludwigs XIV.; was dieselbe in den ersten Jahrzehnten noch Gutes hervorbrachte, war nur die ausgegangene Saat aus der Zeit des großen Richelieu. Ludwig selbst, den die Lobhudelei der Zeitgenossen den Großen genannt hat, war von Anfang bis zu Ende eine große Heuchelei, ein kranker Leib mit Gold und Seide bedeckt, eine erborgte Würde, eine künstliche Größe, ein Regent, der im Anfang mit den Früchten der vorausgegangenen Regierung Erfolge errang, um schließlich Frankreich an den Rand des Verderbens zu bringen.

Nichtsdestoweniger wusste er in Sachen des Geschmacks die Welt hinter sich her zu ziehen. Aber die Welt war auch darnach. In Deutschland war durch den dreißigjährigen Krieg alles Kulturleben erlöscht, keine Kunst, keine Literatur, kein Patriotismus; England war gerade inmitten der Revolution; in den Niederlanden war die Kunstblüte im raschen Abwege begriffen; von Italien ging eben die Entwicklung auf Frankreich über; Frankreich selbst lag politisch und sozial seinem Herrscher willenlos zu Füßen, aber es hatte noch Leben und Schwung, und es konnte bereits, als eine Frucht der Idealperiode, Deutschland wenigstens eine Literatur bieten, davon dieses noch keine Ahnung hatte. So war es kein Wunder, dass Frankreich die allgemeine Herrschaft im Geschmack über Europa gewann, die von dieser Periode an datiert. Will man ein genaues Datum feststellen, so müsste man das Jahr 1655 annehmen, in welchem ein folgenreiches Ereignis eintrat. In diesem Jahr ernannte Ludwig XIV. auf einmal 48 Hofperruquiers, ein Staatsstreich, den die übrigen Höfe alsobald sich beeilten nachzuahmen. Nun vergingen nur wenige Jahre und die große *Staatsperücke*, das Symbol dieser Zeit, darnach sie auch benannt zu werden verdient, schwang ihr Lockenpanier über alle gebildeten Häupter.

Wollen wir ein Bild für den Geist und Geschmack dieser Zeit haben, die einerseits der Absolutismus und die Unterwürfigkeit, andrerseits Eitelkeit, Hohlheit, Falschheit, Unnatur und Schwulst charakterisieren, wir können nichts Besseres finden als eben die Perücke.

Das Eigenhaar, die Natur, muss weichen und ein Fremdes tritt an die Stelle; kolossal in der Gestalt, grotesk in der Erscheinung, ein Hohn des guten Geschmacks, ein Ungeheuer an Grazie, umrahmt dieses Haargebäude das glatte, bartlose Gesicht, lastet auf dem Kopf, hemmt die freie Bewegung und wird in dieser Gestalt unerbittlich die absolute Mode der ganzen gebildeten Welt. Wie verschroben musste es in den Köpfen aussehen, welche auf sich eine solche Geschmacklosigkeit, eine solche Unbequemlichkeit dulden konnten!

Eigentlich aber kann von Duldung keine Rede sein. Im Gegenteil, diese Zeit, die sich fast in allen Dingen des Geschmacks auf falschem Wege befand, glaubte doch in ihrer Eitelkeit sich allein im Besitz des Wahren und Schönen zu befinden, und so hielt sie denn auch die Perücke für einen Triumph des menschlichen Geistes, für ein Wunder an Schönheit. Wenn die Fülle der erst schwarzen, dann blonden Locken nicht steif, sondern wohlgeordnet, sich vom Haupt herabsenkte und Schultern, Brust und Nacken tief hinab umfloss, so verband sich mit ihr in den Augen der Zeitgenossen der Ausdruck von Hoheit, Würde und Majestät; sie war das Bild der Sonne, die mit freundlichen Strahlen die hellen Morgennebel durchbricht, ja es verknüpfte sich mit ihr der Begriff der Stärke, indem man des mähnenumlockten Löwen gedachte. Dass sie ihren Träger zu gemessener Bewegung, zu steifer Haltung zwang, genierte wenig, da sich ja mit der Perücke vom Hofe Ludwigs XIV. aus eben das steife Zeremoniell, die langsamen, abgezirkelten Bewegungen, die zierlichen Pas aufs Neue verbreiteten, wie in der Herrschaft der Barocke und des spanischen Geistes. Selbst der

Tanz musste sich mit der Perücke in Einklang setzen und das Manuet eignete sich auch vortrefflich dazu; ein rascher Rundtanz hätte alle Toilette in ein wildes Chaos verwandelt.

Die Perücke war für den Kopf das dominierende Toilettestück: Hut, Bart und die Tracht des Halses mussten sich nach ihr verwandeln. Wir können in der Trachtengeschichte immer die Beobachtung machen, dass je länger das Haupthaar getragen wird, umso mehr der Bart zusammenschrumpft. Als die Ritter in den Zeiten der Kreuzzüge das Haar in Locken ordneten, waren ihre Gesichter völlig glatt; eben dasselbe war der Fall bei dem Stutzertum des 15. Jahrhunderts; erst als die Spanier und die Landsknechte das Haupthaar kurz schoren, erhielt der Bart Freiheit zu wachsen; nie aber trifft in der Kostümgeschichte der zivilisierten Welt ein Vollbart mit einem langen Haupthaar zusammen. In der Zeit des dreißigjährigen Kriegs herrschte neben Lockenhaar nur Schnurrbart und Knebelbart. Jetzt aber nach dem Kriege, da die Fülle des Haupthaares übermäßig und künstlich bis zur Vollendung der Allongeperücke heranwächst, nimmt der Bart in umgekehrtem Verhältnis ab, verlässt Kinn und Unterlippe, schrumpft auf der Oberlippe zu zwei kleinen Flecken unter der Nase oder zwei feinen Löcklein zusammen, bis auch diese gegen das Ende des Jahrhunderts völlig verschwinden und vollständige Bartlosigkeit auf lange Zeit die Mode wird. Wenn man sich eine Reihe von den zahllosen Porträts dieser Zeit chronologisch zusammenstellt, so kann man das auf das genaueste, am besten sogar an einer und derselben Person beobachten.

Früher noch als der Bart fiel der bekannte Spitzenkragen zum Opfer, den wir bei allen Offizieren des großen Kriegs und nicht minder bei der zivilen Welt um Schultern, Brust und Rücken herumfließen sehen. Die Allongeperücke deckte ihn völlig zu mit Ausnahme der Brust. Wozu also den teuren Stoff verschwenden und verderben? Er schrumpft auf ein paar Blättchen zusammen, die unter dem Hals auf der Brust liegen. Diese Blätter, Beffchen genannt, gehören noch heute in einigen Gegenden zur Amtstracht protestantischer Geistlichkeit, in andern hat man statt dessen sogar die Kröse, die dicke spanische Krause, behalten. Es ist das ja überhaupt die Entstehung der Amtstrachten und der Volkstrachten: sie sind nichts als abgelegte Moden. An Stelle der Beffchen verwandelte sich der Spitzenkragen auch in eine weiße Binde, welche um den Nacken lag und mit den spitzenbesetzten Enden sich fächerartig auf der Brust ausbreitete. Die Spitzenenden wuchsen aber an unter dem steigenden Spitzenluxus, dass sie ordnungshalber durch ein Knopfloch des Rocks gezogen werden mussten. So tragen sich die Feldherrn Ludwigs XIV.

Der Hut musste ebenfalls seine große, verwegene Gestalt aus der Zeit des Kriegs der Perücke zum Opfer bringen, zumal die letztere ja nicht bloß Haartracht, sondern auch Kopfbedeckung war. Er verkleinerte sich, versteifte sich, wurde mit drei Rändern regelmäßig aufgebogen und die langen Federn verwandelten sich in leichte Plumage, welche an den Rändern herumlief. Für den Salon wurde er alsdann so klein, dass er gar nicht mehr auf den Kopf passte, sondern nur noch in der Hand getragen werden konnte. Noch später, aber erst im 18. Jahrhundert, als er seinen Platz nicht mehr auf dem Kopf, sondern unter dem Arm erhalten hatte, klappt er dann als Dreispitz zusammen.

Mit dem Rock war Ludwig XIV. als Modeführer Anfangs übel daran. Die Kriegszeit hatte den langen sackartigen Bauernkittel, den direkten Abkömmling der römischen Tunica, durch die Rekruten und ihre Uniformierung anstatt des Wamses und des spanischen Mantels in Mode gebracht. Das war nun freilich ein Ungeheuer für den Salon und den Hof; indem man ihn aber allmählich um die Hüften einzog, ihn an den Ärmeln und auf der Brust breit umschlug, ihn an allen Rändern mit Goldtressen besetzte und mit Spitzen garnierte, ihn mit Goldornamenten bestickte und mit Knöpfen von Gold, Silber und Edelsteinen schmückte, machte man ihn hof- und salonfähig. Ja in dieser Gestalt war er ohne Frage ein höchst glanzvolles, imponierendes Kleidungsstück, welches für die Prachtliebe und die Scheinwürde Ludwigs XIV. vortrefflich passte. Es war ein entschiedenes Effektstück, wie es nur in anderer Art die damalige Kunst bieten konnte, Unter ihm verwandelte sich das Wams in einen ähnlichen, eng anliegenden Rock, das justaucorps, um später wieder zur Weste zusammenzuschrumpfen.

Wie der Schlapphut, so fanden auch die kolossalen Schlappstiefeln keine Gnade vor dem verwandelten Geschmack, Sie mussten samt ihren Stulpen wieder den Schuhen und Strümpfen weichen und blieben nur noch bei Dragonern und Studenten, bei welchen letzteren sie wohl noch heute an deutschen Universitäten bei gewissen Gelegenheiten als s.g. Kanonen zu figurieren haben. Ihr Fall im Salon und die Wiederkehr des Strumpfes und des Schuhes waren notwendig, da man aufs Neue wieder ein großes Gewicht auf die Zierlichkeit und Grazie der Positionen und Bewegungen des Beines legte.

Nur Eines blieb von den Stiefeln und das waren die Spitzen, welche, wie ich erzählt habe, früher in der Zeit des Kriegs die Weite der Stulpen ausfüllten und die Ränder unter dem Knie umgaben. Als sie hier ihren Halt mit den Stiefeln verloren, hefteten sie sich an das Bein und umzogen es ringsum unter dem Knie. Überhaupt zeigt sich an der männlichen Tracht so wenig wie an der weiblichen eine Abnahme der Spitzenliebhaberei. Sie zieren den Hut, erscheinen am Hals und auf der Brust, treten als Manschetten aus den Ärmeln heraus, folgen selbst den Säumen der Kleidung und umziehen die Knie, besetzen die Handschuhe, das Taschentuch, die Schuhe selbst oder legen sich mit Schleifen um das Fußgelenk herum. Selbst der Soldat im Felde konnte ihrer nicht entbehren, und es wird uns erzählt, dass einst die Armee des glorreichen Ludwig, als sie lange an der niederländischen Grenze gelegen, in der Toilette sehr herabgekommen war und namentlich große Not an Spitzen litt. Da schickte der französische General einen Parlamentär an den englischen Befehlshaber und bat um die Erlaubnis einen Kommissionär in die belgischen Spitzenstädte senden zu dürfen, um Spitzen für die Armee einzukaufen Dies zwar erlaubte der Gegner nicht, aber er war ritterlich galant genug, den Franzosen einige Spitzenhändler mit hinlänglicher Munition zu schicken.

In noch höherem Grade bedurften die Damen der Spitzen; sie bildeten die leichte Zierde zu der im Übrigen pompösen und schweren Tracht. Die weibliche Kleidung musste in Geist und Charakter ein würdiges Seitenstück zur männlichen darstellen, sie musste, wenn auch in andern Formen, sich als desselben Geistes Kind zeigen und dem Geschmack Ludwigs XIV. Ehre machen.

Die Dame war freilich in Verlegenheit, wie sie mit der Perücke, die sie doch nicht selbst anlegen konnte, an Großartigkeit zu konkurrieren vermochte, sie half sich aber doch in ziemlich entsprechender Weise. In der Zeit des Kriegs war das Haar in Locken frei herunter gefallen; solche Freiheit konnte die absolutistische Zeit Ludwigs XIV. unmöglich dulden. Das Haar wurde daher aufgebunden, die Locken sammelten sich oben auf dem Kopf und stiegen von einem Lustrum zum andern immer höher hinaus, bis sie oben durch ein künstliches Drahtgestell gehalten werden mussten und dann eine terrassenartige Bedachung von Spitzen erhielten. Dieses künstliche Gebäude, das nach einer berühmten Dame am französischen Hofe Fontange genannt wurde, erreichte die Höhe von etwa doppelter Kopflänge, hielt sich länger denn ein Menschenalter auf allen eleganten Frauenköpfen und bildete sogar, wenn auch in verkleinerter Gestalt, die allgemeine bürgerliche Kopftracht nicht minder in Deutschland als in Frankreich.

Dies war aber nicht das einzige pompöse Stück an der weiblichen Tracht. Zwar der Reifrock war im Kriege gefallen und konnte, obwohl er vortrefflich gepasst hätte, nicht sofort wieder angelegt werden, da die Mode nicht gern Sprünge von einem Extrem in das andere macht. Sie liebt mehr den Wandel als den Wechsel. Die Damen wussten aber Rat, um auch ohne den Reifrock einen gleich imposanten Eindruck hervorzubringen. Schon seit den frühesten Zeiten des Mittelalters gehörten stets zur vollen Damentoilette zwei Kleider, von denen das obere so geschnitten war, dass es das untere sichtbar werden ließ. In dieser Zeit stand das obere Kleid, die Robe, vorn völlig offen, war nur an den Schultern und über den Hüften geheftet und fiel mit umgeschlagenen Enden in breiter faltiger Masse und mit gewaltiger Schleppe auf den Boden. Die Schleppe wurde dann auf der Promenade von einem Diener, am liebsten von einem Mohrenknaben, nachgetragen. Das Pompöse und Groteske der Erscheinung erhöhte sich noch durch den Stoff, der meist Sammet, schwere, goldgestickte Seide oder Damast war, wie andrerseits durch die Einengung der Büste, von welcher dann die Robe nach hinten in einem spitzen Winkel gewaltsam absprang. Denn dasselbe Streben, welches wir schon an der männlichen Tracht durch Einengung des Leibrocks haben kennen lernen, dasselbe zeigte sich in weitaus höherem Grade bei der weiblichen und führte, wenn nicht zur Erfindung, doch zur erneuerten Einführung der Schnürbrust. In der Zeit des Kriegs war die Taille hoch unter Brust und Achseln gegangen, jetzt aber kann sie nicht tief und eng genug werden; der Schönheitssinn des menschlichen Auges verlangt nunmehr die Wespentaille. Es war das ein Schlag, von dem sich das plastische Gefühl der modernen Welt bis heute nicht wieder hat erholen können. Die Linie, welche die weibliche Erscheinung jetzt in Kontur, namentlich auf der Rückseite darbot, hatte bei ihren Sprüngen und spitzen Winkeln mit der menschlichen Gestalt nichts mehr gemein. Dass zudem durch die Steifheit des eisernen und fischbeinernen Schnürpanzers an Stelle der freien anmutigen Bewegung, an Stelle der Elastizität ein geziertes, steifes und eckiges Drehen und Wenden trat, war die notwendige Folge, da die Bewegung nicht mehr den ganzen Körper wellig durchfloss, sondern nur an den Enden in den Gelenken mit steifen, unbiegsamen Zwischengliedern geschehen konnte. Es lag das freilich in Geist und Richtung der Zeit und galt als fein, vornehm und anmutig-schön. Zur Ungelenkigkeit des Körpers trat dann noch die Steifheit des Ganges, veranlasst durch die außerordentlich hohen, spitzen Stöckelschuhe, welche ihre Trägerin zwangen auf den Zehen zu gehen. Wie man den Kopf erhöhte, so wollte man auch sich von unten her größer machen. Durch die Stöckelschuhe war vollends alles das aufgehoben und unmöglich gemacht, was man unter weiblicher Anmut versteht, nämlich die Schönheit in der Bewegung.

Die Sucht nach Effekten, das Verstärken der Wirkung durch den Kontrast, das wir schon als einen Hauptcharakterzug dieser Zeit bezeichnet haben, rief für die Toilette eine sehr eigentümliche Mode hervor, die der Mouchen oder Schönheitspflästerchen. Bei dem Mangel an feinem und wahrem Gefühl traute man der natürlichen Schönheit nicht mehr, ja man begnügte sich nicht mit dem stark ausgelegten Weiß und Rot, das damals jede Dame ohne Scheu gebrauchte wie etwa heute falsche Haare. Um den Glanz der ohnehin gefälschten Hautfarbe in rechte Wirkung zu setzen, stellte man ihr schwarze Flecken von Taffet entgegen, die man aus verschiedene Stellen des Gesichts aufklebte: die Schwärze sollte das Weiß heben. Anfangs waren es runde Stückchen, dann verband sich allerlei Spielerei damit, man schnitt sie aus in Form von Sonnen und Monden, von Sternen, Fliegen, Käfern u.s.w., und endlich machte man eine Art Zeichensprache daraus, indem sie, je nach dem Ort, den sie einnahmen, eine andere Stimmung, Laune oder einen besonderen Zustand des Herzens andeuten sollten.

Das Kostümbild von Mann und Frau zu vervollständigen, dürfen wir die *Farbe* nicht vergessen. Wir erinnern uns, dass die geistliche und politische Reaktionsperiode in der Barockzeit nach der Reformation die Lebensluft im Herzen und die Farbenlust an der Kleidung ausgelöscht hatte. Die freie Bewegung des großen Kriegs und der erneute Aufschwung der Malerei hatten die Farbe großenteils wieder zurückgegeben; aber sie war echt künstlerisch, nicht schwächlich, aber auch nicht grell und schreiend aufgetreten. Das Letztere war nun der Charakter, den sie im Zeitalter Ludwigs XIV. annahm und mit dem sie sich zu seinem Geschmack in Harmonie setzte. Wiederum sehen wir das Streben nach möglichstem, nach übertriebenem Effekt. Blau und Rot waren die Lieblingsfarben Ludwigs und seiner Zeit, aber beide in möglichst kräftiger, leuchtender Weise, und damit verband man das Gold. Das sind allerdings die primären Farben und die Grundlage aller wahren Farbenwirkung, aber man verteilte sie damals nicht so fein, wie der Araber auf der Alhambra, wodurch sie den köstlichen Schimmer hervorrufen, sondern man stellte sie in breiten, schweren Massen hart gegen einander.

Das war nun die Tracht, das war der Geschmack in der Kleidung, wie er die Periode Ludwigs XIV., die wiederaufgelebte Barocke, den Stil der Perücke begleitet. Diese Mode war unerbittlich, sie ergriff die ganze zivilisierte Welt und ging von den Lebenden auf die Toten über. Wie wir in allen Romanen dieser Zeit, mögen sie nun in den Hinterwäldern Amerikas, im klassischen Rom und Griechenland, in China und Hinterindien, bei den Galliern und Merowingern spielen, wie wir bei ihnen überall dieselben zu Paris in der Metropole der Zivilisation gebildeten Menschen wiedererkennen, wie sie überall dieselbe komplimentenreiche, in Gefühlen und im Ausdruck geschraubte Sprache reden, so tragen sie auch alle die Perücke und die Schnürbrust und gehen auf den Stöckelschuhen. Fürstliche Helden wie Ludwig XIV. selbst und August der Starke lassen sich in Reiterfiguren ihre Porträtstatuen setzen mit römischer Kriegstracht, mit nackten Beinen, mit Sandalen und Binden, aber die Allongeperücke umwallt ihr Imperatorenhaupt. Die seligen Götter und Göttinnen des Olymps sehen oft aus, als hätten sie sich, gleich den deutschen Fürsten jener Zeit, Friseure, Hofperruquiers und Tanzlehrer von Paris verschrieben. Da sitzt z.B. Pallas im Kriegswagen, aus der hohen Coiffure den leichten Federhelm mit Reiherbusch, ein halbes Dutzend Schönpflästerchen im Gesicht, mit Schnürbrust und Robe, in der Hand die Lanze, und die Spitze des feinen Schuhes setzt sie mit vollkommen salonrechter, untadeliger Position auf den Medusenschild. So sieht man Venus, eine blühende Dame mit hochauffrisiertem Haar, das eng geschnürte Leibchen mit langer Taille rings mit Spitzen umsäumt, ein paar Mouchen schmachtend auf der Wange unter dem Auge, eine dritte mitten auf der Stirn; sie sitzt auf einem geschweiften Sessel nach neuester Mode und legt mit zierlichster Grazie die Fingerspitzen an die Zipfel der Fontange. So weit ist ihre Toilette vor der Mode untadlig; um aber doch an ihre olympische Heimat und die göttliche Nacktheit der Griechen zu erinnern, ist das Oberkleid von unten her aufgebunden und lässt das rechte Bein, welches mit Sandalen versehen und mit Riemen umwunden ist, nackt und frei. Dieser Venus macht Paris, ihr Schützling, alle Ehre. Nachlässig und elegant liegt der schöne Schäfer da, träumerisch an einen Felsen hingestreckt, mit dem Schäferstab in der Linken und dem Apfel in der Rechten. Aus dem Haupt sitzt die große Staatsperücke, auf der Wange ein Schönheitspflästerchen, den Hals ziert das lange Spitzentuch und die Hände umgeben gleiche Manschetten; der goldgestickte Rock, die Weste, die Schärpe, die Schuhe mit hohen Absätzen, die Zwickelstrümpfe, alles ist vollkommen nach der Mode, vollkommen würdig eines königlichen Prinzen von Frankreich. Selbst die Sphinx muss die Fontange tragen und den Grazien wird ein Hündchen von König Karls Race in den Schoß gelegt.

Gehen wir vom Olymp auf die Bühne, wo die antike Welt wie im Roman die Hauptrolle spielt, auch hier herrscht die neueste Mode wie die Grazie des Tanzlehrers. Wenn sich die Tragödie in die Zwangsjacke der s.g. aristotelischen drei Einheiten schnüren ließ, so konnten sich auch Alexander der Große, Cato und August den Unterricht des Ballettmeisters gefallen lassen und von ihm den Heldenschritt lernen. Dieser „Herr Cato“, wie man ihn anredete, der starre Römer, welch eine noble Erscheinung, wenn er, die Luft mit den Armen zersägend, auf die Bühne schreitet, das Haupt von der Wolkenmasse der Perücke umlockt, mit dem dreieckigen Hütchen und goldgestickten Rocke, mit Spitzenmanschetten und Schnallenschuhen, mit Zwickelstrümpfen und samtener Kniehose, den Degen an der Seite! Oder Iphigenie, das Urbild weiblicher Würde und Erhabenheit, auf hohen Stöckelschuhen, die Brust in den Fischbeinpanzer eingeschnürt, mit Robe und Schleppe, das Haupt von der Fontange überwallt, mit dem Fächer und dem parfümierten, feinen Spitzentuch wehend in der Hand! Wir wundern uns vielleicht über diese Verwirrung der Zeiten, welche der barocke Geschmack hier anrichtet, aber er handelte von seinem Standpunkt aus nur vollkommen richtig und vollkommen konsequent, denn diese Geschöpfe der Dichter waren völlig Kinder ihrer Zeit; sie trugen geistig die Perücke, warum nicht auch leiblich?

Nicht minder konsequent verfuhr die bildende Kunst. Auch sie trägt mit Stolz und Selbstbewusstsein ihre Perücke und setzt sie allem auf, was in ihren Bereich fällt.

Sechster Abschnitt

Der französische Kunstgeschmack zur Zeit Ludwigs XIV

Wir haben im vorigen Abschnitt gesehen, wie sich der Geschmack in Frankreich im Lauf des 17. Jahrhunderts entwickelt hat und wie er insbesondere in der Mode charakteristisch und verständlich sich aussprach. Wir haben dabei Eitelkeit und Gefallsucht, das Vergnügen an Pracht und pompösem Schein, die Sucht nach großartigen, imponierenden Effekten, das alles aber unter äußerst barocken, unnatürlichen Formen, als die Hauptzüge seines Wesens erkannt, gepaart mit der vollen Überzeugung, damit im Besitz des Wahren und Schönen zu sein und dieses Wahre und Schöne überall zur Herrschaft bringen zu müssen.

Wir werden eben dieselben Charakterzüge im *Kunstgeschmack* wieder finden; wir werden auch ihn von dem falschen Schein, von den barocken Formen, von der Unnatur, von Überladung, von Verhöhnung der wahren Gesetze der Kunst, von der Sucht nach Effekten, welche die Sinne blenden und die Vernunft nicht zu Worte kommen lassen, wir werden ihn von unbarmherziger Konsequenz in Durchführung der eigenen Kunstprinzipien nicht freisprechen können. Nichtsdestoweniger aber werden wir anerkennen müssen, dass er sich, wenn auch mit barocken Formen und falschen Prinzipien, dennoch auf den Effekt versteht, dass er mit großartigen Mitteln eine großartige Wirkung zu erzielen weiß, während wir heutzutage zu oft die Mittel verschwenden um nichts zu erreichen oder andrerseits mit Scheinmitteln, mit Pappendeckel und Goldflitter, vergebens auf Erfolg rechnen Wir müssen zugestehen, dass Ludwig XIV. und seine Zeit, wenn sie auch auf falschem Wege sich befanden und ein gut Teil auf Rechnung der Eitelkeit zu setzen ist, dennoch ein großartiges Kunststreben besaßen, zu dem wir heute bescheiden und beschämt aufblicken können. Ludwig XIV. war durchdrungen von dem Gefühl, dass ein großer König auch ein großer Kunstmäzen sein müsse. Er liebte die Künstler und stellte ihnen Aufgaben, reichlich, groß und bedeutend genug; dass sein Geschmack ein verderbter war, ist allerdings ein großer Fehler, aber er teilte ihn mit seiner Zeit, in der er aufgewachsen war. Künstler und Publikum, in gleichem Wahn befangen, irrten mit ihm und wussten es nicht, dass sie irrten. Dieser Umstand, die Naivität des Irrtums, ja das Bewusstsein vollkommen auf dem rechten Wege zu sein, verschaffte ihnen die staunenswürdige Sicherheit und Unbefangenheit der künstlerischen Produktion, mit der sie sich gleich einem Rafael und Michel Angelo den größten Aufgaben gewachsen glaubten.

Dem Beispiele Ludwigs XIV. folgten, wenigstens gegen den Ausgang des Jahrhunderts, als die Folgen des dreißigjährigen Kriegs einigermaßen überwunden waren, viele Fürsten und andere hohe Herren. Ein jeder wollte, wie er gern ein absoluter Fürst gewesen wäre, so auch ein Kunstmäzen, wenigstens ein großer Bauherr sein, der für den Pomp und die Pracht seines größeren oder kleineren Hofes, darin er sich sonnte sein Versailles hätte. Der Architektur folgten die Skulptur und die Malerei, und wenn diese beiden Künste, die letztere zumal, auch nichts anderes schaffen konnten als dekorative Werke, so lebten und schufen sie doch, sich selber genügend, mit einer Frische und Tätigkeit, dass es eine Lust war. Zwar mit der Kunstliebe der alten Städte, eines Nürnberg und Augsburg, eines Brügge und Gent war es vorbei. Zurückgekommen an Macht und Wohlstand, von neuen Städten überflügelt, erblasste ihr Glanz vor den Residenzen, die von fürstlicher Gunst ihre Strahlen liehen. Die alten Patrizierfamilien, welche die Ungunst der Zeiten schwer betroffen und der Sturm des Krieges unsanft geschüttelt hatte, verkauften, was ihre Vorfahren an Kunstschätzen gesammelt hatten und führten, statt neu zu bauen, in den alten, meist entleerten Mauern ein vereinsamtes, für die Dinge der Welt ziemlich teilnahmsloses Dasein. Die Zeit ging über sie hinweg; sie waren selber Antiquitäten geworden. Aber die Kenner und die Sammler waren darum nicht ausgestorben. Die Kunstliebhaberei ging nur auf eine andere Klasse über, auf die Fürsten und den hohen Adel. Es ist dies die Zeit der großen Herren, der Grandseigneurs, welche die Kunstrepräsentation, wenn ich so sagen darf, für die Würde ihrer Stellung und den Glanz des Hauses notwendig hielten, für mindestens ebenso notwendig, wie zahlreiche Dienerschaft, reiche Kleidung, große, vornehme Manieren und glänzende Feste. Es ist wahr, die prächtigen Hallen, die sie sich zur Wohnung erbauten, haben in der Dekoration etwas Kaltes, Ödes, etwas von der steifen Vornehmheit der formellen Manieren, denen die Wärme des Gemüts fehlt, aber diese Herren hatten dabei ihre Bildergalerien, ihre Kunstkabinette, sie hatten Tische und Kasten voll köstlichen Geräts. Und man würde sehr irren, wenn man glaubt, dass diese Sammler, Kenner und Liebhaber, ein Prinz Eugen, ein Hans Adam von Liechtenstein, die sächsischen und bairischen Kurfürsten, Christine von Schweden, der Herzog von Orleans, ein Leopold, Ludwig XIV. selbst ihre Sammlungen nur aus Mode oder allein um der Repräsentation willen angelegt hätten, ohne Gefühl und Verständnis für das Schöne zu haben, das sie für teures Geld erkauften; denn es ist doch gewiss nicht ein bloßer Zufall, wenn wir bei dem Studium der Geschichte noch vorhandener Sammlungen regelmäßig die Bemerkung machen müssen, dass es gerade das Beste ist, was jene frühen Zeiten dazu beigesteuert haben.

Allerdings erscheint es dabei auffallend, dass der Besitz, das Verständnis und der Genuss solcher Kunstsammlungen nicht den Geschmack gereinigt hat und auf die eigenen Kunstunternehmungen von keinem Einfluss gewesen ist; der allgemeine Geschmack einer Zeit aber hängt, wie wir das schon zur Genüge gesehen haben, von ganz anderen Bedingungen ab als von der bloßen Existenz der Sammlungen und ihrer stillen Wirkung. Wir haben ja Beispiele noch heute, dass Kunstakademien unmittelbar neben den schönsten Galerien bestehen und der Einfluss der letzteren ist gleich als wären sie nicht da. So ist die Sammellust der Periode Ludwigs XIV. nur ein Zeugnis von einem lebendigen Kunstgefühl und Kunststreben überhaupt, der Geschmack daneben geht unbehindert und unbeirrt seinen Weg.

Wie dieser Weg beschaffen war, wollen wir nun von verschiedenen Seiten her betrachten. Wir beginnen mit der untersten und einfachsten Kunstübung, der *Schreibekunst*, in der sich ja, wie uns heute gelehrt wird, der Charakter des Menschen deutlich aussprechen soll. Wenn das richtig ist, so wird das wohl auch in Bezug auf die Handschrift einer ganzen

Periode Geltung haben, die allemal, wie bekannt, so gemeinsame Züge besitzt, dass ein Kundiger darnach bei einem Manuskript die Zeit des Ursprungs bestimmt. Diese gemeinsamen Züge müssen mit dem Geist ihrer Zeit harmonieren; geht die Zeit klar, offen und in großen Schritten vorwärts, so werden auch die Schriftzüge im Gesamtcharakter klar, deutlich, kräftig und schwungvoll sein; tändelt die Zeit, oder stellt sich das Barocke, die Manieriertheit ein, so werden die Züge kleinlich, spitzig, eckig, verschnörkelt und unklar. Ein ähnlicher Parallelismus lässt sich in der Tat zwischen der Handschrift und dem Zeitgeist, spezieller noch mit den Richtungen der Kunst durch die Jahrhunderte des Mittelalters und der Neuzeit deutlich verfolgen. Für unsere Periode, die hier in Rede steht, die zweite Hälfte des 17. Jahrhunderts, spiegelt sich in der Handschrift vor allem die Selbstgefälligkeit und Eitelkeit, die von Ludwig XIV. ausstrahlte und einen wesentlichen Charakterzug der ganzen Periode bildet. Es lässt sich zwar nicht leugnen, dass die Züge der Schrift eine große und klare Führung der Hand und Schwung zu erkennen geben, wie denn auch in der Tat alles, was auf dem Gebiete der Kunst geschieht, der Intention nach im großen Stil angelegt wird. Aber wie sich hier in der Ausführung der prahlerische Schein und die Barockheit der Formen hinzugesellen, so zur Handschrift Künstelei, absonderliche Formen der Initialen und eine Masse unnötiger, als Verzierung herumgeschwungener Linien, die den Buchstaben gerade wie eine Allongeperücke umgeben. Denken wir uns bei der Betrachtung dieser Buchstaben den Schreiber hinzu, so sehen wir ihn mit Wohlgefälligkeit die Hand führen, und wenn sein Werk geschehen, wenn alle diese Schnörkel und Linien, die sich umeinander und durcheinander schwingen, vollendet sind, so wird er sich selber und sein Werk bewundern. Das ist eben das Eigene dieser Zeit, dass sie in allem, was sie vollführt, keinen größeren Bewunderer und Lobredner hat als sich selbst. Sie begnügt sich mit der Selbstzufriedenheit; die Nachwelt ist es nicht, um deren Gunst sie buhlt.

Deutlicher noch als die Handschrift spricht in gleichem Sinne das *Porträt* zu uns. Früher in allen guten Zeiten des Porträts hatte dasselbe die Aufgabe gehabt den Menschen im Menschen darzustellen, das Bild mit Hinweglassung alles unnötigen Beiwerks so einfach wie möglich zu halten, damit sich alles Interesse allein auf den Kopf konzentriere;

das Porträt sollte den Charakter wiedergeben, wie er, unbewusst und unbeobachtet, sich im glücklichen Momente offenbart. Im Gesicht allein und allenfalls in den Händen noch, sollte man die ganze und wahre Natur des Menschen lesen, was er ist, was er getan und gelitten, seinen Charakter und seine Geschichte. Das ist der Standpunkt, von dem aus die großen Meister des Porträts aller Schulen, van Eyck wie Rafael, die Venezianer wie die Niederländer, das Porträt aufgefasst haben. Das ist der Standpunkt, den noch van Dyck vollkommen inne hat. Er bedarf nicht des Beiwerks, nicht der glänzenden Kleidung, nicht des Ausdrucks der Manieren, um seine vornehmen Leute auch vornehm darzustellen. Wir wissen ohnedies, wer und was sie sind.

Schon Rembrandt verlässt diesen Weg; mit seinem geschlossenen Licht, das er auf den Kopf wirft, künstelt er und sucht er nach erhöhtem Effekt, obwohl zu bloß malerischem Zwecke. Die Franzosen der Perückenzeit aber und ihnen nach unzählige Porträtmaler und Porträtkupferstecher stellen sich auf einen ganz anderen Standpunkt. Statt der Einfachheit sucht man nach dem Beiwerk, nach einer ganz besonderen Auffassung, welche dem Beschauer, anstatt einer Unterschrift, sagt, was ihm das Original kund und zu wissen tun will. Man will nicht mehr den Menschen, den Charakter im Porträt, sondern seine äußere Stellung. Das Porträt nimmt vor uns eine Positur, legt das Gesicht in eine beabsichtigte Miene, macht einen bedeutsamen Gestus und weiset auf das reiche Beiwerk hin, mit dem es zu erkennen gibt, welche hochwichtige und hochweise Person wir vor uns haben, was für einen Beruf oder ein Geschäft oder was für besondere Liebhabereien sie hat, und schließlich legt es uns noch die Frage vor, nicht, wie das Porträt, sondern wie das Original uns gefalle. Wir können sicher sein, der Vornehme sucht seine beste Kleidung und seine Orden hervor, der Ratsherr seine Amtstracht, der Geistliche erscheint nicht bloß im vollen Ornat, er hat auch ein Kruzifix neben sich und legt den Finger mit bezeichnender Gebärde auf die Bibel. Den Gelehrten finden wir im Studierzimmer, die Werke seines eigenen oder anderer Geister um sich; er schaut uns an mit tiefen Gedanken, die Feder in der Hand, damit wir ja wissen, dass er auch Bücher schreibt; oder er definiert und doziert mit den Händen, oder weiß uns sonst wie die Größe und Schärfe seiner Gedanken kund zu geben. Der Kaufmann sitzt an seinem Pult und schreibt einen Brief; um ihn liegen die Adressen der Geschäftsfreunde; an den Wänden stehen in kaufmännischer Ordnung wohl bezeichnet die Geschäftsbücher; durch das offene Fenster werfen wir einen Blick auf den Strand, wo seine Waren für ferne Länder verladen werden; sein Geschäft, will er uns sagen, ist ein überseeisches, ein Weltgeschäft. Ebenso sicher wird uns stets ein berühmter Reisender sagen, ob seine Reise an den Nordpol oder nach Süden gegangen, ob er die Linie passiert und die Tropen gesehen hat.

In gewissem Sinne, kann man sagen, war das viele Beiwerk zur Unterscheidung dem Porträt nötig, denn der überwiegende Eindruck , den die Perücke macht, überhaupt die Gleichmäßigkeit der Kopftracht, und dazu bei den Frauen das gleiche Inkarnat, welches durch das aufgelegte Rot und Weiß entsteht, lassen alle Gesichter ähnlich und von gleichem Typus erscheinen. Man kann diese Bemerkung, dass alle Porträts jener Zeit sich gleichen, noch heute machen und man hat sie schon damals gemacht.

Selbst der beste französische Porträtmaler *Rigaud,* der gewiss auch ein großer Künstler ist, konnte diesem Vorwurf nicht entgehen, obwohl man bei besserer Betrachtung zugestehen muss, dass er, vielleicht der einzige, es verstand, unter der Perücke den Charakter und unter der Schminke die Naturfarbe, das Fleisch, zu finden. Darum liebten ihn auch die Damen nicht, obwohl sie sich alle von ihm malen ließen, denn von Rigaud musste man gemalt sein, um die Unsterblichkeit sicher zu haben. Er aber liebte ebenso wenig die Frauen zu porträtieren, denn, sagte er einst zu Ludwig XIV., wenn ich sie darstelle, wie sie sind, so finden sie sich nicht schön genug; wenn ich ihnen schmeichle, so sind sie nicht mehr ähnlich. Mignard, sein älterer Zeitgenosse, war darin nachgiebiger und höflicher gesinnt; er meinte, man müsse die Damen malen, wie sie gemalt sein wollten und nicht wie sie wären.

Rigaud ließ sich durch die Schminke nicht irre machen; er wusste das Inkarnat mit Glanz, Durchsichtigkeit und Lebenswärme und individuell zu malen, auf die Gefahr hin, es den Originalen, die schon gemalt zu ihm kamen, nicht recht zu machen. „Wo kaufen Sie Ihr Rot?" fragte ihn einst eine Dame, die in diesem Sinne mit ihrem Porträt unzufrieden war. „Ich glaube, Madame", antwortete er, „wir versehen uns damit an demselben Platze."

War Rigaud in diesem Punkte zu streng für seine Zeit, zu sehr ein echter Künstler, so war er in anderer Beziehung ganz und gar der Mann für Ludwig XIV. und seinen Hof, für die ganze vornehme Welt der Perückenzeit. Er ist ihr Biograph, ihr Historiker geworden. Freilich opferte er zu viel die Figur dem Beiwerk, grade wie es ja in allen Dingen die ganze Zeit machte, aber niemand wusste wie er kühn, sicher und schwungvoll die Perücke zu malen, niemand wie er die glänzende, prächtige Kleidung darzustellen, oder die majestätischen Mienen und die vornehme Würde zu treffen. Was man in diesem Sinne sein wollte, dazu machte Rigaud seine Originale. Er glaubte mit Ludwig XIV., dass Pracht der Kleidung den Menschen adle, und kleidete sich darum selbst auf das Glänzendste und Prächtigste; auch hatte niemand vornehmere Manieren als er. Er war selbst ein König in der Erscheinung, wenn er zum König ging ihn zu Porträtieren.

Sowie Rigaud im Porträt, so war *Charles Lebrun* der rechte Historienmaler im Sinne seiner Zeit und er beherrschte diesen Zweig der Kunst in Frankreich bis zu seinem Tode absolutistisch wie sein König, der keinen besseren Maler nach seinem Herzen und seinem Geschmack hätte finden können. Innerlichkeit der Kunst, Durchbildung der Formen, Feinheit des Kolorits, Tiefe des Gedankens, das darf man bei ihm nicht suchen. Seine Kunst ist eine äußerliche, theatralische; was sie regiert, ist das Pathos, seine Formen sind plump und schwer, sein Kolorit kalt, sein Ausdruck ist zur Grimasse übertrieben. Aber er war ein fruchtbarer, erfindungsreicher Künstler, der schnell produzierte und Ideen nach dem Sinne der Zeit für Maler, Architekten und Bildhauer bereit hatte, die sich auch alle seiner Herrschaft fügen mussten. Er verstand sich auf das Arrangement und den Effekt und wusste vor allem große Massen wie ein Feldherr zu kommandieren und in der Kunst wie bei theatralischen Festarrangements in Wirkung zu setzen. In diesem Sinne ist die große Galerie in Versailles, die er ornamentierte und mit den Taten aus der Geschichte seines Königs ausmalte, ein Meisterstück. Es war eine würdige Königshalle für *diesen* König.

Lebrun wusste sich der Mitwirkung anderer Künstler geschickt zu bedienen und kann daher ein Malergeneral genannt werden. Den geschickten Kupferstechern, die seine Werke in blendender Weise stachen, verdankt er einen nicht geringen Teil seines Ruhmes; aber man muss dabei zugeben, dass auch ihm die französische Kupferstecherkunst unendlich viel verdankt. Durch ihn kam *Edelinck* nach Paris, der glänzendste Meister in diesem Zweige der Kunst, der unter Rubens eine bessere Schule genossen hatte, als er sie in Paris, zumal unter Lebrun, hätte haben können. Aber er erhielt durch Lebrun Arbeiten im größten Maßstabe und Aufgaben in reichster Fülle, und an ihn schlossen sich eine große Zahl Genossen und Schüler an, welche durch ihre ausgezeichnete Technik und vortreffliche Zeichnung die Werke Lebruns und anderer Maler und Bildhauer der Zeit fast schöner und richtiger popularisierten, als ihre Meister sie geschaffen hatten. Viele Skulpturwerke von Versailles, an denen wir im Garten selbst vielleicht teilnahmslos vorübergehen würden, fesseln uns wenigstens für eine Weile in den Kupferstichen Edelincks. Und so müssen wir die Schlachten und Taten Alexanders von Lebrun in den Kupferstichen Audrans bewundern. Der Glanz, den Ludwig sich selbst, seinem Hofe und seiner Kunst geben wollte, wir finden ihn wieder in den zahlreichen und großartigen Kupferstichen der französischen Schule, die selbst die Zeit des Rubens überbot, in der blendenden Technik, in dem Schwung und der Freiheit der Linien, die uns das harte, spröde Material völlig vergessen machen und die selbst der Perücke Leben und Schönheit zu geben wussten, in dem Kolorit, das der Kupferstich von jetzt an durch sie annahm. Aber das Eine konnten sie nicht erreichen, Innerlichkeit und Tiefe der Kunst; sie konnten der Zeit nicht geben, was sie nicht hatte, und so blieben ihre Vorzüge äußerliche, mit denen man glücklicherweise damals vollkommen zufrieden war.

Einen anderen Standpunkt nimmt auch die französische Skulptur nicht ein. Auch sie musste in äußerlicher Weise dem Glanze und der Prunksucht Ludwigs XIV. dienen; in diesem Sinne wurde sie französisch, nachdem sie ihre Schule in Italien erhalten hatte. Nur der eine und vielleicht der größte unter den französischen Bildhauern, *Pierre Puget*, muss mehr den Italienern zugerechnet werden, deren Weise er eher übertrieb als durch französische Grazie milderte. Ludwig XIV. verschmähte darum seine Mitwirkung und ließ ihn den größten Teil seines Lebens in Italien oder in Südfrankreich zubringen, anstatt ihn nach Paris zu rufen und bei den zahllosen Arbeiten für die königlichen Schlösser und Gärten zu beschäftigen. Puget, als Maler ein Schüler

Pietros da Cortona, des großen Manieriesten, folgte später als Bildhauer der ekstatisch-naturalistischen Richtung, welche Muskulatur, Gebärde und Bewegung übertrieb und den Adel der Formen vernachlässigte oder vielmehr statt dessen die Gemeinheit der ordinären Lebensformen einführte.

Von dieser Richtung legen gleich seine ersten bedeutenden Skulpturwerke, zwei Karyatiden in Toulon, ein sprechendes Zeugnis ab. Er hatte die Lastträger im Hafen beobachtet, wie sie die schweren Säcke aufladen und, keuchend unter ihrer Last, fortschleppen. Das ahmte er in zwei männlichen Gestalten nach, auf deren Kopf und Nacken das Gebälk lastet; es sind gemeine Figuren, Lastträger grade wie er sie sah. Die physische Kraft zeigt er hier wie im Todeskampf unter dem schweren Druck; die Muskeln spannen sich, die Adern schwellen an wie aufgeblasen, die Brust wird hohl, die Nieren reißen, die ganze Maschine des Leibes scheint zusammenzubrechen und man glaubt das Krachen der Knochen zu hören. Wie hier die Kraft in der höchsten Krise, so stellt er in einem Herkules die Kraft in der Ruhe dar; aber da ist keine Spur vom Ideal, von jenem griechischen Torso, der ruht und von dem man doch die Überzeugung hat, dass er gleich Atlas den Himmel tragen kann. Puget hat sich einen starken Mann ausgesucht und hat ihn kopiert; der Kopf schließt alle Gedanken von Adel aus, Hände und Füße sind von der gemeinsten Art. Aber das muss man sagen, es ist Leben darin; Puget weiß den Marmor mit Leidenschaft zu erfüllen, aber Leben und Leidenschaft bleiben in den Muskeln und Adern und veredeln weder die Form noch den Ausdruck. In ähnlicher Weise stellte er religiöse Gegenstände dar; er liebte hier die Wirkung körperlicher Schmerzen, den Agonismus des Todes, die Schilderung entsetzlicher Qualen, und man muss gestehen, er verstand sich gut auf die pathologische Anatomie.

Das war nun nicht ganz der Geschmack Ludwigs XIV., weder die Darstellung körperlicher Leiden, noch die ekstatische Dramatik, noch die gemeine Gestalt auf der Spitze der Kraftanstrengung. *Seine* Künstler, wie er sie brauchte, gingen zwar auch nach Italien und holten sich von dort ihre Kunst, aber sie kamen als Franzosen zurück, nicht als Italiener und freilich auch nicht als Griechen. Was von dem Idealismus Poussins und seiner Zeit in Frankreich noch übrig geblieben war, das milderte wenigstens die Übertreibung der italienischen Skulptur. Die Gemeinheit der Formen eines Puget konnte vollends das Auge des Königs nicht vertragen, der die niederländischen Genrebilder mit Ekel von sich stieß. Er konnte nicht leiden, was aus dem Volke kam und noch die Zeichen dieser Herkunft trug. Was Gnade vor seinen Augen finden sollte, musste hoffähig geworden sein und gute Manieren zeigen.

So waren die Bildhauer nach seinem Herzen *Coysevox* und *Nicolas Coustou*, welcher letztere freilich mehr noch der Zeit der Regentschaft angehört. Sie waren beide keine Idealisten, beide keine Griechen und wenn sie von den Griechen Muster entlehnten, so waren es nur die sehr irdischen Gestalten aus den Zeiten des Verfalls der antiken Kunst. Die Venus des Lysipp war es allenfalls, welche ihnen als Ideal vorschwebte, nicht die Venus Urania, nur dass ihre weiblichen Gottheiten sich von denen Lysipps unterschieden wie die Griechinnen jener Tage von den Französinnen mit der Schnürbrust aus dem Zeitalter des großen Perückenkönigs. Sie hatten eine Art von Grazie und eine Art von Reiz, die Gestalten dieser Künstler, aber es waren nicht die Reize noch die Grazie der Natur; sie schmeckten nach dem Geist der Zeit, nach der Tanzschule und dem Hofe. Ihre Gebilde hatten nicht Anmut, sondern Tournüre, sie nahmen eine vornehme Haltung an und hüllten sich mit stolzer Gebärde in die Draperie. Musste doch selbst die Statue des Winters im Garten zu Versailles sich den weiten Mantel kunstmäßig um den Leib schlagen und den Oberteil nackt lassen, obwohl den Armen friert und er zähneklappernd die Arme auf der Brust zusammenschlägt und er ein Feuer und einen Holzstoß neben sich hat.

Das war die eine Richtung dieser Künstler, die theatralische, breite, die nach Effekt hascht und sich in Positur wirft, wie alle vornehme Welt dieser Zeit; sie hatten noch eine andere, womit sie den Weg einschlugen, auf dem ihnen im nächstfolgenden Jahrhundert das Rokoko mit Behagen folgte. Sie gossen warmes Sinnenleben in den kalten Stein und entkleideten ihn seiner Keuschheit; der Marmor wurde Fleisch unter ihren Händen. „Sein Marmor atmet“, sagte Ludwig XIV. von Coustou, als er sein Meisterwerk, Apoll und Daphne, geschaffen hatte. Die Kritiker wendeten ihm ein, das sei nicht der antike Geschmack. „Es ist wahr“, erwiderte der König, „es ist der französische Geschmack“. Er hatte Recht.

In diesem doppelten französischen Geschmack nun schufen Coysevox, Coustou und eine zahlreiche Schaar anderer Bildhauer und Mithelfer, deren Werke alle unterschiedslos aus demselben Geiste geboren sind und keinerlei Individualität zeigen; sie schufen eine ganze Welt in Stein und Erz, mit denen sie die Tuilerien, die Gärten von Versailles, ja ganz Frankreich bevölkerten. Das ganze klassische Heidentum lebt in seiner Mythologie vom Herrscher des Olymps herab bis zu den bescheidenen Dryaden und Oreaden und den Zwittergestalten der Meeresbewohner wieder auf und stellt sich im Grünen vor die Augen der langsam und steif dahinwandelnden Spaziergänger. Pan und Silen blasen ihnen die Flöte, Tritonen stoßen in ihre Muscheln, Faunen und Satyre glotzen sie an, Nymphen baden in den Grotten, Apollo spielt mit himmelndem Blick die Leier und Kronion schüttelt sein umlocktes Haupt. Zwei Welten stoßen hier aufeinander, die nicht verschiedener hätten sein können, und doch konnte nur *dieses* Zeitalter *diese* steinerne Götterwelt schaffen.

Die Produktion in solcher Art war massenhaft. Niemals vielleicht sind der Skulptur die Aufgaben reichlicher gestellt worden. Aber eben die Massenhaftigkeit drückte den Wert des Einzelnen herab; man arbeitete schnell und, wie es eben im Geschmack lag, nur für den Effekt. In diesem Sinne erfüllt diese Plastik, als Dekoration betrachtet, ihren Zweck vollkommen; aber man muss das einzelne Werk nicht als ein durchgeführtes Kunstwerk der Skulptur betrachten wollen. Leidet es schon insofern vom Geschmack der Zeit, als es theatralische Stellung annimmt und das Gesicht in gekünstelte Mienen legt, so ist es noch überdies durchgängig in der Ausführung von plumpen, schweren Formen und unruhig in den Linien. Um die ewigen Gesetze der Plastik kümmerte sich diese Kunst und diese Zeit nicht, sie verstand nur, was stark aufgetragen war; sie musste Form und Ausdruck übertrieben sehen, um sie zu begreifen.

Auf den Effekt ging denn auch die ganze *Architektur* hin. Man kann eigentlich nicht sagen, dass die französische Architektur dieser Periode in Bezug auf die eigentlichen architektonischen Prinzipien und Elemente Neues geschaffen hat, es sei denn etwa die Mansarden, die mit Fenstern durchbrochenen Dächer, so benannt nach ihrem Erfinder. Das Wesentliche der französischen architektonischen Glieder und Gliederungen ist in den fünf Säulenordnungen enthalten, wie sie damals vermischt nebeneinander und durcheinander in Übung waren, oder in demjenigen, was der Jesuitenstil in Italien bereits ausgebildet hatte. Dieser ganze Stil, kann man sagen, ging auf Frankreich über, aber er erlitt doch wesentliche Einschränkungen. Die Wildheit seiner Weise, das Bäumen, Brechen und Drehen der Glieder, die Scheu vor der graden Linie und ihre Ersetzung durch Kurven und Spiralen, auch dort, wo das architektonische Prinzip unbedingt die grade Linie verlangt, das konnte in dem Maße wenigstens dem Geschmack Ludwigs XIV. nicht zusagen, der wohl ein gut Stück Unnatur vertragen konnte und selbst erforderte, aber doch allen Dingen eine gewisse Schulung und Zucht, wenn auch nur die Strenge des Zeremoniells, auferlegte.

Noch in einem Punkt unterschied sich die Baukunst Ludwigs von dem italienischen Jesuitenstil. Dieser letztere hatte sich wesentlich an und in den Kirchen herausgebildet und hatte darin die größten Wundertaten seines blühenden Unsinns geleistet; die französische Baukunst aber, wie sie denn vom Hofe und nicht von Korporationen, seien sie geistliche oder weltliche, ausging, wurde ebenso wesentlich eine weltliche. In Schlössern, Palästen und Gärten feiert sie ihre Triumphe, nach der Bedeutung wie nach der Zahl; in dieser Richtung wirkte sie anregend und erobernd überall dorthin, wohin der französische Geschmack und die französische Mode drang. Die paar gelungenen kirchlichen Gebäude, wie der Invalidendom zu Paris, verschwinden dagegen und schließen sich zudem weit enger an den italienischen Stil an.

Der große Ludwig, der sich den ersten Monarchen der Welt glaubte, und es auch, Dank Richelieu, in der Tat war, bedurfte der großartigen, glänzenden Stätten zur Behauptung seiner Würde und Majestät, zur Entfaltung seiner Prachtliebe. Er fand kleine königliche Schlösser vor und er hinterließ sie in kolossalem Maßstabe. Man wird, was er gebaut hat, im Detail trocken und nüchtern und roh in der Ausführung finden, man wird vieler Orten den Unsinn und die Unnatur sich ausbreiten sehen, aber man wird, wenn man das Ganze überschlägt, eine höchst bedeutende Wirkung zugeben müssen; man wird sich sagen, dass, wie verschroben auch immer, hier ein energischer Geist herrscht und ein großer Zug hindurch geht. Diese Baukunst tritt mit den gewaltigsten, imposantesten Massen auf und geht mit Raum, Flächen und Material um wie ein nobler Verschwender. Da dehnen sich die großen, freien, sonnigen Höfe vor uns aus, geschmückt mit kolossalen Fontänen, geschlossen von kunstvoll geschmiedeten Eisengittern; da entfaltet sich in großen Linien die lange Flucht des Palastes, die durch Flügel, durch vorspringende Teile den nötigen Wechsel von Licht und kräftigen Schatten erhält, deren Dach, auf- und absteigend und mannigfach unterbrochen, ein reiches Profil am Himmel ausschneidet; da steigen die breiten, geschwungenen Auffahrten, die hohen Freitreppen vor uns auf, oder es schließen sich die Terrassen daran, von denen der Blick die langen Perspektiven des Gartens hinabfliegt.

Treten wir in das Innere, so empfängt uns auch hier in der hohen mit Säulen und Pfeilern, mit Stuckaturen geschmückten und ausgemalten Halle der Eindruck des Imposanten; die gleiche Anerkennung können wir dem Stiegenhaus und der breiten, bequemen Treppe nicht versagen, welche den Aufzug vieler glänzender Gäste oder des ganzen Hofstaats auf einmal übersehen lässt. Bauherr und Architekt legten daher auf die Anlage der Treppe ein großes Gewicht, und kaum dürfte darin ein anderer Stil an Größe und Wirkung erreichen, was die Baukunst Ludwigs XIV. geleistet hat.

Einen gewissen mächtigen Eindruck kann man auch den Sälen und Zimmern nicht absprechen, aber hier zeigt sich alsbald die Schwäche dieses Geschmackes, denn hier sind wir in beschränktem Raume bei naher Sehweite zur Betrachtung des Einzelnen, des Ornaments gezwungen. Die großen, hohen Hallen, lustig und hell mit mächtigen Fenstern, die oft in doppelter Reihe über einander stehen, berühren uns wohltuend genug, aber wir sind erdrückt und betäubt von der Masse und der Wucht der Verzierungen. Da ist kein Plätzchen leer gelassen, auf dem das Auge ausruhen könnte, da sind keine Gegensätze von stärkerer oder schwächerer Wirkung, die dem Gefühl Erleichterung schaffen und doch eines das andere heben würden. Wo nur ein Schmuck anzubringen, da sitzt er auch gleich in effektvollster Weise. Es ist ein Lärm von allen Seiten, der auf uns einstürmt und die Sinne verwirrt. Zu diesem Resultat gelangte wenigstens der Geschmack am Ausgang des 17. Jahrhunderts, wenn auch die Künstler Ludwigs selbst den Effekt besser zu berechnen verstanden. Von Schwere, Häufung und Überladung des Ornaments sind auch sie nicht freizusprechen; es war das auch nicht anders möglich bei einem solchen Bauherrn, der nie die königliche Würde, nie die Majestät ablegte, der immer auf der Bühne war, der sozusagen nie das Hauskleid anzog, sondern sich selbst zu ewiger Pracht verurteilt hatte.

Malerei, Skulptur und Architektur wirkten hier wieder zusammen wie in den goldenen Zeiten Rafaels, aber nicht aus *einem* Gedanken, nicht in Harmonie miteinander, eine sich der andern fügend, sondern jede redete, schrie und lärmte für sich allein. Die Wände waren reich gegliedert mit Säulen und Pfeilern, Nischen und Grotten, mit Rücksicht auf Fenster, Türen und Kamine. Darüber schwangen sich Bogen hinüber in verschiedener Gestaltung und wirkten auf die Bildung der flachen oder gewölbten Decke. Zwischen den Pfeilern oder in den Nischen oder vortretend in das Zimmer standen von Marmor und Bronze oder einem billigeren Ersatzmaterial mythologische und allegorische Figuren aller Art; andere Figuren aus Blech, aus Pappe, aus Stuck saßen in dramatischen, deklamierenden Bewegungen auf den Gesimsen und vortretenden Kapitälen, über den Türen und Fenstern, auf den Kaminen und Spiegeln, streckten sich halben Leibes aus den Ornamenten heraus oder ließen vom Plafond Arme und Beine herabhängen zum gelinden Schrecken der darunter Sitzenden oder Wandelnden. Überall hin schwang sich in grotesken Sprüngen das reich vergoldete Stuckornament und hob sich auf das lebhafteste von den Bildern oder dem weißmarmorierten Grunde ab. Wo sich nur eine Fläche zeigte, da war sie wenigstens mit Marmor bedeckt oder marmoriert, oder mit Ornament überzogen, oder sie bot willkommenen Raum zur Entfaltung der Malerei, sei es in Fresko, sei es in eingerahmten, dem Raume angepassten Bildern, sei es in buntfarbigen Gobelins.

Den willkommensten Raum zu großartiger Entwicklung bot für die Malerei der Plafond dar. Die älteren und bedeutenderen Künstler dieser Zeit, wie Charles Lebrun, teilten sich den gewaltigen Deckenraum noch in eine Reihe Felder ein, die unter sich selber und mit der Architektur in schönem Verhältnis standen, und schmückten ihn entsprechend mit Bildern in der Weise des 16. Jahrhunderts Später aber um 1700, als die Perspektivmalerei des Jesuitenstils den Geschmack beherrschte und vom Pater Pozzo das wissenschaftliche Rezept dafür gegeben war, konnte der Raum nicht einheitlich und groß genug sein, um in einer einzigen Darstellung für den ungeheuersten Wust, den man nur auf mythologisch-allegorischem Wege ersinnen konnte, Platz zu haben. Bis dahin waren es eben die Bilder gewesen, die man an der Decke wahrgenommen hatte, jetzt sollte man die Wirklichkeit selbst sehen. Es war nicht mehr eine Decke, die das Zimmer abschloss, sondern ein offener Raum, in welchem die wirkliche Architektur der Wände scheinbar in die Wolken emporstieg; Säulen standen auf Säulen, Gebälk schwang sich über Gebälk in die Höhe, getragen bloß von den Wänden des Zimmers; dazwischen sah man in den lichten Himmel empor und auf den Wolken sah man liegend, sitzend, reitend und thronend die ganze Götterwelt des Olymps oder die Glorie irdischer, apotheosierter Herrlichkeit. Es kam so weit, dass man der flachen Decke durch Malerei den Schein wirklicher Kuppeln mit den tragenden Stützen, mit der Trommel, mit Fenstern und der Laterne gab, durch welche das Himmelslicht hereinfiel. Unten in der Kuppel sah man die Felder mit Bildern bemalt.

Das Ungeschickte dieser Scheinwelt, welches ihr den Stab bricht, ist, dass alles auf einen einzigen Punkt als den richtigen Standpunkt des Beschauers berechnet werden muss. Wer also zufällig oder absichtlich, – und das ist verhältnismäßig ein sehr seltener Fall, – auf diesem Punkte steht und in die Höhe schaut, der sieht wenigstens eine kühne Malerei und mag darüber staunen, wenn er auch keinen Kunstgenuss davon hat. Für denjenigen aber, der sich nicht in diesem Punkt befindet, löst sich das ganze künstliche und wundersame Gebäude in ein Chaos auf. So leben Bewohner und Gast beständig unter verzerrten Gestalten, die in Wolken schweben, unter einem zusammenstürzenden Tempel oder Palaste, unter einer Welt, die über ihnen, wie durch ein Erdbeben, in Trümmer bricht.

Selbst mit solchen Effekten war dieses Geschlecht in seinem Geschmack noch nicht zufrieden. Wie man in den Kirchen über den Altären wohl den Glanz, der von dem heiligen Geiste ausgehen sollte, dadurch erzielte, dass man ein Loch durch die Mauer brach und ein Stück gelben Glases einsetzte, durch welches das Sonnenlicht einen grellen Schein in die Kirche warf, so erkünstelte man auch in den Zimmern allerlei blendende und überraschende Wirkungen durch Spiegel und farbige Gläser. Man machte Spiegelwände hinter die goldenen Ornamente, schliff die Spiegel aus, um dem Beschauer sein Zerrbild in mehrfacher Gestalt zurückzugeben, stellte die Spiegel einander gegenüber, und setzte an verschiedenen Stellen farbige Gläser ein und stellte Lampen dahin, um die grellen, farbigen Lichter auf gewisse Punkte zu werfen und dadurch Überraschungen hervorzurufen. Indes mit Künsten dieser Art nähern wir uns schon bedeutend der folgenden Periode, dem Rokoko.

Zu ähnlichen Künsteleien und Capricen strebte gegen den Ausgang dieser Periode auch das *Ornament*, welches mit Schwere und Massenhaftigkeit begann, wie es im Zeitalter Ludwigs XIV. nicht anders sein konnte. Wir müssen aber zweierlei Arten von Ornament unterscheiden, die, beide in reichlichem Maße verwendet, ziemlich frei neben einander hergehen, das plastisch-architektonische Ornament und das Flächenornament.

Dieses letztere breitet sich auf Gobelins und anderen gewebten Stoffen oder auch auf Wandmalereien in den Paneelen und Füllungen aus, soviel die architektonische Gliederung der Wand und der sonstige Schmuck an Flächenraum dazu übrig ließ. Der Behang einzelner Teile der Wände mit Gobelins, oder vielmehr die Einsetzung derselben in Rahmen war zu jener Zeit vielgeübte Sitte, und die königliche Fabrik stand unter der Oberleitung Lebruns in großem Flor. Man webte noch nach dem Beispiele des 15. und 16. Jahrhunderts historische und allegorische Bilder in großem Stil, aber weitaus gewöhnlicher war die freie, phantastische Weise der Arabesken Rafaels, die sich in Frankreich durch Etienne de Laulne, durch du Cerceau und die Emailmaler in das 17. Jahrhundert fortgepflanzt hatte. Zahlreiche Kompositionen im Kupferstich und Abbildungen aus dem Innern der Paläste zeigen wie beliebt dieses Genre war, und wie es nicht ohne Grazie und Leichtigkeit, worin seine Seele besteht, geübt wurde. Aber dazu kamen die Franzosen doch erst allmählich, denn die Kompositionen aus den ersten Jahrzehnten der Regierung Ludwigs X1V. erscheinen für das, was sie sein sollen, noch schwer und massig.

Eine Beschreibung dieses Genre oder einzelner charakteristischer Zeichnungen zu geben, ist fast unmöglich, denn sein Wesen besteht gerade in dem bunten, phantastischen Gewirre der widerstrebendsten, verschiedenartigsten und sonderbarsten Dinge, die sich, kaum in Verbindung miteinander, gefällig und zierlich über den Raum hin verbreiten. Ihre Zusammenstellung, wie eines wider alle Natur aus dem anderen herauswächst, wie alles in freier Luft schwebt, würde aller Vernunft Hohn sprechen, wenn man eben den Standpunkt der Vernunft dabei einnehmen könnte. Da ist Laub und Ornament jeder Art, da sind Fratzen, Masken und Tiere und lebendige Gebilde von phantastischer Art, da sind Vasen und Brunnen und Fontänen, herabrauschende Wasser, die auf Muscheln fallen und ihr Wasser in feinen Strahlen verspritzen, flammende Urnen, fliegende Schleier, Zelte und Decken, Blumenkörbe und Gartenhäuser, Amoretten und Genien, Mohren und Chinesen, Medaillons mit anmutigen Genrebildern, leichtbeschwingte Vögel, Tritonen und Delphinen – kurzum die Phantasie hat keine Grenzen, „nur dass das Spiel gefällig sei." Das Ganze hat keine Ordnung, höchstens dass Kränze und Girlanden oder Bögen und Stabwerk sich hindurchschwingen und eine Art von Einteilung gewähren; es hat kein anderes Ziel als ein gegebenes Feld mit freiem, anmutig-liebenswürdigem Spiel der Phantasie heiter auszufüllen.

Dieses Ziel erreichte noch die spätere Zeit Ludwigs XIV., aber die höchsten Reize des Genre entfaltete erst Watteau im Anfang des folgenden Jahrhunderts.

Neben dieser heiteren und leichten Weise des Ornaments geht die plastisch-architektonische Art, welche, mehr entsprechend dem allgemeinen Geiste der Zeit, einen schweren Charakter trägt und, wie ich schon gesagt habe, in Massen auftritt. Die erste Hälfte des 17. Jahrhunderts hatte mit ihrem feineren und strengeren Gefühl die Überladung und Plumpheit der Barockzeit nicht völlig abwerfen können. Sie war bemüht gewesen, mit allem Gerät und Ornament sich einerseits wieder näher an die Antike anzuschließen, andrerseits wieder auf strengere und festere Prinzipien zu stellen. Das hatte insbesondere dem Holzgerät, den Kaminen, Fenster- und Türverzierungen, einen mehr architektonisch-konstruktiven Charakter, aber auch eine gewisse Nüchternheit und Steifheit gegeben. Davon nahm nun das Ornament Ludwigs XIV. seinen Ausgangspunkt. Wenn wir die zahllosen Kompositionen Lepautres betrachten, die etwa bis 1670 oder 1680 reichen, so sehen wir, dass dieselben Prinzipien und Formen im konstruktiven Element beibehalten sind, dass aber das Ornament beginnt, größeres Leben zu entfalten, weiter im Profil heraustritt, großartigeren Schwung annimmt und alle struktiven Teile weit üppiger überdeckt und überladet. Noch beobachtet es eine gewisse Symmetrie, bald aber verlässt es diese, schwingt sich in die Luft, wie frei und losgelöst von der Wurzel, bäumt sich und bricht sich und setzt förmlich eine Absicht darin, die einmal betretene Bahn zu verlassen, und nach der anderen Seite hin wieder auszuschweifen. So entstehen die sinnlosen Schnörkel der ornamentalen Kunst des 17. und 18. Jahrhunderts, die nichts mehr sind, nicht Natur, nicht Stil, nicht Laub oder Blume, nicht geometrische noch architektonische Muster, und die noch wilder und sinnloser werden, als sich gegen Ende des 17. oder im Anfang des 18. Jahrhunderts das Muschelornament hinzugesellt.

Obwohl diese Schnörkel nichts sind und nichts bedeuten, obwohl sie weder durch Schwung der Linien noch vermöge ihrer plastischen Ausarbeitung durch ein feines Spiel von Licht und Schatten befriedigende Wirkung machen, vielmehr überall nach ihrer Natur unruhig sind und nur durch reiche Vergoldung blenden, obwohl sie somit eigentlich nirgends hingehören, finden sie sich doch überall ein und besetzen den Platz und überziehen sogar die Flächen. Von den architektonischen Gliedern fliegen sie über auf das Gerät, auf Bilder und Spiegelrahmen, auf Tische und Stühle und schweifen sogar nach ihrem Wesen die tragenden und stützenden Teile, die Beine, die Lehnen, die Seiten der Tischplatten u.s.w. Auf die Fläche übergehend, werden sie mit Farben und Gold in die Ledertapeten eingepresst, in die Gobelins, in die Möbelstoffe, selbst in die Kleiderstoffe eingewebt oder darauf gestickt, so dass also Herr und Dame nicht bloß dem Geiste, sondern auch den Formen nach dieselben Verzierungen tragen wie ihre Möbel, die Möbel dieselben wie die Wände, die Wände dieselben wie die ganze Palastarchitektur.

In der Tat, Ludwig XIV. konnte sich rühmen, er habe der ganzen Kunst den Stempel seines Geistes aufgedrückt, er habe sie in Harmonie und Ordnung gebracht, freilich in die schematische Ordnung eines bürokratischen Absolutismus. Er konnte aber noch mehr sagen: er konnte sich auch rühmen, die freie Natur, den wilden Wald, das lebendige Wasser bezwungen und denselben tyrannischen Gesetzen menschlicher Ordnung und menschlichen Modegeschmacks unterworfen zu haben.

Es ist merkwürdig, welche Rolle die *Gärten*, also die freie Natur, in der Kunst dieser Zeit spielen, einer Zeit, deren Geschmack sich doch gerade, wenn je eine Kunstperiode, durch Unnatur auszeichnet. Das Bild, welches wir bis jetzt von der Staatsperücke und ihrem Geiste entworfen haben, ist durchaus unvollständig ohne die Betrachtung der Gartenanlagen, so sehr sind sie die Ergänzung, die Fortsetzung von Palast und Haus. Sie konnten aber auch nur zu dieser Bedeutung gelangen, wenn sie sich willig dem Zeitgeschmack unterwarfen und alle charakteristischen Zeichen desselben annahmen. Und in nichts, kann man sagen, zeigte sich die unbarmherzige Konsequenz, welche der Geschmack ausübte, herrischer, absoluter und großartiger, fast möchte man sagen, bewundernswürdiger als in den Gartenanlagen.

Zwei Momente sind es, die bei der Bildung von Gärten zusammentreffen, der Mensch und die Natur. Der Mensch gibt das Prinzip, das er in sich trägt, die Ordnung, die Regel, die Symmetrie, die Natur das entgegengesetzte, die Freiheit oder vielmehr die Willkür und die Zufälligkeit. Auf der einen Seite steht die Schönheit der bewussten Kunst, auf der anderen Seite die Anmut der Natur und die unbewussten Reize der Wildnis. Der Streit beider Prinzipien, das Vorherrschen des einen, das Unterliegen des anderen, bildet die Geschichte des Gartenbaus als einer Kunst.

Das Recht des Menschen die Natur im Garten künstlerisch zu gestalten, kann nicht bestritten werden. Der Garten ist für ihn ein Lustaufenthalt in freier Luft; der Mensch bedarf darin, je nach dem Erfordernis der Tages und Jahreszeit, der sonnigen Halden und der schattigen Plätze; er bedarf der geebneten Wege zum Spaziergang, welche ihm die Natur nicht bahnt und nicht mit Sand bestreut, er bedarf der abgelegenen Plätze zu einsamer Ruhe und Betrachtung, er bedarf anderer zum Spiel und geselliger Konversation; er hat das Recht, diese Bedürfnisse durch Umgestaltung der Natur zu befriedigen. Der Garten schließt sich ferner der Regel nach an die Wohnung an; er bildet somit den Übergang zwischen Stadt und Land, zwischen Schloss und Wald, zwischen Haus und Flur. Daraus folgt ein gewisses Recht der Architektur über die Anlage des Gartens. Der Architekt muss die zunächst umgebende Natur mit seinem Bau in Einklang zu setzen suchen und den Rhythmus seiner Baulinien wenigstens auf die anstoßenden Partien ausdehnen.

Dieses Prinzip, auf die äußerste Konsequenz geführt, gibt den *französischen* Geschmack im Gartenbau, den die Zeit Ludwigs XIV. schuf; das entgegengesetzte Prinzip, nämlich die Natur in ihrer Freiheit oder vielmehr die nachgeahmte Natur bis unmittelbar an die Wohnung herangeführt, das ist der *englische* Geschmack, den wir im nächsten Abschnitt näher besprechen werden.

Schon die Italiener des 16. Jahrhunderts, bei denen die Anlegung von Prachtgärten zu einer Art Leidenschaft wurde, waren davon durchdrungen, dass der Garten ein architektonischer Gedanke sein müsse; aber sie wussten sehr wohl und blieben sich klar darin, dass so zu sagen die Baumaterialien, die ihnen dabei zur Verfügung standen, von ganz anderer Art waren als diejenigen für ihre Paläste und Kirchen, dass sie es, anstatt mit gefügigem Stein, Holz oder gebranntem Ton, die sich *ihren* Gedanken bequemten, mit den lebendigen organischen Gebilden der Natur zu tun hätten, die sich, unabhängig von menschlichem Einfluss, ihre eigene Gestalt schufen. Sie hatten also bei der Komposition schon mit fertigen Formen zu rechnen, die sie völlig unangetastet ließen, wenigstens nicht wider ihre Natur behandelten. So ließen sie wohl in der Anlage die gerade Linie vorherrschen, sie zerlegten die gegebene Fläche in große symmetrische Felder, sie bauten vom Palast abwärts Terrassen mit Balustraden und Rampentreppen, sie ließen reichlich strömendes Wasser in gerader Linie hindurchfließen, sie pflanzten Alleen und Pinienhaine, aber die Zypressen behielten ihren natürlichen Wuchs und die Pinienhaine selbst den Schein der Wildheit; sie ließen ferner die umgebende große, freie Natur, die Bergformen, die Veduten der Städte, das Meer und die Wälder in ihre Gärten hereinblicken und zu dem großen architektonischen Gesamtbilde mitwirken. So war in der Tat der italienische Garten der Übergang vom Palast zur Landschaft, von den starren Formen der Architektur zu den freien Gebilden der Natur.

Auch die reichen Bewohner der deutschen Städte, zumal aber die Niederländer und die Holländer, liebten und übten damals mit Leidenschaft die Gartenbaukunst; auch bei ihnen herrschten in der Anlage

Richtschnur und Winkelmaß, aber ich möchte sagen, in der Weise des Ziergärtners, nicht des Architekten. Es geht kein großer Zug durch ihre Gärten hindurch, es ist kein Kunstprinzip, um welches es sich handelt, kein architektonischer Gedanke, der zur Darstellung kommen soll. Es ist die Kunst des Blumengärtners, der sich seinen Raum in kleine Felder zerlegt, um bequem überall zu den geliebten Pflanzen kommen zu können. Wir müssen uns erinnern, dass damals der Holländer mit der Blumenzucht kaufmännischen Schwindel trieb und die Tulpenzwiebeln, wie heute die Kreditaktien und Staatsanleihen, zu großartigen Börsenspekulationen benutzte. In solchem Krämergeist waren die holländischen Gärten angelegt und sie scheinen ihn sich bewahrt zu haben. Die Blume herrscht vor dem Baume.

Der französische Geschmack des 17. Jahrhunderts konnte sich weder nach seinem Charakter mit der Kleinlichkeit der holländischen Weise begnügen, noch stand ihm wie den Italienern die große Natur als ein Kunstelement zur Verfügung, um die bedeutende Wirkung, worauf es ihm ankam, zu erzielen. Mit Schönheit der Natur war Frankreich kärglicher ausgestattet, und zumal fehlte sie gerade dort, wo die Gesellschaft ihrer zu Vergnügungsstätten am meisten bedurfte. Lenotre, der große Gartenkünstler dieser Zeit, der mehr war auf seinem Gebiete als Lebrun in der Malerei und Mansard in der Architektur, hörte darum ganz auf, mit diesem Elemente zu rechnen. Eine s.g. schöne Gegend war ihm ein Hindernis zur Anlegung eines Gartens, kein Vorteil; mit Bergen, Tälern und Wäldern konnte er nichts machen; er bedurfte nur einer weiten, ebenen Fläche und weiter nichts: das andere schaffte die Kunst herbei. Fand er unglücklicher Weise Hügel vor, so trug er sie ab, falls er sie bewältigen konnte, oder er verwandelte sie in Terrassen und Rampen, die mit dem Schloss in Verbindung standen.

Auf diese Verbindung mit der Architektur kam alles an; in ihr liegt das Prinzip. Der französische Garten ist eigentlich nichts als die horizontal fortgeführte Architektur, die allerdings, je weiter sie sich von der Palastanlage entfernt, freiere Gestaltung annimmt und mehr und mehr sich der Natur nähert, ohne jedoch jemals von der regulären Linie abzuweichen oder dem Grundprinzip, dass der Garten ein architektonischer Gedanke sei, in irgendetwas zu vergeben. Die Höfe des Gebäudes setzen sich fort in freien Rasen- und Blumenplätzen, die Wände in den Terrassen und Balustraden mit Pavillons, in den Alleen und scharf beschnittenen Heckenwänden, die in der Ferne immer dichter zusammentreten, immer höher werden und in ihrer umschlossenen Mitte, statt mit Rasen und Blumenparterres, mit Bäumen und Gebüsch ausgefüllt werden. Das ist die Art, wie der Übergang in den Wald stattfindet, mit dem man lieber die ganze Anlage abschließt, als die Perspektive mit einer völlig bedeutungslosen und langweiligen Ebene zu enden, wie die z.B. ist, in welcher der Garten von Versailles liegt.

Vor allem war die Aufgabe des Künstlers, in der Anlage dafür zu sorgen, dass der Palast überall dort, wo er sich präsentierte und wo er auf Wirkung für das Auge berechnet war, auch gesehen werden konnte. Deshalb wurden die Teile, welche dem Palast zunächst lagen, frei von jedem Busch- und Baumwerk gehalten, welches dem Blick ein Hindernis bieten konnte; nur Blumen und schön eingeteilte Rasenflächen, niedrige Hecken, Balustraden und allenfalls Kugelorangen und dergleichen Gewächse erhielten hier zur Belebung der großen Fläche ihren Platz. Ferner zog sich etwa in der Breite des mittleren Hauptteiles oder auch des ganzen Gebäudes selbst von oben angefangen ein von hohen Bäumen frei gelassener Raum in gerader Linie bis an das Ende des Gartens hinab. Das war die große Mittelperspektive, die, gleich einer Bühne mit Wänden und Kulissen, mit springenden Wassern und steinerner Staffage reich belebt, den großartigen Effekt, auf den das Ganze angelegt war, konzentrieren sollte, sowohl vom unteren Ende her, wo dann das Schloss selbst den imponierenden Schlusspunkt bildete, als vom Schlosse aus. Überhaupt war dafür gesorgt, ebenso wie die langen Hauptlinien auf alle bedeutenden Teile des Gebäudes zuliefen, dass auch von den Zimmern des Schlosses aus der Anblick des Gartens ein bedeutsamer war, und zumal nicht Baumwände sich vor den Blick aus den Fenstern stellten, sondern weite Durchschnitte nach verschiedenen Richtungen Perspektiven eröffneten, welche irgendwie in ausgezeichneter Weise durch ein Lustgebäude, durch großartige Wasserkünste oder sonst durch kunstvolle Arrangements abschlossen. Hier musste der Blick enden, denn alles, was sich ihm darbot, sollte das Werk der Kunst sein und die Hand des Künstlers zeigen. Sie Natur durfte nicht mitreden, sie hatte nur das Material zu liefern, ihre formbildende Kraft musste sie diesem Geschmack und dieser Kunst opfern.

Darin liegt ein weiterer Unterschied von der italienischen Gartenkunst. Der italienische Künstler ließ den Bäumen und Gewächsen, die er regelmäßig pflanzte, ihre natürliche Gestalt, der Franzose nahm sie ihnen. Die Pflanzen mussten sich der Richtschnur und dem Winkelmaß fügen, so gut wie der Grund und Boden, und die Schere schnitt die organischen Gebilde in *die* Formen, welche dem Künstler beliebten. So wurden die Wege und Steige mit lebendigen Hecken besetzt, welche die Schere von allen Seiten her zu geraden Wänden zugeschnitten hatte. So standen sie da, oft niedrig, dass der Blick über sie hinweggehen konnte oder baumhoch und lotrecht gleich spanischen Wänden. Kein Zweiglein durfte hervortreten, kein Baumast herüberragen, der etwa die Willkür und den Eigensinn der Natur verraten hätte. Um aber doch die lange Flucht der Linien zu beleben und die Einförmigkeit zu brechen, ließ man wohl den oberen Schnitt der Hecken in regelmäßiger, schwacher Wellenlinie sich bewegen oder man ließ in gleichen Zwischenräumen Bäume oder Zweige heraustreten, die aber nicht Erlaubnis zu freiem Wuchs erhielten, sondern in allerlei regelmäßige, einfache oder mehr zusammengesetzte Figuren ausgeschnitten wurden. Mit solchen Zypressen oder Taxus besetzte man auch die Rasenflächen oder die Einfassungen der Wasserbassins, zumal in den freieren Teilen des Gartens, welche zunächst dem Gebäude lagen. Bald sind sie Würfel, bald Kugeln, Kegel und Pyramiden, die wieder auf kleinen Postamenten stehen und auf ihrer Spitze eine Kugel tragen, alles aus einem und demselben lebendigen Gewächs herausgeschnitten; bald gleichen sie Urnen oder Blumenvasen, aus denen sie selber in ähnlichen Gestalten aufs Neue wieder emporwachsen; andere sind säulenartig, völlig stilgerecht mit Basen und Kapitälen; wieder andere sind zugespitzt wie Pfeile; andere sehen aus wie Herzen mit der Spitze nach unten oder nach oben gekehrt, auch wohl mit einem Pfeil durchbohrt. Diese Spielerei, die mit dem werdenden Rokoko nur noch anwuchs, blieb aber nicht bei den unorganischen Gestalten stehen; sie schnitt aus dem lebendigen Grün selbst allerlei Tiere und groteske Menschenfiguren heraus, ja es findet sich in dieser Art eine ganze Jagd mit Jägern und Hunden, mit Hirschen und Hasen in voller Aktion auf einer Hecke.

Die Schere machte selbst aus Baum und Gebüsch eine neue, lebendige, grüne Architektur, welche mit derjenigen von Stein harmonierte. Sie schnitt in die langen Wände von Grün eckige, runde und ovale Fenster hinein, machte Säulen und Pfeiler mit Basen und Kapitälen, sie schnitt die oberen Zweige zu regelrechten Gewölben und Kuppeln von oben und unten her zurecht und schuf so Zimmer und Galerien und lange gewölbte Laubgänge. Auch benutzte man zu mehrerer Festigkeit ein leichtes Gitterwerk als Halt für die Ränken- und Buschgewächse und baute damit Gebäude mit vortretenden Flügeln, mit offenen und geschlossenen Hallen, mit Nischen und Grotten, mit Fontänen und Skulpturen darin, welche zumeist als Abschluss der Perspektiven für die langen Laubgänge dienten. Solchen Abschluss der großen Mittelperspektive nannten die Italiener das Theater und auch die Franzosen bedienten sich wohl dieses Ausdrucks dafür. Man hatte aber außerdem in den größeren Gärten ein besonderes Theater, seitwärts im Gebüsch gelegen, das sich terrassenförmig einer wirklichen Bühne gleich für Zuschauer und Szene aufbaute und dessen Kulissen und Wände aus geschnittenen, grünen Hecken bestanden. Nicht selten wurde es auch wirklich von den hohen Bewohnern und ihren Gästen als Liebhabertheater benützt. Die Spielerei der Zeit brachte auch den Irrgarten in Mode, der, ebenfalls aus grünen Wänden gebildet, welche die Übersicht verhinderten, einem fürstlichen Garten nicht fehlen durfte.

Auch die Rasenflächen und Blumenbeete trugen den Stil der Zeit. Sie befanden sich vorzugsweise in den vorderen offenen Teilen des Gartens, welche den Palast umgaben oder zogen sich die langen Hauptperspektiven hinab. Zwar in ihrer Hauptanlage folgten sie mit Anschluss an den Grundplan geometrischer Anordnung und waren zu besserer Markierung mit wohlgeschnittenen Buchsbaumhecken eingefasst. Aber in ihrer inneren Anordnung wich man davon ab und wendete auf sie das gewöhnliche Schnörkelornament der Fläche an, welches die Kleider, die Tapeten, die Möbelüberzüge, die Stickereien bedeckte. Dieselben Schnörkel schwangen sich nun in ihrer unregelmäßigen Weise durch das Grün, und man nannte daher auch mit vollem Bewusstsein solche Rasenflächen „Rasenparterres mit Broderien oder mit Grotesken und Mosaiken".

Ohne Zweifel konnten die französischen Gärten mit diesen Mitteln, mit den grünen Wänden, mit der regelmäßigen Einteilung, mit den geometrischen Figuren der Bäume und Gebüsche nur einen höchst langweiligen Eindruck machen; das Lebendige, was die Natur von selbst darbietet, hatte man ihr genommen, man hatte ihr die Freiheit geraubt, ihr geometrische Formen aufgedrängt und sie in den Zwang der Etikette gebannt. Man fühlte, dass etwas nötig sei, was Leben in die einförmige Szenerie brächte, und benutzte dazu das Wasser und in Verbindung damit Skulpturwerke. Aber das Wasser, das freie und lebendige, man konnte es auch so nicht brauchen; es musste sich in den Geschmack und die Ordnung fügen, es musste sich die genaue Richtung nach der geraden Linie vorschreiben lassen. Es musste lernen Künste zu machen, um hoffähig zu werden.

Das Wasser ist die lebendige Seele der französischen Gärten. Das fühlten die Gartenkünstler jener Zeit und daher verwenden und verschwenden sie es in wahrhaft großartigen Massen. Da die schönsten und bedeutendsten Gärten dieser Art in weiten Ebenen oder selbst in trocknen Gegenden, wie gerade Versailles, angelegt sind, welch einen Aufwand erforderte es, das Wasser aus meilenweiter Entfernung und oft von verschiedenen Seiten herbeizuleiten! Welche Erfindungsgabe war erforderlich, welche Maschinerien, welche sinnreichen Anstalten, um das Wasser aus der Ebene haushoch in die Luft zu treiben oder es tausendfach in dünneren und dichteren Strahlen zu verspritzen! Denn nicht allein in wohlausgemauerten, stillen Bassins, in deren blankem Spiegel sich diese ganze, mit Ausnahme von Himmel und Wolken durch und durch konventionell geformte Welt im Licht ihrer Eitelkeit bewundern konnte, nicht in Bassins allein sammelte man das Wasser, man bedurfte für das Ohr sein Rauschen und Plätschern als die Musik dieser künstlichen Haine, in denen der freie Vogel keine Ruhe hatte vor dem Klappern der Schere, welche die Heimlichkeit seines Nestes störte.

Darum rauschte das Wasser in breiten Güssen von Stufe zu Stufe Kaskaden herab, während im Hintergrunde auf der Höhe und zu den Seiten die Wassersäulen emporstiegen und ihr Wasser klatschend auf die Marmorstufen fallen ließen. Das nannte man ein Wassertheater, von welchem Springbrunnen die Kulissen bildeten. Wie man Bäume die Reihen hinabpflanzt, so machte man Alleen von Fontänen, eine hinter die andere gestellt, zu beiden Seiten die langen Gänge hinab. Hier plätscherte ein einsamer Brunnen im dichten Grün, dort schossen hunderte von Strahlen durcheinander und warfen ihre Bogen über die Bassins hinüber, anderswo sah man die Wasser aus wilden Felsen hervorbrechen, die man künstlich übereinander getürmt hatte.

Aber diese Felsen, welche die Wildheit der Natur nachahmen sollten, gehören schon mehr der späteren Zeit an; zum Geschmack Ludwigs XIV. passen sie nur, wenn sich mit ihnen ein Gedanke verbindet und diesen entnahm man der für alles aushelfenden Mythologie. So z.B. in diesem Falle waren es die Felsen, welche Jupiter auf den Riesen Enkeladus geschleudert hatte, der unter der Last keucht und ächzt und dicke Wasserstrahlen emporschlendert. Überhaupt ist es Regel, dass die Mythologie mit zahllosen steinernen und ehernen Figuren herbeigezogen wird, um diesen Wasserkünsten Gedanken zu leihen. So ist z.B. in Versailles in einem großen Becken die Fabel der Latona mit den lykischen Bauern dargestellt, wie sie in Frösche verwandelt werden. Auf der erhöhten Mitte, von welcher ein kolossaler Strahl emporsteigt, steht Latona selbst mit ihren Kindern. Auf den terrassenförmigen Abstufungen, im Bassin auf kleinen Felsen, um den Rand herum, befinden sich die lebensgroßen Figuren der Bauern in allerlei schreckhaft dramatischen Bewegungen, teils noch Bauern, teils zur Hälfte, teils bereits ganz in Frösche verwandelt, welche zusammen 74 Strahlen in das Bassin werfen. Berühmter noch war die große Apollofontäne am Ausgang der Versailler Wasserkünste. Auch sie schleudert aus der Mitte einen gewaltigen Strahl in die Höhe. Durch das Becken fährt Apollo mit vier wasserspeienden Pferden, umgeben von schwärmenden Tritonen, die dicke Strahlen aus den Muscheln blasen. Wo wir hinblicken, begegnen uns Wasser und Figuren in Verbindung; die Bassins sind voll schwimmender Najaden und anderer mythologischer Meeresbewohner, voll Amoretten und Genien, die auf Delphinen hindurchreiten; in grünen Nischen und an stillen, abgeschlossenen Plätzen, in den Grotten und Gitterbauten, überall rauschen und springen die Wasser mit allegorischen Figuren, Fontänen des Ruhmes und der Tapferkeit, Amor, der aus dem Liebespfeil einen Wasserstrahl in die Höhe schießt, Ganymed mit dem

Adler, Jupiter mit dem Blitz, Kindergruppen mit Tieren, Mars mit Trophäen und Löwen, mit denen allen eine sinnreiche Phantasie passend oder unpassend das Wasser in Beziehung zu setzen gewusst hat.

Aber nicht bloß in Verein mit den Wasserkünsten erscheinen die Götter und Heroen der alten Welt. Aus ihrer klassischen Heimat verbannt, haben sie ein Asyl in Versailles gefunden. Der ganze Olymp ist wieder aufgelebt, freilich nur in Stein und Erz! Zu ganzen Schaaren beleben sie, die Totgeborenen, diese Räume. Auf den freien Plätzen, die langen Gänge hinab, in den Nischen der grünen Wände, auf den Balustraden der Terrassen und Treppen und Gebäude, an den heimlichen, versteckten Plätzen, im Theater und im Irrgarten, überall haben sie ihren Platz gefunden, einzeln, in Reihen, in Gruppen, in ganzen Schwärmen. Ovids Metamorphosen sind noch einmal verwandelt und hier zu Stein erstarrt. Hier bemüht sich vergebens der getäuschte Apollo Daphne zu erhaschen, aus deren Fingern die Lorbeerzweige herauswachsen. Dort liegt Narziss vorgebeugt über den Rand eines Beckens und schaut sein geliebtes Bild im klaren Spiegel, während hinter ihm die verschmähten Nymphen in Gruppen stehen und Scharen von Liebesgöttern sich mit seinen Hunden beschäftigt machen. Oder wir geraten, wenn wir um eine Ecke biegen, mitten unter die kalydonische Jagd: wir kommen gerade dazu, wie Meleagros der Atalante den Kopf des Ebers überreicht. Wir sehen die Jäger und Jägerinnen im Geplauder zerstreut umher oder eifrig über die Beute der Jagd, umspielt von den nie fehlenden Liebesgöttern.

Diese Figuren tragen nun freilich mit allem Übrigen den Charakter der Zeit. Das alles ist manieriert, ist steif und gespreizt, gewaltsam, pompös und aufgeblasen, es ist wider die Natur und wider alle vernünftigen Begriffe von Schönheit und Anmut. Dennoch müssen wir wenigstens der Energie und Konsequenz dieses Geistes Anerkennung widerfahren lassen, dieses Geistes, der mit Riesenmassen rechnet, der Täler ausfüllt und Berge versetzt, der den spröden Stein, das wilde Wasser und den freien Wald in seine Formen zwingt.

Ja, wir werden selbst einen Standpunkt finden können, von dem aus wir dieser absonderlichen Welt Reize und eine gewisse Schönheit zugestehen müssen. Wir müssen nur nicht das Einzelne als Einzelnes betrachten, nicht von ihm, dem Detail, Schönheit verlangen wollen oder es für sich selbst als ein Kunstwerk ansehen; es ist nur ein Kunstelement, ein Teil eines großen Ganzen. Wie der Mosaizist mit farbigen Steinen, so arbeitet hier die Kunst im Großen mit Malerei und Skulpturen, mit Bauten und Gärten, mit Bäumen und Wasser. Der Palast mit seinen dekorierten Sälen, mit seinen Hallen und Treppen, mit seinen Höfen und Freiplätzen, mit den grünen Wänden der Gärten, mit den Bassins, Kaskaden und Fontänen, mit den zahllosen Skulpturen, mit Gittern, Terrassen und Perspektiven, mit Grotten und Lustbauten, – das alles zusammen ist erst das Kunstwerk, ein einziges Kunstwerk; jedes Einzelne darin ist ein dekoratives Element.

Wir müssen uns auch die lebendige Staffage hineindenken, wie wir sie haben kennen lernen, diese Herren mit der kolossalen Perücke in goldgesticktem, farbigem Kleide, mit dem Degen an der Seite und dem Hut in der Hand, wie sie in seidenen Zwickelstrümpfen auf hohen Stöckelschuhen gespreizten, steifen Ganges dahinwandeln, den rechten Arm ausgestreckt, damit die geschnürte, von der Haube überwallte Dame die Finger der linken Hand zierlich darauf legen kann, während die rechte den Fächer führt und hinter ihr ein Mohrenknabe die Schleppe trägt. Wir müssen dann zugestehen, dass das alles vollständig in einer Harmonie steht, welche nicht von der kleinsten Störung getrübt wird. Wir müssen bekennen, dass dieser Geschmack sich aus Pracht und den Effekt versteht, dass er die Schönheit der Verhältnisse vortrefflich zu finden und Licht und Schatten zu verteilen weiß, dass er die Kontraste bedenkt und mit großen Mitteln auch große Wirkung erzielt.

Fällt gar das volle Mondlicht in prächtiger Sommernacht auf die großartigen Räume und vermischt im Helldunkel des Zwielichts alle die Rohheiten, Schärfen und Härten des Details, alle die verschnörkelten Zierraten: da ragen die dunklen Gebäude in ihren großen, schönen Verhältnissen mit stark heraustretenden Profilen mächtig und ausdrucksvoll in den lichten Himmel empor und werfen breite, tiefe Schatten auf die weiten erleuchteten Flächen; die krausen Ornamente verschwimmen im dämmernden Licht, gespensterhaft schauen die weißen Marmorbilder aus der Tiefe der beschatteten oder lichtübergossenen Baumwände hervor oder spiegeln sich gleich der ganzen Szenerie in den stillen Bassins; die springenden Wasser glänzen und blitzen wie Diamanten im zitternden Licht, die Kaskaden rauschen verschlafen in der schweigenden Nacht – es ist wenigstens ein effektvolles Bild, voll eigentümlichen Lebens, voll Zauber und selbst poetischer Stimmung

Siebenter Abschnitt

Rokoko und Zopf

Von der Perücke kommen wir zum Zopf. Es ist der Schritt, den die Weltgeschichte, die Kultur der zivilisierten Welt, in der ersten Hälfte des 18. Jahrhunderts macht. Es ist der Schritt von der falschen Großartigkeit Ludwigs XIV. zum Geschmack des Rokoko, dessen Wahlspruch war: vive la bagatelle! Vergegenwärtigen wir uns beide Symbole, die zweien Perioden den Namen gegeben haben, so schildern wir mit ihrer Charakteristik zugleich die der Zeit: auf der einen Seite steht das ungeheure Haargebäude, stolz, selbstbewusst und selbstgefällig, aufgeblasen und pompös, großartig in seiner Unnatur und dominierend über alle Köpfe – das ist der Geschmack Ludwigs XIV. in jedem Zug; auf der andern Seite sehen wir die grandiosen Lockenflügel zusammengeschrumpft zu einem zierlichen Anhängsel an die Puderfrisur, erblasst vom Blond zum Weiß, gebunden und gesteift zum militärischen Gamaschendienst, lächerlich wie der damals in höchster Blüte stehende Geist des Philistertums und kaum salonfähig gemacht durch den Haarbeutel oder zierliche seidene Bandschleifen – das ist der Charakter des Rokoko, kleinlich, süßlich, geziert, steif, unnatürlich und kapriziös.

Auf den ersten Blick wird uns der Schritt von der Perücke zum Rokoko, dem Geschmack des 18. Jahrhunderts, nur wie ein Rückschritt erscheinen, und er war für die erste Hälfte auch kaum etwas anderes. Die Unnatur blieb, die Großartigkeit verschwand und an ihre Stelle trat die Caprice. Das ganze Wesen der Zeit schrumpft ein, das Philistertum erblüht und mit ihm regiert der Zopf. Aber das Rokoko ist doch nicht so mit einem Worte abgemacht: es waren viele und mannigfache Momente, die auf den Geist der Zeit einwirkten, die einen, indem sie seinen Charakter bildeten, die andern, indem sie die Formen herliehen.

Drei verschiedene Gesellschaftsklassen sind es, die wir auf unserem Gebiete als die Träger dieser Zeit betrachten können, die vornehme und gebildete Welt Frankreichs, das deutsche Bürgertum und die deutschen Höfe mit ihrer Militärliebhaberei.

Ludwig XIV. hatte die Gesellschaft in straffe Zügel genommen und hatte die Zügel festgehalten bis an sein Lebensende. In den letzten Jahrzehnten hatte er sogar versucht, die Franzosen fromm zu machen, und es war ihm auch bei dieser Welt der Falschheit, der Heuchelei, des gleisnerischen Pathos, dem Äußeren nach vortrefflich gelungen. Die Frömmigkeit war Mode geworden und hatte den literarischen Geschmack in den schöngeistigen Salons abgelöst. Aber diese Zeit mit ihrem Sittenverfall unter der Hülle der zeremoniellen Formen konnte nur heucheln, und sie wartete nur auf den Tod des alternden Königs, um die Maske der Bigotterie abzuwerfen. Kaum hatte auch der große Ludwig sein von falschen Locken umwalltes Haupt zur letzten Ruhe gelegt, da zeigte die Welt auf einmal das Satyrgesicht und grinste hohnlachend über den Zwang und die Fesseln, die ihr angelegt worden. Es brach die wilde Zeit der Regentschaft herein, und, der Bande ledig, schien eine Weile die Hölle los zu sein.

Aber es dauerte nicht lange, so legte sich der Sturm, es vertobten die wilden Gewässer, und die Welt nahm wieder Manieren und Formen an, und zwar die alten. Von dem Zwang, dem Pathos, der Bigotterie Ludwigs XIV., davon war keine Rede mehr. Niemand gab sich mehr die Mühe auch nur großartig oder pathetisch erscheinen zu wollen; statt der angenommenen Erhabenheit herrschte die zufällige Laune, der geistreiche Einfall, das galante Wort, die scherzhafte Kleinigkeit, alles aber nur in den Formen, die hergebracht waren, d.h. in solchen, die mindestens ebenso unnatürlich, so falsch, leer und nichtssagend waren wie die des vorausgegangenen Geschmacks. Ein einziger Gedanke belebte diese Welt, das Vergnügen, die Liebe. Die Genusssucht leuchtet aus allen Augen. Die Liebesgötter spielen auf den ewig lächelnden Lippen; sie schauen uns leibhaftig an aus den Schnitzereien der Geräte, aus den Stuckaturen der Plafonds, aus den Malereien der Wände, aus allen Werken des Pinsels und des Meißels; die reizenden Boudoirs, die mysteriösen Villen hinter grünen Bäumen, die bequemen, breiten, einladenden Möbel, das leichte Kostüm der Frauen, alles atmet, lebt, spricht und erinnert an Liebe. Es ist ein Leben wie das der seligen Götter, leicht und sorglos, ewig jung und ewig heiter, unbekümmert um alle Zukunft, als ob nie der Tag hereinbrechen könnte, da diese Lust und Herrlichkeit ein Ende nimmt, da Feuer und Schwefel herabregnen auf dieses Sodom und Gomorra, um es in der Sünden Blüte vom Erdboden zu vertilgen.

Diesen leichten Ton der vornehmen französischen Welt im Zeitalter Ludwigs XV. suchten die deutschen Höfe und der deutsche Adel vergebens nachzuahmen. Es waren ungefüge Waldbewohner, Faunen und Satyrn, welche die olympischen Götter spielen wollten. Nur die Ausgelassenheit und Zügellosigkeit des Lebens gelang ihnen, nicht der Reiz, die Anmut, die Freiheit, welche in der französischen Gesellschaft, wenn auch unter falschen Formen, unleugbar vorhanden waren. Die letztere hatte den Sinn für die Kunst und die Literatur, und beide waren vorhanden und blühten in Frankreich, wenn sie sich vielleicht auch auf Irrwegen befanden; in Deutschland aber gab es noch keine Kunst und gab es noch keine Literatur, für die ein gebildeter Geist hätte Sinn haben können. Stattdessen bildete der Soldat die erste Liebhaberei. Wir müssen uns erinnern, dass wir im Zeitalter König Friedrich Wilhelms I. von Preußen stehen, im Zeitalter der Potsdamer Wachtparade, da die preußischen Werbeagenten auf den Fang von langen Männern ausgingen, um sie mit oder wider ihren Willen in das große Regiment zu stecken. Wenn wir daran denken, so fällt uns der ganze übrige Geschmack ein, der damit zusammenhängt, die ganze militärische Paradedressur, die Gamaschenknöpferei, das Prügelsystem und endlich der Zopf.

Hof und Adel bewiesen hierin wenigstens noch einen positiven Geschmack, das deutsche Bürgertum, das nach wenigen Jahrzehnten an der Neugestaltung des Weltgeistes einen bedeutenden Antheil nehmen sollte, hatte damals gar keinen. Es war stumpfsinnig geworden und ließ sich ruhig den Zopf einbinden, wie ihn die Welt damals annahm. Es war die Zeit, wo der deutsche Partikularismus, die Zerlegung in immer kleinere und kleinere Kreise, sich vollendet hatte, wo die Umwandlung in das Spießbürgertum und Philistertum, die Verkehrung des großen nationalen Patriotismus in den Stadt- und Dorfpatriotismus vollzogen war. Der Philister war fertig und sein Geschmack konnte unmöglich ein anderer sein als der Zopf; es ist sein Symbol und Wappenzeichen. Aber noch ein anderes, historisches Merkmal hat er. Clemens Brentano sagt in der Naturgeschichte des deutschen Philisters, es sei das sicherste Kennzeichen desselben, dass ihn nie der Regen ohne Regenschirm treffe – und wunderbar! Sowie der Philister in der Geschichte fertig war, so erfand er sich den Regenschirm, oder richtiger gesagt, da ein Philister überhaupt nichts erfindet, er borgte ihn von China, dem Vaterlande der Zöpfe. Wir werden später noch sehen, wie überhaupt zwischen dem Chinesentum und dem Geist des Rokoko eine große Wahlverwandtschaft stattfindet.

So wenig wie den Regenschirm, konnte der Philister auch den *Zopf* erfinden. Dennoch wurde er nicht gleich jenem dem himmlischen Reiche entlehnt, sondern er war, wie er damals entstand – wir müssen es leider sagen – eine deutsche Erfindung. Er kam aus militärischen Kreisen, und wenn man jemand als den Vater bezeichnen will, so muss man König Friedrich Wilhelm I. nennen, bekanntlich den eigenwilligsten und vielleicht auch den deutschesten der damaligen Autokraten. Wie die Uniform stets in gewissen Abständen der Mode folgt, zuweilen auch ihr vorausgeht, so war denn auch die Perücke auf den Offizier übergegangen; sie bei dem gemeinen Soldaten einzuführen, ging schon aus finanziellen Gründen nicht, er musste daher sein eigenes Haar in möglichster Länge tragen. Da dieses nun aber bei dem strengen Dienst und Exerzierreglement jener Zeit äußerst unbequem war und zumal die nötige Gleichförmigkeit sich nicht damit herstellen ließ, so kam man auf den Gedanken, allen Soldaten die langen Haare hinten zusammenzubinden. Der weitere Schritt, sie steif in einen Schwanz zusammenzukleben, oder einen falschen Zopf in Ermangelung des eigenen Haares zu machen, fand sich leicht, so wie denn aus der Länge und Dicke des Zopfes alsbald ein Gegenstand der Eitelkeit und des Ruhmes wurde, insbesondere als derselbe unausbleiblich auf die Offiziere überging und somit in die vornehmen Kreise und in den Salon Eingang fand. Hier gab es nun ein paar Jahrzehnte lang einen förmlichen Krieg zwischen Zopf und Perücke, der zu einer Art nationalen Kampfes wurde, da die Perücke für französisch galt, der Zopf aber für deutsch. Jene hatte die feinen Herren der alten Schule, die Gelehrten und die Geistlichen und so ziemlich alle Würdenträger für sich, dieser aber das Militär und alsbald den mittleren Bürger und alles dasjenige, was man etwa im heutigen Sinne, aber nach damaligem Maßstabe liberal nennen konnte.

Wir wollen den Phasen dieses denkwürdigen Kampfes nicht im Einzelnen nachgehen; ich will nur bemerken, dass die Perücke, entsprechend dem Gang der Entwicklung, den ich schon als die Abschwächung des Geistes und Geschmackes Ludwigs XIV. bezeichnet habe, von einem Jahrzehnt zum andern sich verkleinerte und zusammenschrumpfte, und dass sie anstatt des Zopfes der Konkurrenz wegen sich den allerdings galanteren Haarbeutel einband und dadurch endlich der Zopffrisur, d.h. der Frisur aus eigenem Haar, sich so ähnlich machte, dass die Vermischung und Verschmelzung beider möglich wurde, indem das Eigenhaar die letzte Form der Perücke annehmen konnte. Damit war der Kampf für den Salon und die Mode wenigstens ausgekämpft, und nur auf der Kanzel, dem Katheder, auf der Richterbank und dort, wo ein unerwünschtes Gebot der Natur stattfand, blieb die Perücke noch in Ehren.

Ein Umstand erleichterte den Verschmelzungsprozess, die Mode des *Puders,* welche ein charakteristisches Zeichen des Rokokogeschmackes ist. Ich habe schon früher einmal gesagt, dass Blond die Lieblingsfarbe der Perücke war, und da blondes Haar nun seltener und teurer war, so suchte man wenigstens durch weißen Puder den Eindruck der dunklen Massen zu mildern. Hieraus wurde nun mit Anfang des 18. Jahrhunderts eine allgemeine und absolut herrschende Mode; ob Perücke oder Zopf, ob schwarz oder blond, ob eigen oder falsch, das Haar musste über und über vollständig weiß gepudert sein. Ebenso war es mit den weiblichen Köpfen. Gleichzeitig mit dem Fall der großen Staatsperücke und der Abschwächung des grotesken Geschmacks, man möchte fast sagen im Todesjahr Ludwigs XIV. – so genau trifft es zusammen –, war das terrassenförmige Haar- und Spitzengebäude der Fontange von den weiblichen Köpfen verschwunden, das Haar sammelte sich enger und enger mit kleinen Locken und bildete hier in der Zeit der Regentschaft und in den beiden ersten Jahrzehnten der Selbstregierung Ludwigs XV. eine kleine, höchst kapriziöse Frisur, welche mit gleicher Entschiedenheit und Vollständigkeit sich mit dem Schnee des Puders bedeckte Der

Ausdruck, den dadurch das Gesicht gewann, stimmt vortrefflich zum Charakter der Zeit. Abgesehen davon, dass der Puder fast mehr noch als die Perücke die Gesichter gleich macht, verleiht er ihnen das Zeichen des Greisenalters. Dabei waren aber die Gesichter der Damen, ob alt oder jung, jugendlich weiß und rot bemalt und der Glanz dieses falschen Inkarnats noch durch die schwarzen Taffetfleckchen erhöht. So erhielt alle Welt den Ausdruck des jungen Greisenalters, und das ist vollkommen richtig für eine Gesellschaft, welche dem Untergange entgegeneilt und wie in ewiger Jugend sorglos und sicher im unbefangensten Genusse den Gedanken an die nahe Stunde des Todes hinwegliebt und hinwegtanzt.

Sehen wir uns weiter den Modegeschmack an, so werden wir männlicherseits nicht viel Neues bemerken, wir finden aber getreu demselben Geiste, welchem die Haartracht folgt, dass alle Formen sich verkleinern, dass die Tracht zierlicher, eleganter, koketter wird. Die Beinbekleidung spannt sich straffer und gezierter; der untere Rock verkleinert sich von unten nach oben und wird zur Weste, der obere wirft die großen Umschläge und Taschen ab und beschränkt die schwere Goldstickerei. Auch in den Farben wird die Tracht bescheidener. Das Rokoko, wie es in allem milder auftritt als Ludwig XIV. mit seinem Pomp, liebt nicht mehr die starken Gegensätze der vollen und satten Farben. Es behält die Vorliebe für Blau und Rot, aber es ist ein verwaschenes Hellblau und Blassrosa, womit es sich schmückt; auch Gelb, Grün, Violett und andere Farben, die es zur Verwendung bringt, sind sämtlich ins Lichte verwaschen. Nur der Mann von gemeinem Geschmack kleidet sich noch in grelle und kräftige Farbentöne.

Derselbe Geist herrscht in der Frauenmode, aber er kommt zu anderen Formen. Der Geschmack für die lange und enge Taille und folglich auch den Schnürpanzer bleibt, ja er wächst nur, je mehr die Zeit sich vom Wege der Natur verirrt. Aber die schwere, dickstoffige, langnachschleppende Robe, das Prachtstück der Toilette vom Hofe Ludwigs XIV., ist zu massig und unbequem für die leichteren und freieren Grazien, welche am Hofe des Regenten und Ludwigs XV. regierten. Sie werfen dieselbe ohne weiteres ab. Nun hätte man erwarten sollen, dass man der Kleidung wieder den freien, ungehinderten Fall gegeben hätte, wie sie etwa den flotten Sitten entsprach. Aber das

Zeitalter stand noch unter dem Geist der Unnatur und konnte nur eine barocke Tracht mit einer anderen barocken, allerdings leichteren und bequemeren, vertauschen. Was geschah? An Stelle der Schleppe trat wieder der seit einem Jahrhundert außer Gebrauch gekommene *Reifrock*. Nun beginnt die große Periode dieses merkwürdigen Kleidungsstückes, das in unseren heutigen Tagen zum dritten Male seine Auferstehung gefeiert hat.

Anfangs fing der Reifrock bescheiden an; er war nur eine Erleichterung von der Fülle und Schwere der übrigen Gewandung. Das Kleid, aus leichtem Stoffe gehalten, leicht und gefällig verziert, lag nicht gespannt, sondern in bauschig flatternder Weite um ihn herum, darüber hing beim Ausgehen ein faltiger, leichter Radmantel, die Contouche genannt. Nimmt man dazu die kleine Puderfrisur, die spitzen Schuhe, den reichen Spitzenbesatz, der herumwehte, so hatte die weibliche Erscheinung bis gegen das Jahr 1750 etwas Freies, Ungezwungenes, selbst etwas Negligéartiges, allerdings auch etwas Manieriert-Kokettes. Aber es lag zu viel darin von den freien Reizen der Hirtinnen Watteaus und Bouchers, von der Ungeniertheit der Königinnen der Bühne, welche damals, seit Adrienne Lecouvreur, eine große Rolle im Gesellschaftsleben zu spielen begannen. Der Hof und die große Welt verlangten ihre Rechte zurück, und da blähte sich der Reifrock nach der Mitte des 18. Jahrhunderts zu jener ungeheuren Weite auf, welche uns heute beim Anblick der Modebilder jener Zeit mit starrem Staunen erfüllt, Bei der Hoftracht namentlich wurde der Umfang so kolossal, dass die Türen nicht mehr zu passieren waren und das Niedersetzen unmöglich wurde. Man kam darum auf den Gedanken, ihn in der Richtung von vorn nach hinten zusammenzudrücken, wodurch er oval wurde, aber an Breite gewann und von vorn nur umso mächtiger aussah. Die Dame konnte aber so mit der Seitenbewegung die Türen und Korridore defilieren, wie ein Schiff die Kanäle. Ihr galanter männlicher Begleiter war freilich übel daran; er konnte ihr nicht zur Seite gehen und ihr nicht den Arm reichen, sondern musste ein paar Schritte vorausgehen und, rückwärts gebogen, ihr die Fingerspitzen zur Führung reichen.

Diese Anschwellung der Kleidung in der zweiten Hälfte des 18. Jahrhunderts begleitete ein erneuertes Aufsteigen der Kopftracht.

Es ist, als ob das alte Regiment, kurz vor seinem jähen Sturz durch die Revolution, noch einmal einen verzweiflungsvollen Versuch macht sich auf die imponierende Würde und den königlichen Prunk Ludwigs XIV. hinaufzuschwindeln. Aber dem Schwindel folgte der augenblickliche Fall. Nur ein paar Lockenrollen spielen um Brust und Schultern und in den Nacken legt sich ein zusammengerollter Wulst, der Chignon; alles Übrige türmt sich in die Höhe und wird mit Kissen, Drahtgestellen, Nadeln zu solchen Gebäuden aufgeschwellt, dass sie an kubischem Inhalt oft das Zwölffache des Kopfes ausmachen und ihn um das Vierfache an Höhe überragen. Es ist keine Frisur mehr, sondern eine Architektur, daher denn auch die Dame mit einem gewissen Rechte ihren Friseur als „akademischen Künstler" bezeichnete. Der Kopf verlor seine Bedeutung; er war nicht mehr der Gegenstand, den man verzierte, sondern das Fundament eines architektonischen Kunstwerks. In Bezug auf die Form hatten Laune und Phantasie vollkommen freies Spiel. Was die Geschichte der Vergangenheit und der Gegenwart, was die Natur, was die Kunst darbot, es musste Gedanken und Form für die Frisur herleihen. Große Männer, berühmte Frauen, vielbesprochene Tagesbegebenheiten, sie erhielten ihr Denkmal auf Millionen weiblicher Köpfe von Paris bis Wien und Petersburg, freilich ein schnell vergängliches Denkmal, das eine einzige Nacht und die Mode des nächsten Tages wieder zerstörte.

Doch wir haben mit diesen kolossalen Coiffuren bereits dem Gange der Entwicklung vorgegriffen und wir müssen uns wieder zurückwenden, um den *Kunstgeschmack* des Rokoko in der ersten Hälfte des 18. Jahrhunderts zu betrachten, und zwar wollen wir ihn zuerst aus dem ornamentalen Gebiete uns ansehen und aufsteigend diesem die hohe Kunst, die Skulptur und die Malerei, folgen lassen.

Wir dürfen hier keinen anderen Charakter erwarten, als den, welchen wir schon haben kennen gelernt. Es ist derselbe Geist des Vergnügens, der Liebe und der Koketterie, des Theaters und der falschen Natur, der Caprice, des beliebigen Einfalls und der Regellosigkeit, welcher im Ornament, in der Ausstattung der Paläste und Wohnungen, in aller Kunst überhaupt die Herrschaft führt. Dieser Geist scheint unfasslich, weil sein Wesen eben darin besteht, dass die Laune alle künstlerischen Gesetze mit Füßen tritt, aber eben hierin ist er wieder so wunderbar konsequent, dass er uns überall in einheitlichem und geschlossenem Charakter vor Augen tritt.

In solchem Geiste konnte das Rokoko jenes Bestreben zu imponieren, das Bestreben zur Entfaltung von Pracht und gewichtiger schwerer Würde, nach pompösem Schein nicht festhalten; wie hätte sich die Laune damit vertragen können? Das Rokoko will mit seiner Kunst gar nichts, es beabsichtigt gar keine Wirkung, es hat keinen andern Zweck als sich zu amüsieren, sich selbst zu gefallen, seinem Amüsement eine entsprechende wohlige, behagliche, reizende Stätte zu verschaffen. Es ist daher im Allgemeinen sein formelles Auftreten ein weit bescheideneres, anspruchsloseres als das der Perückenzeit, und zweitens unterscheidet es sich dadurch von seinem Vorgänger, dass es die Kunst mehr nach *innen* als nach außen richtet.

Man wird daher fürs erste an dem *architektonischen* Außenbau zwischen dem Ende des 17. und der ersten Hälfte des 18. Jahrhunderts wenig Unterschied wahrnehmen, ohne Vergleich mehr aber an der inneren Ausstattung wie am *Ornament*. Was hier vor allem einwirkte und der Kunst eben die Richtung auf das Innere gab, war das veränderte *Gesellschaftsleben*.

Wir werden uns erinnern, dass Salonleben und Konversation, welche zur Zeit Ludwigs XIII. unter dem Vorgange des Hotels Rambouillet einen so ausgezeichneten Aufschwung genommen hatten, unter seinem Nachfolger teils durch die literarische Affektiertheit der Preziösen, teils durch den alle Gesellschaft absorbierenden Hof Ludwigs XIV., der keine anderen Sterne neben sich duldete, wieder zu Grunde gegangen waren, und dass endlich unter dem alternden und frömmelnden König die Konversation sogar beten gelernt hatte. Dem machte die wilde Wirtschaft des Regenten wieder ein Ende; das Beten verwandelte sich in zynisches Lachen; der Hof verlor seine gesellschaftliche Bedeutung und die Privatlichter konnten wieder glänzen. Gleichzeitig erhob sich aber auch die Literatur nach der Unterdrückung, welche sie unter Ludwig XIV. zu erleiden gehabt hatte, aufs Neue; es begann das Zeitalter der Philosophen und Enzyklopädisten und damit das goldene oder klassische Zeitalter der französischen Literatur. Mit dieser wuchs wieder der Salon heran, der sich wie hundert Jahre früher für Kunst und Wissenschaft begeisterte und mit Künstlern, Gelehrten und Dichtern seinen Kultus trieb. Aber der Geist des Rokoko war nicht der Geist des Hotel Rambouillet, und daher nahm es der neue Salon weit weniger ernst mit der Literatur und behandelte sie vom Standpunkt des Amüsements. So wurde die Konversation des Salons zur Causerie.

Die Causerie, die wie ein Schmetterling in ihrer leichten, tändelnden, flatternden Manier, von jedem Gedanken der Literatur, von jeder Blume der Kunst den frischen Tau trinkt und den Blütenstaub aufsaugt, sie konnte sich unmöglich in der schweren, erdrückenden Pracht jener Räume gefallen, welche der Stil Ludwigs XIV. geschaffen hatte; sie konnte unter dem überhängenden Ornament, unter dem Lärm der massenhaften Malereien und all der anderen Kunstmittel nicht die Ruhe und Heiterkeit und Unbefangenheit der Seele finden, die ihr Bedürfnis war, noch in den schweren, steifen Möbeln jene Behaglichkeit und Wohligkeit des Daseins gewinnen, welche die Schwere der körperlichen Existenz vergessen macht. Sie musste den Geist frei und den Körper leicht und bequem haben.

Da warf sie denn all die gelehrte, schwerfällig pedantische Allegorie der Malerei mit der gesamten Historie aus dem Salon und den Wohnräumen hinaus und bevölkerte die leergewordenen Stätten mit unzähligen Schaaren erglühender Liebesgötter, mit einer erträumten idyllischen Welt von Hirten und Hirtinnen, die auch weiter nichts kannten von den Dingen dieses Erdenlebens als Zärtlichkeit und Galanterie und eben nur ein paar Schafe als Attribute zur Erkennung ihres Standes zur Seite hatten. Von der ganzen Götterwelt des Olymp, des Meeres und des plutonischen Reiches der Unterwelt blieb auch nichts übrig, als was Ovid an Liebesgeschichten erzählt. Das gab denn, mit zeitgemäßer Grazie, mit leichtem, kokettem Pinsel und gefälligem Kolorit ausgeführt, eben die rechte Stimmung zu der parfümierten Luft dieser Räume und zu dem dämmerigen Clairobscur des Boudoirs. Jetzt erst ist die eigentliche Blütezeit jener phantastisch-freien Flächenomamentation, die ich schon bei der Kunst des 17. Jahrhunderts geschildert habe, und in welcher Watteau der erste Meister ist. Mit ihren leichten, graziösen Zusammenstellungen von allem Möglichen und Unmöglichen überzieht sie Wände und Plafonds. Sie hat ihr Reich in der Malerei, auf Teppichen und Decken, auf Borhängen und Tapeten, auf spanischen Wänden und Fächern, auf Geräten und selbst auf den Kleidungsstücken. Wenn das alles ein leeres Spiel ist ohne Bedeutung, so muss man wenigstens zugeben, diese Dekorationskunst versteht gefällig und anmutig zu spielen.

Machte diese Art Dekoration die Seele leicht, so sollte auch der Körper sein Recht haben. Die Zeit erfand sich eine besondere Art von Sitzmöbeln, eigens zugerichtet für die Bequemlichkeit des Salons und der Causerie, nämlich die in Form und Polsterung geschweiften Möbel, welche sich mit breitem, niedrigem Sitz und zurückgelegter, gebogener Lehne an die Form des menschlichen Körpers anschmiegen und seinem Bedürfnis nach Bequemlichkeit Rechnung tragen. In ihnen sollte der Geist sich frei fühlen von der Schwere seines körperlichen Begleiters und im Behagen des leichten Geplauders die Zeit vergessen. Freilich verletzte diese Art von Möbelkonstruktion zwei Kunstgesetze auf einmal: sie war wider die Natur des Holzes, das, ausgeschweift, nun den Druck der Last nicht mit seiner starken, sondern mit seiner schwachen Richtung zu tragen hatte, und zweitens überhaupt wider das statische Gesetz von Last und Stütze.

Allein was kümmerte das Rokoko die Verletzung solcher Gesetze! Seine ganze Ornamentik ist die Verhöhnung der Kunstgesetze, sein Prinzip ist die Prinziplosigkeit, sein Gesetz die Laune, der Einfall, die Willkür. Schon dass fortan die Muschel in ihrer unsymmetrischen Gestaltung nebst regellosen Tropfsteingebilden die Hauptelemente des Ornaments bilden, ist charakteristisch. Mit Muschelwerk, d.h. mit einem durchaus unregelmäßigen, flach-hohlen, gezackten Schnörkelwerk, welches der Regel wie der Schönheit spottet, werden alle Dinge umgeben. Gerade Linien gibt es in dieser Kunst nicht mehr. Sind sie schon aus der Möbelstruktur, wo das Prinzip von Last und Stütze sie unbedingt verlangt, verschwunden, so ist vollends in der Ornamentik ihres Bleibens nicht. Nur die geschweifte Linie ist noch schön; daher muss sich denn alles schweifen und biegen; alles Detail gerät in fliegende Bewegung. Aber die Caprice erlaubt nicht, dass die Linie dem angenommenen Fluge folgt: scheint sie einmal eine bestimmte Richtung annehmen zu wollen, flugs bäumt sie sich, bricht ab, biegt aus, um nach kurzem Lauf wieder dasselbe Spiel zu beginnen. Von Symmetrie ist dabei natürlich keine Rede mehr: ist die eine Seite so, muss die entgegengesetzte gerade *anders* sein. Ebenso wenig ist Schönheit der Kontur noch ein Kunstelement, das in Frage kommt, denn die Linien, die etwa dahin streben, werden stets unterbrochen, zerhackt und zerrissen. Nimmt die Laune der Kunst hier keine Rücksicht, so kennt sie auch keine in der Wahl der Gegenstände, aus denen sie das Ornament zusammensetzt. Die Muschel, wie gesagt, bildet den Ursprung des krausen Schnörkelwerks, aber in und mit diesen Schnörkeln wird alles verwendet, was in den Sinn kommt. Will man etwas besonders Charakteristisches haben, so muss man die Kunstbücher oder Kupferstichblätter mit den s.g. Kartuschen durchsehen. Das sind von Haus aus nichts weiter als Rahmen, welche Bilder, Spiegel, Ornamentfelder, Inschriften u.s.w. umgeben sollen. Zu allen Zeiten hat man solche Rahmen in der Grundfläche regelmäßig gestaltet, das Rokoko aber duldet sie nur absolut unregelmäßig, von den launenhaftesten Formen, das Rechts und das Links, das Unten und das Oben immer anders gestaltet. Umgeben sind sie gewöhnlich von den Schnörkeln des Muschelwerks mit nackten Kindern dazwischen. Dazu kommen nun aber zu weiterer Ausstattung die Zutaten von Architekturen, von Gebilden der Natur, von Landschaften, von Fontänen und Pyramiden, von Säulen und Statuen, von idyllischen oder sozialen Genrebildern, unter denen der Gegenstand, der verziert werden soll, fast völlig verschwindet.

Bei solchem Charakter fand das Rokoko einen wählverwandten Geist im *Chinesentum*, und es ermangelte nicht dieser Neigung zu folgen und ein Freundschaftsbündnis mit ihm zu schließen. Die chinesische Kunst hatte einmal vor einem halben Jahrtausend bessere und vernünftigere Tage gesehen, aber wie sie damals im 18. Jahrhundert war und noch heute ist, zeigt sie sich durchaus vom Barocken und Bizarren beherrscht; das kapriziöse Abspringen von einem Gegensatz zum andern, das Zerhackte und Zerbrochene der Linien, das Eckige, Scharfe und Kecke der Profile, das Kurzhalsige der Gefäßformen, das Sinnlose der Ornamente, das bildet so recht ihr Wesen und harmoniert nicht übel zum Charakter des Rokoko. Das Rokoko musste freilich all die seltsamen Szenen chinesischen Lebens mit in den Kauf nehmen, die Genrebilder mit den lächerlichen Figuren der kurzhalsigen, dickbäuchigen, kahlköpfigen, zopfgeschmückten Mongolengestalten, aber sie bildeten ja nur eine Bizarrerie mehr in dieser verkehrten Welt.

Zwar waren die Erzeugnisse der chinesischen Kunst schon im 17. Jahrhundert in großen Mengen in Europa eingeführt worden, aber obwohl das *Porzellan* unleugbare technische Vorzüge vor den Majoliken und Fayencen besaß, so war es doch auf die Kabinette der Kunstliebhaber und auf den Gebrauch reicher Leute beschränkt geblieben. Erst mit dem Anfang des 18. Jahrhunderts wurden Porzellan und Chinesentum zur wirklichen Mode und wirkten auf die Entwicklung des Geschmacks ein, zumal als Böttiger das europäische Porzellan erfand und es ein Ehrgeiz und ein Wetteifer unter den Fürsten wurde, Porzellanfabriken zu gründen. Nun sah man nicht bloß alle Salons und Kabinette sich mit Porzellangeschirren, mit Statuetten und Gruppen, mit den wunderbar glänzenden Lackwaren, mit den bizarr gestalteten, aber reizend gearbeiteten Bronzen sich füllen; man sah den Chinesen förmlich zum Löwen der Mode geworden und erblickte sein wohlbekanntes Konterfei überall in der Dekoration neben den Schäfern und den Liebesgöttern; selbst Watteau fand ihn interessant genug, ihn in seine phantastischen Wandverzierungen aufzunehmen.

Das Porzellan musste sich bei diesem Geschlecht, das so sehr den äußeren, eleganten Schein liebte, mit der Zierlichkeit seines Materials, mit dem glänzenden Schimmer und der Transparenz seiner Farben unausbleiblich einschmeicheln. Vor allem war es aber die sanfte Harmonie der gebrochenen Farbentöne, welche allem jüngeren chinesischen Porzellan eigen ist, die vortrefflich zum Farbengeschmack des Rokoko stimmte, das nur an verblassten Farben Wohlgefallen fand und die lebhaften Töne für gemein hielt. Auch das europäische Porzellan ging ganz auf diese Farbenstimmung ein; es entsagte aber sofort der reinen Imitation und fügte sich gefällig in alle Liebhabereien und Capricen des Rokoko. Eine gute Zusammenstellung von Altmeißner Porzellan in Geräten und Figuren wird uns die ganze Welt des Rokoko lebendig machen. Die Tracht und die Manieren, den Formen- und Farbengeschmack, selbst die Malerei und die Plastik, denn das Porzellan gibt im Kleinen wieder, was die Watteau und Coustou, die Boucher und Latour geschaffen.

Das Porzellan ging aber nur auf die Kunst dieser Meister ein, weil diese sich selber in so vollständiger Harmonie mit dem Geist der Zeit befanden. Nicht minder wie der Einzelne und die Gesellschaft, legte die ganze *hohe Kunst* die Perücke ab, welche Lebrun mit solchem Stolze getragen hatte, denn mit Laune und Liebe verträgt sich kein Pathos. Die Kunst gab sich wieder so frei, so anspruchslos, so unbefangen und natürlich, wie es eben die Zeit war.

„So natürlich, wie es eben die Zeit war" – darin liegt der eigentümliche Realismus, die eigentümliche Wahrheit dieser Kunst. Die Zeit war *nicht* natürlich, aber sie bewegte sich in der Verkehrtheit und in der formellen Gebundenheit mit der Freiheit der Natur; ihre Weise war ihr zur zweiten Natur geworden. Dasselbe ist es mit der Kunst. Die Zeit des Rokoko ist Schein, ist Lüge, ist Schauspiel und Caprice; Religion, Königtum, Genie – alles ist zum Spiel geworden. Der König spielt mit der Krone, der Priester mit der Religion, der Philosoph mit dem Geist, der Poet mit der Dichtkunst. So wurde auch die Kunst ein Spiel und die Schönheit zur Caprice. Aber Spiel und Caprice setzen eine gewisse Freiheit voraus.

Die Kunst wollte nichts anderes sein als der völlige, erschöpfende Ausdruck der Zeit. Das Ideale, das Unendliche kannte die Zeit des Regenten und des fünfzehnten Ludwig, das Zeitalter der Bagatelle, nicht. Zwar pilgerten die französischen Künstler alle nach Rom, aber vor Rafaels Schönheit und Michel Angelos Größe kehrten sie um und kamen französischer nach Paris zurück, als sie es verlassen hatten. Die Athener von Paris, die sich etwas zu Gute taten auf ihre Kunstbildung, wollten keine Griechen, keine Athener des Perikles sein, sondern Franzosen vom Zeitalter der großen Ludwige. Sie hatten ihren Götterolymp und ihre Antiken; ihre Götter residierten in Versailles; dort im Garten standen ihre Antiken; ihre Phidias und Praxiteles hießen Coysevox und Coustou, ihr lockenschüttelnder Jupiter hieß Ludwig, ihre Venus Madame de Pompadour.

In *Einem* aber waren diese Künstler den Griechen gleich, darin dass sie die eigene, sie umgebende Natur, die Menschen ihres Zeitalters studierten, wie sie vor ihren leibhaftigen Augen wandelten. So taten die Griechen und so die Franzosen. Aber die Natur, die sie anschauten, war eben eine andere. Vor den Griechen wandelten in Menschengestalt und Gewandung die schönen und reinen Formen beständig einher; sie sahen sie zu Hause, auf der Straße, auf den Spielplätzen der Gymnastik; sie hatten sie zur Begleitung von Kindheit auf bis an des Lebens

Ende. Wo hätte man aber in Frankreich, wo in der ganzen zivilisierten Welt von damals diese Gestalten finden sollen? Die Locken, die der Franzose sah, waren die künstlich geringelten, mit Pomade und Puder bedeckten der Perücke, den Leib hatte die Schnürbrust von Jugend auf entstellt, das Gewand war aufgebläht oder eng gleich einem Panzer und von der Masse des gestickten oder flatternden Beiwerks der manierierte Schnitt noch unkenntlich gemacht. Die Bewegungen der Arme und Beine hatte der Tanzmeister geschult, die Füße waren durch die engen und hohen Schuhe entstellt. Wo sollte der Künstler denn die Anmut des Ganges, den Rhythmus der Bewegungen, den Adel des Faltenwurfs beobachten, da das Korsett die Wellenlinie in die gerade und die Elastizität der Hüften in winklige Steifheit verwandelte, da die hohen, spitzen Absätze und die engen Schuhe den Fuß einpressten und unnatürlich stellten, da die ganze Kleidung der Frau vermöge des Reifrocks sich horizontal um den Körper drehte, also der natürlichen Längenachse des Menschen zuwider? Konnte doch der Porträtist nicht einmal zum natürlichen Inkarnat kommen, denn es war ja mit Rot und Weiß übertüncht und das feine Geäder mit großer Kunst hineingemalt, so dass er nicht die Natur, sondern das Werk eines andern Künstlers vor sich sah.

Aber die Kunst des Rokoko war eben hiermit vollauf zufrieden; sie wollte keine anderen Jupiter und keine anderen Aphroditen als die Götter und Göttinnen des Hofes und jener Bretter, auf denen der Ernst der Welt zum Spiele wird. Und das muss man gestehen, in der Wiedergabe dieser ihrer eigenen Welt, darin ist sie wunderbar glücklich, darin ist sie frei, natürlich und wahr, weil sie sich vollkommen damit in Harmonie befindet, weil sie nur ihr eigenes Fleisch und Blut in glücklichster Unbefangenheit porträtiert. Was diese Zeit noch an Schönheit oder vielmehr an Liebreiz besitzt, ihre eigentümliche Grazie und kecke Leichtigkeit, das ist auch der Kunst zu eigen, und vor allem teilt sie mit ihr, was jeder Kunst als Lebensbedingung zu wünschen ist, die sorglose, nicht zu trübende Heiterkeit, die über alles, über die Menschenwelt, über den Himmel und die Landschaft ausgegossen ist.

Bei diesem Charakter musste es der *Plastik* völlig versagt bleiben, etwas darzustellen, wobei es auf Größe und Kraft ankam. Einen Herkules zu schaffen, der etwa den nemeischen Löwen hätte töten können, wie sie wohl in Selbstverkennung versuchte, das misslang völlig. Ebenso trugen die monumentalen Skulpturwerke den Stempel der Schwäche oder der kapriziösen Manier; ihr Ruhm konnte die Zeit nicht überdauern. Bouchardon glaubte zwar, man werde von seinem Denkmal Ludwigs XV. noch nach zweitausend Jahren reden. Es überlebte *ihn* allerdings, denn er sah nicht einmal die Vollendung; aber nur ein paar Jahrzehnte vergingen, und dieselben Pariser, die als Knaben jubelnd der Errichtung beigewohnt hatten, waren kaum Männer geworden, als sie es wieder umstürzten und auf derselben Stelle für den Enkel dessen, dem das Denkmal errichtet worden, das Schafott erbauten.

Die Skulptur konnte nur dort etwas leisten, wo sie dem Geiste der Zeit treu blieb, wo sie auf Größe Verzicht leistete und auf jene Grazie und jenen Liebreiz hinarbeitete, welche der Zeit eigen waren. Sie opferte freilich die Prinzipien der wahren Plastik, aber daran kam ihr wenig an; wenn sie sich selbst darin gefiel, so war es genug. Die Luft, das Vergnügen, das in diesen Menschen lebte, das wussten die Bildhauer auch in den kalten Stein zu gießen; der Marmor wurde Fleisch, er pulsierte und atmete warmes Leben und zitterte vor Liebe; das Antlitz zeigt ein ewiges Lächeln und Amoretten spielen in den Grübchen; die schwellende, glatte Oberfläche erscheint weich und elastisch, als müsse sie dem Eindruck des Fingers nachgeben. Damit ließ sich freilich kein Ideal griechischer Schönheit erreichen, nicht jene hohen, reinen, unbefangenen, göttlichen Frauengestalten, aber Niemand dachte auch daran. Die Franzosen jener Zeit glaubten eine eigene Schönheit, die „moderne“ Schönheit, wie sie sie nannten, gefunden zu haben.

Diesem Geiste der Kunst konnte sich die *Malerei* nur noch gefügiger zeigen als Stein und Erz. Sie gehörte völlig dem Boudoir an und selbst diejenigen Gemälde, welche für den Altar bestimmt waren, sie verfehlten eben ihre Bestimmung; die Susannen und Magdalenen, die Marien und welchen Namen die Heiligen führen, sie entstammten alle dem Boudoir und verleugnen ihre Herkunft nicht. Weigerten sich doch Priester an jenem Altar Messe zu lesen, auf welchem Santerres „heilige Theresia in Betrachtung“ stand!

Nur die Bühne durfte dem Boudoir den Ruhm streitig machen, Modelle und Charakter dieser Kunst zu leihen; es war aber im Grunde dasselbe, denn die Königinnen des einen und die Prinzessinnen der andern waren von gleichem Schlage. Die Bühne erzog den ersten Maler dieser Zeit, der in absolutem Sinne der Maler des Rokoko geworden ist, Watteau. Wenn Rigaud und Latour, der berühmte Pastellmaler, die Porträtisten aller bedeutenden *Individuen* dieser Zeit waren, so war Watteau der Porträtmaler der *Gesellschaft*. Niemand hat ihre Natur besser getroffen, niemand sie wahrer, poetischer und liebenswürdiger zugleich wiedergegeben. Er sammelte alle ihre Reize wie in einen Brennpunkt und wusste sie im idealen Licht poetischer Anschauung darzustellen. Was die Zeit *nicht* hatte, die innere, gesunde Wahrheit, die konnte ihr auch Watteau nicht geben. Er war durch und durch ein Kind seiner Zeit. Die Zeit lebte nur im Spiel und so war auch seine Kunst nur ein Spiel; die Zeit war unwahr, unnatürlich, geziert und so auch seine Kunst, seine Menschen, sein Himmel und seine Landschaft.

Watteau war durchaus der Maler der Bühne. Anfangs hatte er die Schule eines Heiligenmalers durchgemacht, aber *seine* Götter hatte er nicht in ihr gefunden. Erst bei der großen Oper, wo er zur Dekoration mitwirkte, ging ihm seine Kunst, seine Welt, sein Himmel auf; hier fand er seine Götter oder vielmehr seine Göttinnen. Was die Oper damals von dem Maler verlangte, das waren die Wunder einer reichen, unerschöpflichen Phantasie, umflossen von der strömenden Flut des Lichts und getaucht in die Zauber des Kolorits. Und hier war Watteau der Mann, und einen zweiten, der ihm an Reichtum der Erfindung, an Poesie, an der leichten, zarten Anmut, an göttlicher Heiterkeit, endlich an der Herrschaft über die beiden Zaubermittel, Licht und Farbe, geglichen hätte, hat die Bühne wohl nicht wieder gefunden.

Seine Kunst kannte nur ein Thema, die Liebe und die Lust, das große Thema der Zeit. Das Gewitter der Revolution, das schon in der Ferne stand, der Vulkan, der unter den Füßen der Tanzenden grollte, Watteaus Kunst hat noch keine Ahnung davon. In ihr herrscht die selige Ruhe der Götter, himmlische Selbstvergessenheit im Behagen des Genusses, Vergessenheit aller irdischen Leiden und Gebrechen, Vergessenheit selbst des nahenden Todes. So schuf er dieser Zeit ihr Paradies im Bilde. Nur wie der Schlaf an den Tod erinnert, so zieht ein melancholischer Zug durch seine Schöpfungen hindurch, denn es sind nicht Ausbrüche eines in Gesundheit überquellenden, lärmenden Frohsinns, sondern Bilder still heiteren, idyllischen Glücks, die uns an die Endlichkeit und Vergänglichkeit gedenken lassen. Wir können uns der sanften Nachwirkung dieser Melancholie umso weniger entziehen, wenn wir wissen, dass Watteau, von der Liebe verschmäht, nie des Glückes teilhaftig wurde, welches er einzig sein Leben hindurch schilderte, wenn wir wissen, dass all seine schönen Träume nur die Schöpfungen der glühenden und unbefriedigten Sehnsucht sind. Der Keim des Todes, den er schon früh in sich trug, erhöhte seine Melancholie, machte ihn früh zum Bild des Greises und legte ihn mit siebenunddreißig Jahren auf die Bahre.

Unwahr ist seine Kunst, wenn wir sie mit der Natur vergleichen. Seine Landschaften sind nicht Porträts der Außenwelt, noch würde ein naturgeschichtlich gebildetes Auge sie als möglich anerkennen, denn diesen Baum würde es überhaupt in Wirklichkeit nicht finden, jenen wenigstens nicht an seinem Platze. In diesem Sinne sind sie freie Erfindungen des Künstlerpoeten. Aber sie sind wunderbar geeignet, wozu ihr Meister sie bestimmt hat, Stätten der Liebe und des stillen Glücks zu sein und jener „galanten Feste", welche das eigentliche Genre Watteaus bilden. Funkelnd im Sonnenschein des frischen, tauigen Morgens oder übergossen mit dem goldenen Licht und den duftigen, farbigen Schatten des dämmernden Abends, ziehen sie unser Auge und unsere Empfindung durch die Reize dichterischer Stimmung in sich hinein, bis wir, versunken in Betrachtung, uns verirrt glauben. Die Rose scheint zu duften in ihrem jungen Kolorit, das helle Gras funkelt im Tau, man glaubt die Nachtigall flöten, die Tauben girren, das leichte Gezweige im leisen West rauschen zu hören, wie um das Geflüster der Liebe im Geheimnis der dunklen Laube zu übertönen und die Aufmerksamkeit des neugierigen, störungslustigen Wanderers abzulenken.

So sind auch die Götter und Halbgötter, die galanten Herren und Damen, die Hirten und Hirtinnen, mit denen Watteau diese Landschaften belebte, die Erfindungen des Künstlers. Aber seine Unsterblichen wie seine Sterblichen, sie sind alle die Menschen, wie er sie kannte und beobachtete, oder wie er sie nach ihrem Bilde schuf. Die Welt, in der er lebte, war das Theater, und von daher nahm er seine Modelle oder vielmehr seine Ideale. Seine Musen waren nicht die Gottheiten des Olymps, sondern wirkliche Mitglieder der Oper und des Balletts, und von ebendaher stammten seine hochgeschürzten Hirtinnen in kurzen Steifröcken. Ihre Schönheit und ihre Grazie hatte er den Königinnen der Bretter abgesehen, welche Mienen, Stellungen, Bewegungen der Arme und Hände, das Lächeln des Mundes und das Spiel der Augen vor dem Spiegel einstudiert hatten und sie mit der Sicherheit der Natur vor dem Publikum handhabten. Es war schon eine Welt im Kostüm und in der Maske, die er studierte, und die nur darum zur Wahrheit wurde, weil die ganze Welt Theater spielte.

Was wir daher nicht bei ihm suchen dürfen, das ist Charakteristik, Heroismus, Leidenschaft oder dramatisch-bewegtes Leben. Das alles hätte nur einen Missklang, nur eine Störung in den stillen Frieden des Glückes gebracht. Nur in diesem Sinne kannten seine Geschöpfe die Liebe, nicht als jene verzehrende Leidenschaft, welche die Welt in Brand setzt. Übrigens wusste ja auch die Geschichte damals nichts von jenen gewaltsamen Leidenschaften, von welterobernden Ehrgeiz, von Schlachtendurst und unauslöschlichem Hass. Die großen Dinge in der Welt machten sich im Clairobscur der Boudoirs, und kleinliche Ränke und Eifersüchteleien spannen die Fäden der Diplomatie.

Mit Watteau haben wir die ganze Kunst des Rokoko geschildert. Watteau war das Genie seiner Zeit, die andern waren nur Talente. Wenn *Lancret* und *Boucher* bei der Mitwelt vielleicht noch größeren Ruhm davontrugen, so war es nur, weil sie tiefer mit derselben in die Manier hinabstiegen und sich des beglückten Daseins länger erfreuten. Watteau fand das Land seiner Kunst, als er die Oper betrat. Lancret fand es, als er Watteaus Bilder sah. Watteau kannte noch die Natur und liebte sie, wenn er sie auch mit dem trunkenen Auge des Verliebten wiedergab, der das Individuelle vergessen und den allgemeinen Eindruck in verklärter Schönheit festgehalten hat, aber Lancret, sein Schüler, begriff die Natur nicht mehr, als ihn Watteau aus der Stadt auf das Land hinausführte: sie war ihm fremd und blieb ihm fremd. Dasselbe war es mit Boucher; er fand keine Harmonie, keinen Reiz in der Natur und daher sehen denn seine rosig blaue Landschaft, sein Himmel, seine Bäume, das bläuliche Gras so aus, als ob er niemals ihre Vorbilder in der Wirklichkeit gesehen hätte.

Bouchers Kunst ist eine Feenwelt, eine Phantasmagorie, ein künstliches Zauberwerk aus der Laterna magica seiner Phantasie, eine Welt, die durch den Wink seines Stabes hervorgerufen erscheint und mit ihrem Meister wieder in die Nacht hinabsinkt. Mit der Natur hat sie nichts gemein und mit der Wirklichkeit nur das, dass sie in Sinnlichkeit, in Fröhlichkeit, in Falschheit und gezierter Koketterie ein Spiegelbild der lügenhaften Zeit ist. Indessen lassen wir uns ja auch zu Zeiten die Märchen und die Zaubergeschichten gefallen und versenken uns hinein, ohne an die Möglichkeit und Wahrheit des Erzählten zu denken oder zu glauben. So muss man es auch mit Bouchers künstlicher Welt machen und von der Natur und den Griechen absehen. Vielleicht können wir uns dann erfreuen an der Lust seiner pausbackigen Liebesgötter und einstimmen in das fröhliche, lachende Leben seiner rotwangigen Hirtinnen und Nymphen, die „mit Rosen genährt" scheinen; wir werden uns gern verlieren in den bläulichen Duft der sanften Landschaft und uns in der dämmerigen Luft seiner Boskette, die von flimmernder Opernbeleuchtung umgossen sind, einschläfern lassen; wir werden zu träumen glauben, und wenn wir erwacht sind und sehen, dass es mir ein Traum war, dass diese Welt nicht existiert hat noch existieren kann, nun, so haben wir doch einen Augenblick mit Vergnügen die Gegenwart vergessen.

Boucher vergaß auch die Gegenwart, oder vielmehr er gedachte nicht der Zukunft, wie seine ganze Gesellschaft. Er lebte und arbeitete in seiner Weise fort bis in ein hohes Alter, und starb, indem er umsank, den Pinsel in der Hand vor seinem letzten Bilde „Venus bei der Toilette". Er war der erste große Tote unter den Heroen dieser trunkenen Gesellschaft, welche den Kranz von Rosen und Efeu, den sie sich um das Haupt geschlungen hatte, nicht erblassen sehen wollte und vor den Zeichen der neuen Zeit, vor dem Drohen der Gewitterwolken sich die Augen zuhielt.

Die beleidigte Natur begann sich zu rächen und für die Verachtung, welche ihr zu Teil geworden war, Vergeltung zu üben. Sie konnte nicht umsonst auf der einen Seite, in den schönen Künsten, im Geschmack, in den Formen des gesellschaftlichen Lebens geknechtet und verhöhnt werden, während man ihr auf einem andern Gebiete, auf dem moralischen, die Zügel schießen ließ; sie musste einmal wieder zum

Durchbruch kommen, hier langsam und sanft, dort stürmisch und gewaltsam, je nach der Stimmung der Geister und der Stärke des Widerstandes. Es dürfte zu den interessantesten Schauspielen der Kulturgeschichte gehören, auf allen Gebieten des geistigen Lebens, denn es ist keines ausgenommen, in der 2. Hälfte des 18. Jahrhunderts dieses Emporringen des wiedererwachenden Naturgefühls aus dem Zustande der Verschrobenheit, Falschheit und Verkünstelung zu beobachten; wir müssen uns aber hier mit einigen Andeutungen begnügen, um den Zusammenhang der neuen Phase des Kunstgeschmacks mit der allgemeinen geistigen Entwicklung nachzuweisen.

Wenn man will, kann man schon in der Vorliebe der Kunst des Rokoko für die idyllische Welt der Hirten und Hirtinnen die erste Spur der Hinneigung zur vermissten Natur erkennen, zumal sich bei Watteau der Zug der Melancholie, also des unbefriedigten Daseins, damit verbindet. Eine ganz ähnliche Erscheinung haben wir schon in der ersten Periode der Barockzeit zu bemerken gehabt, bevor die Natur mit Rubens und den Seinen und gleichzeitig bei Spaniern und Franzosen wieder zur Geltung kam. In jedem Fall ist dieses künstlerische Idyll des Rokoko nur ein vollkommen unbewusster und ungefühlter Ausdruck eben für das Vermissen jener Seite des Kunstgeschmacks, welche ihm am meisten mangelte. Und eben weil die Sehnsucht noch durchaus unbewusst und ungefühlt ist, darum erscheint auch dieses Idyll noch vollständig in den Formen des Rokoko, darum kann über ihm noch der Zustand der Harmonie, des Friedens, des seligen Glückes schweben. In ihm ist noch kein Kontrast, kein Konflikt zwischen der Natur und der Kunst, der falschen, affektierten und verschrobenen nämlich, oder wenigstens er ist noch nicht gefühlt.

Sobald dieser Kontrast aber gefühlt wurde und in das Bewusstsein trat, so erkannte man, wie Adam und Eva nach dem Sündenfall, in welchem Zustande der Entartung man sich befand; man erkannte, dass man die Natur verloren habe, und sehnte sich nach diesem Zustande, nach der Wahrheit und Unschuld zurück, wie der Kranke nach der Gesundheit, wie das vertriebene erste Menschenpaar nach dem Paradies, wie der verirrte Mensch nach seiner verlorenen Kindheit. Die Sehnsucht nach der Natur wurde die allgemeine Stimmung, welcher Stolberg die Worte lieh:

„Süße, heilige Natur,
Lass mich geh'n auf deiner Spur,
Leite mich an deiner Hand
Wie ein Kind am Gängelband."

Bei allen weicheren Naturen, und sie bildeten in Deutschland, Dank der Erziehung durch das schwächliche Rokoko, in der bürgerlichen, gebildeten Welt die Mehrzahl, entstand aus diesem Gefühl eine höchst merkwürdige Erscheinung der Zeit, die *Empfindsamkeit*, welche wie eine Epidemie die Welt ergriff. Es war der Durchbruch des Weltschmerzes über die Verkehrtheit der Kultur, es war die Reaktion, die Empörung des Herzens gegen den Zwang, die Unterdrückung, welche es erlitten hatte. Das gepresste Gefühl, das kummergedrückte Herz schafften sich Luft und Erleichterung unter Tränen, die man nun auf einmal wie lang verborgene Quellen aller Orten rinnen sieht, man möchte sagen, rieseln und tauschen hört. Auf einmal ist die Welt voll der rührendsten, zärtlichsten Freundschaftsbündnisse, welche im Leben wie in der Literatur spielen; auf einmal sind alle Briefe tränenfeucht von überquellender Sentimentalität und die ganze schöne Literatur wird überströmt von der empfindsamen Siegwarterei, welcher in England Richardsons Clarisse, in Deutschland Millers berühmte Klostergeschichte Tür und Tor geöffnet hatten. Bekanntlich spielt sie noch in Goethes junge Jahre hinein und es kostete einen harten Kampf für ihn, sich durch „des jungen Werthers Leiden" davon poetisch loszumachen.

Besonders war es nun die äußere Natur, welche die elegische Stimmung anregte. Der vorausgegangene Geschmack hatte die Natur zwar in Gärten, aber nicht in ihrer Freiheit zu verstümmeln und zu entstellen vermocht; sie war das Einzige geblieben, welches sich wahr und unverkünstelt erhalten hatte. In ihr allein fand darum das Menschenherz in seinem Suchen nach dem verlorenen reinen Zustande noch eine Spur von dem, was es vermisste, und diese Spur musste dasselbe an den erlittenen großen Verlust erinnern, zumal dort, wo sie mit der verkünstelten Natur der Gärten in unmittelbaren Kontrast trat. Diese Erinnerung und das Gefühl des Verlustes riefen die Wehmut hervor, erweckten aber auch zugleich eine unendliche, gerührte Verehrung vor den Dingen der äußeren Natur bis auf das kleinste lebendige oder organische Wesen, das die Hand der Kultur nicht berührt hatte. Man lese nur Klopstocks Frühlingsode, deren Stimmung in der Frage gipfelt: „Ich bin hinausgegangen *anzubeten* und ich *weine*?“ Den Empfindsamen gingen sofort die Augen über, wenn sie nur in den „guten, stillen Mond“ sahen, wenn sie den Apfelbaum in seiner Blüte erblickten; wenn sie aber gar über Gräber wandelten und an die Hinfälligkeit der Natur erinnert wurden, da flossen ihnen die Tränen stromweis von den Wangen herab.

Aus dieser wiedererwachten, aber elegisch gefärbten Liebe zur äußeren Natur ist die landschaftliche Naturdichtung der Salis und Mathisson hervorgegangen, während männlichere, aber auch unpoetischere Geister sie mehr in beschreibender Weise besangen.

Überhaupt ist die Sentimentalität nur die eine Seite des erneuerten Bedürfnisses nach der Natur und der Wahrheit. Den passiv weichen Charakteren, die nur Wünsche, Tränen und Klagen hatten, traten die Philosophen zur Seite, welche der verderbten Zivilisation der Gegenwart einen Idealzustand der Menschheit gegenüberstellten, nur dass die einen ihn rückwärts suchten, die anderen vorwärts.

Zu den ersteren, den Rückwärtsschauern, gehörte auch Gessner, der Idyllendichter und Idyllenzeichner, der in seiner weichen Art noch eine Verbindung mit den Elegikern hat. Auf philosophischem Gebiet aber war das Haupt dieser Richtung, welche den Idealzustand der Menschheit, den sie einmal erreichen sollte, an den Anfang der Geschichte setzte und folglich die ganze Kulturentwicklung nur als eine fortlaufend gesteigerte Verschlechterung und Abirrung betrachtete, J. J. Rousseau. Wenn Rousseau den Urwald, den Urmenschen und den Urzustand der Gesellschaft predigte, so konnte er dafür zwar nicht viel’ gläubige Herzen finden, aber er brachte doch in seinen Deduktionen so unendlich viel Wahres vor und wusste das mit einer so tadellosen Logik, mit einer so überzeugenden Kraft der Beredsamkeit zu entwickeln, dass sein Einfluss auf die nachfolgende Zeit, auf die Literatur, die Politik, den Geschmack, ganz insbesondere auf die Erziehung des neuen Geschlechts nicht genug geschätzt werden kann.

Andere Philosophen, die s.g. Eudämonisten, die von Schottland ausgegangen waren, setzten wie gesagt den Idealzustand der Menschen vorwärts an das Ende der Entwicklung; darin waren sie aber alle gleich, dass sie die Verderbtheit der Gegenwart negierten, welcher Kant den kategorischen Imperativ als drakonisches Sittengesetz entgegenhielt, und dass sie nach dem Ideal suchten und von Beglückung der Menschen träumten. Es war das förmlich Geschmacks- und Modesache geworden.

Was die Philosophen träumten, ihre philanthropischen Ideen und Völkerbeglückungstheorien, wollten Fürsten und Bürokraten ins Praktische übersetzen, jedenfalls eine höchst merkwürdige Erscheinung. Es begann die Zeit der *Aufklärung*, welche, von den französischen Philosophen und Enzyklopädisten ausgehend, durch den Salon hindurchgegangen war und auf diesem Wege bis zu den höchsten Thronen der Christenheit, der weltlichen wie der kirchlichen Macht, gelangte. Die Art freilich, wie von oben her aufgeklärt und beglückt werden sollte, war eine durchaus absolute und bürokratische, daher sie auch meistens die Färbung des nüchternen Verstandes annahm und im amtlichen Eifer vieles aus dem Wege räumte, was gar wohl hätte bestehen können.

Es gab aber auch außer den regierenden Häuptern neben den klagenden, träumenden und philosophierenden Seelen noch andere kraftvollere, stürmische und geniale Naturen, welche handelten und vorwärts drängten. Diese „Stürmer und Dränger“ warfen sich in Deutschland auf die Literatur, und da sie hier freie Bahn hatten, so hatten die Kraftgenies den Erfolg, dass sie die Literatur, nachdem die wilde Gärung ausgetobt, auf die sonnige, klare Höhe klassischer Vollendung führten, wo Goethe und Schiller als erste Sterne glänzen. In Frankreich aber, wo die Literatur bereits vorher ihren Weg gemacht hatte, trieben sie Politik, und da die Regierung fast allein sich der Aufklärung verschloss oder zu spät auf diesen Weg einlenkte, so warfen sie die Schranken und die Regierung über den Haufen, stürzten den Thron um und vernichteten mit dem Staat, mit Sitte und Gesetz alles, was noch vom Rokoko übriggeblieben oder was unter dem Einfluss des wieder erwachten Naturgefühls an neuen Bildungen entstanden war.

Alle diese Richtungen der Zeit, die so verschieden auseinander gehen und doch alle in der Negation des Rokoko übereinstimmen, werfen ihre Reflexe in die *Kunst*, hier deutlicher, dort unbestimmter, doch überall erkennbar. Was hier als entschiedener Kontrast erscheint, ist anderswo nur ein leiser Übergang, grade wie sich die elegischen Seelen neben die revolutionären Geister stellen.

Die Stürmer und Dränger erkennt man alsbald auch in ihrem Äußeren, am *Kostüm*; sie gehen der Mode voran; langsamer, aber entschieden, folgt ihnen die von der Bürokratie in Bevormundung genommene bürgerliche Welt, während der französische Hof und, was ihm folgt, die Weise des Rokoko, wenn nicht in den Formen, doch in Unnatur noch aufrecht zu halten sucht. Alles, was liberal oder neuerungssüchtig denkt, sei es politisch oder literarisch, die revolutionären wie die sentimentalen Köpfe, das alles sammelt sich unter *einen* Hut. Dieser Hut, der bald das Zeichen der Volksmänner und Jakobiner werden und politische Verfolgungen erleiden sollte, ist unser heutiger schwarzer *Zylinder*. Er kam damals von Amerika und war eigentlich nichts als der Puritaner- und Quäkerhut, den auf einmal die Sympathien für das im Befreiungskampf begriffene Nordamerika bei dem liberalen Europa in Mode brachten. Auf denselben Köpfen, auf welchen dieser Hut Platz ergreift, verschwindet auch der Zopf und die Puderfrisur; mit ihr der goldgestickte, hellfarbige oder geblümte Rock, der allmählich zum Frack verschnitten war. Die Tendenz der Kleidung dieser Leute geht auf einfache Formen und einfarbige, mehr dunkle Kleidung, wenn auch das Schwarz der Quäker und Amerikaner noch nicht wie heute männlicherseits zur höchsten Fest- und Galafarbe gemacht wurde. Es machte sich noch ein anderer Einfluss auf die Tracht geltend, nämlich der englische, welcher vermittelst der empfindsamen Literatur die s.g. Werthertracht in Mode brachte, den blauen Frack mit gelber Weste, gelben Beinkleidern und hohen Stulpstiefeln. Dieses Kostüm wurde in Deutschland durch die Literatur die Kleidung der Genies, aller Literaten und Liberalen und wurde zuerst durch den jungen Goethe in Weimar an den Hof gebracht. Doch kostete es noch Jahrzehnte einer revolutionär bewegten Zeit, bevor es mit Zylinder und Stiefeln über den gestickten Frack und den Klapphut, über Strümpfe und Schuhe den völligen Sieg davontrug.

Ganz in ähnlicher Weise erhob sich der Kampf auf dem Gebiet der weiblichen Tracht, die entschieden einen mehr bürgerlichen und einfachen Charakter annahm, doch würde es mich zu weit führen, wollte ich die Polemik gegen Schnürbrust und Reifrock, gegen die hohen Frisuren und die hohen Stöckelschuhe des Näheren hier besprechen. Auch gelang es in der Tat erst der französischen Revolution selbst, alle diese Denkzeichen und Überreste des Rokoko gänzlich abzuschütteln.

Man vernünftelte in allen solchen Dingen, oder vielmehr man polemisierte vom Standpunkt des puren Verstandes aus gegen alles, was über den bloßen Nutzen und die Zweckmäßigkeit hinausging, wie man z.B. einen langen literarischen Krieg gegen die schwarze Trauerkleidung führte, für welches man sich keinen vernünftigen Grund denken konnte. Nicht minder schrieben die Geistlichen selbst gegen ihre schwarze Amtstracht. Sie standen eben unter dem Geist des Rationalismus vulgaris, der nichts anerkannte, was nicht für den gewöhnlichen Menschenverstand handgreiflich, klar, eben und natürlich da lag.

Das war der Geist und der Geschmack der bürokratischen Aufklärung der Sitte und der Kunst gegenüber; er fühlte den Zopf und wollte ihn abschaffen, aber er machte es nur, wie jener Zopfträger in Chamissos Gedicht, der sich nach rechts und links umdreht und dem doch der Zopf immer hinten bleibt. Wo die Bürokratie es damals mit der Kunst zu tun hatte, musste alles sich wieder in die grade Linie fügen: darum waren ihr das frühe Rokoko, der Perückenstil und das Mittelalter, das sie insbesondere in den Geruch der finsteren Barbarei brachte, gleich verhasst. Meilenlange, schnurgerade Chausseen mit den Alleen der hohen, steifen Pappelbäume anlegen, die sich dann wie eine spanische Wand vor die Gegend schoben, das war ihre liebste Aufgabe. Unter ihrem Geschmack schritten alle Häuser in den Straßen in die gleiche Linie vor wie ein Regiment Soldaten. Unter ihr erhielten alle öffentlichen Bauten den verzweiflungsvoll nüchternen Kasernencharakter, der uns noch heute überall mit seiner Langeweile angähnt. Wozu in aller Welt waren denn auch schöne Verhältnisse, reiche Gesimse oder gar Ornament nötig? nichts überflüssiger als das, darum hinweg damit! Eine Inschrift mit goldenen Buchstaben, die über den Zweck und den Erbauer, womöglich lateinisch, Auskunft gab, und dazu höchstens das Landeswappen, das war Schmuck genug.

Doch war das glücklicherweise nur *eine* Richtung des Zeitgeschmacks. Andere waren nicht mit solcher Negation zufrieden, sie wollten nur die Natur und die Wahrheit in der Kunst.

Der größte Sieg, den das wiedererwachte Naturgefühl in der Kunst errang, war in der *Gartenanlage*. Hier war die Natur am meisten beleidigt worden, hier schlug der Geschmack auch fast mit einem Schlage in das entgegengesetzte Extrem um. Der neue Geschmack ging von der Wiege der Empfindsamkeit, von *England*, aus, und hat von daher auch, im Gegensatz zu der französischen, seinen Namen erhalten.

Ich habe im vorigen Abschnitt gesagt, dass die Geschichte der Gartenbaukunst in dem schwankenden Verhältnis zwischen der Kunst und der Natur besteht. Der französische Geschmack hatte *jenes* Prinzip auf die Spitze getrieben und den Garten zu einer wahren Architektur gemacht; der neue Zeitgeist stellte nun, ganz seinem Charakter gemäß, die Imitation der Natur als das einzig richtige Prinzip auf. Hatte im französischen Garten die Kunst vom Gebäude aus sich langsam in das Freie verloren oder war sie vielmehr bis an die Grenze des freien Waldes und des freien Feldes Kunst geblieben, so drang nun die Natur in ihrer Freiheit bis unmittelbar an das Gebäude heran.

William Kent war der englische Lenotre. Indessen, so sehr die neue Gartenart mit der allgemeinen Richtung des Geschmacks harmonierte, ohne welche Harmonie sie gar nicht hätte in Aufnahme kommen können, so gab doch vielleicht ein äußerer Umstand den Anstoß. Das war die Kenntnis der chinesischen Gärten, die damals durch ein berühmtes Buch von Chambers[2] vermittelt wurde. Auch das Prinzip des chinesischen Gartens ist die Imitation der Natur. Der chinesische Garten sollte ein Mikrokosmus sein, eine Zusammendrängung aller der verschiedenen Charakterzüge, welche die große Natur über die ganze Erde hin trägt, oder wenigstens soweit der Chinese sie in seinem eigenen weiten himmlischen Reiche findet. Er sollte blühende Fluren, lachende Wiesen und murmelnde Bäche zeigen, die über Sand und Kieseln, oder zwischen Schilf und Gebüsch still dahin ziehen, ebenso aber auch wüste Einöden, schaurige Felspartien, dunkle Höhlen, wilde Bergströme mit Kaskaden und die einsamen, verödeten Hütten barbarischer Gebirgsbewohner. Und wie denn der Chinese zu allem seinen bizarren Sinn hinzubringt, so mussten alle diese verschiedenen Dinge in den unmittelbarsten Kontrast gesetzt werden, so dass der

2 Dessins des édifices, meubles, habits, machines et ustensils des Chinois 1757.

Spaziergänger, um eine Ecke biegend, sich plötzlich aus der lachenden Blumenaue in die schaurigste, wildeste Felspartie mit drohend überhängenden Blöcken versetzt findet, oder er musste über verdeckte Ströme wandern, die unheimlich rauschend unter seinen Füßen dahin rollten, oder er sollte plötzlich durch das Gepfeife seltsamer Töne überrascht werden, welche der Windstoß in künstlich geschichteten Felsen hervorbrachte.

Im Grunde ist es genau dasselbe Prinzip, welches im Englischen Garten herrscht; selbst der Spielereien und Überraschungen enthielt er sich nicht, nur dass er nicht so schroffe Kontraste sucht. Der englische Garten soll ebenso ein Abriss der Natur sein, der Natur in ihren Zufälligkeiten, in ihrer Freiheit, in ihren einfachen, unberührten Schönheiten. Seine Schönheit ist daher eine pittoreske im Gegensatz zu der architektonischen des französischen Gartens. In der Natur ist alles vom Zufall hingestellt oder gewachsen, daher dürfen auch die Einzelheiten des Gartens nur den Eindruck des zufälligen Daseins machen. Die Natur kennt keine gerade Linie, daher darf sie auch der Garten nicht zeigen; daher ziehen die Ströme und Bäche in der Serpentine oder bilden natürlich scheinende Wasserfälle statt in Marmortreppen herabzufallen oder gar in Fontänen in die Höhe zu steigen; daher winden sich alle Wege und Stege in krummen Linien bis an das Wohngebäude heran, wobei der Geschmack freilich übersieht, dass die Natur auch solche Wege nicht zieht, noch sie mit Sand und Kies bestreut. Alle Rampen, Balustraden kunstvoll gemauerte Bassins und Marmorgrotten werden mit der ganzen steinernen und ehernen Welt der Mythologie aus dem Garten hinausgewiesen. Die Götter werden aufs Neue ins Exil geschickt.

Stattdessen dringt die elegisch-empfindsame Stimmung in den Garten ein und man sucht ihr aller Orten Ausdruck zu verschaffen. Hier stößt der Wanderer auf eine verfallene oder verbrannte Strohhütte, dort auf eine Einsiedelei aus Rohr geflochten; hier liegen einige Hütten beisammen, denen die Bewohner fehlen, dort erhebt sich auf einem Hügel ein kleiner Tempel, der Freundschaft oder der Zärtlichkeit gewidmet, dort senkt eine Trauerweide über eine Urne oder ein grabähnliches Monument, welches dem Andenken eines geliebten oder großen Toten geweiht ist, ihre Zweige in das stille Wasser hinab.

Und überall lesen wir sinnbedeutende Inschriften, poetische Herzensergüsse, die uns in das Ohr flüstern: hier sollst du träumen, an dieser Stelle sollst du seufzen, hier eine stille Träne der Wehmut vergießen, hier wieder in Entzücken und Enthusiasmus geraten. Das heißt ein kindisches Spiel mit unsern Gefühlen, ein kindisches Spiel mit der Natur treiben! In dieses Extrem verfiel der Englische Garten damals im ersten Anlauf seines Natureifers.

Natur und Empfindsamkeit im Bunde machen sich auch in der *Kleinkunst* geltend, wenn auch in weit bescheidenerem. Auftreten Die Totenurne spielt auf einmal eine merkwürdige Rolle in der Ornamentik; wir finden sie überall verwendet, ohne dass sie irgendwie eine andere Begründung hätte als die allgemeine Stimmung der Zeit. Sie ist von Blumen umgeben und mit Kränzen behängt, die eine ganz naturalistische Gestaltung haben. Überhaupt sind es Blumen und Blumenbouquets, Girlanden und Festons von natürlichem Laub, die sich in jeder Art der ornamentalen Kunst einstellen, und was höchst bezeichnend für den Geist der Zeit ist, es sind mehr die Blümchen als die Blumen, welche die Vorliebe bilden, Vergissmeinnicht, Veilchen und Nelken, höchstens dass man sich zur zartgefärbten Rose versteigt. Alle Büchervignetten, Album- und Stammbuchblätter, das ganze Porzellan insbesondere, die Wandmalereien, das ist alles voll von derartiger Ornamentation, oft noch umrahmt von den Rokokoschnörkeln oder in Verbindung mit griechischen Ornamenten, die sich auch bereits einfinden, eine andere Zeit vorausverkündend. Die Ornamentik, zierlich und sentimal beginnend, schien auf dem besten Wege zu einem vollständigen Naturalismus. Selbst was vom Rokoko noch übrig war, gebärdet sich nicht mehr so bizarr und kapriziös; die Linien brechen nicht mehr so oft und willkürlich, sondern schwingen sich ruhiger und sanfter, ich möchte sagen elegischer, bis sie verklingen.

In gewisser Beziehung liegt in diesem Charakter eine Schwäche, die uns mehr an das Aussterben des Rokoko als an die Leidenschaftlichkeit der nahenden Revolution erinnert. Es scheint fast, als hätte die Kunst Angst vor den kommenden Ereignissen, gerade wie die Gesellschaft in den höheren Ständen, die fein bürgerlich tut. Bei uns in Deutschland ergibt sich die bürgerliche Welt sorgloser, still behaglicher Gemütlichkeit und singt im Familienkreise Gesellschaftslieder vom Pfeifchen voll Knaster, vom Reiz des Lebens auf schwellendem Moose zwischen Rosen und Vergissmeinnicht, aber in Frankreich auf den höchsten Höhen fängt es an unbehaglich und unheimlich zu werden. Die Wetterwolken sammeln sich, der Hof zieht sich zurück, Ludwig XVI., der neue König, liebt die rauschenden prunkenden Feste nicht und übt die Tugenden eines Bürgers und Familienvaters, während die Königin Marie Antoinette in Klein-Trianon in bescheidenen, heiteren, ländlichen Vergnügungen den heranbrausenden Lärm der Welt zu vergessen sucht.

Man glaubt selbst der *Architektur* die Verschüchterung anzusehen: sie legt nicht bloß die übermütigen, kapriziösen Schnörkel des Rokoko ab, sie zieht alle Gesimse und Profile ein, wie eine Schnecke, die vor der Berührung die Hörner einzieht. Alle vorspringenden Pfeiler treten zurück, die Wände werden glatt und zeigen nur Linien, nicht mehr kräftigen Wechsel von Licht- und Schattenflächen. Ähnlich ist es mit den Möbeln. So wie die Ausstattung der Wände und Plafonds, schränken auch sie aufs Äußerste das Reliefornament ein, welches sich wie verschüchtert an die festeren Teile anschmiegt. In den konstruktiven Teilen tritt die gerade Linie wieder in ihre Rechte ein. Folgerichtig zeigt sich mit dem Verschwinden des Reliefs wieder mehr malerisches Ornament, indem in die Flächen der Möbel musivische Verzierungen aus farbigen Hölzern, Elfenbein, Schildkrot, Porzellan und Metallen, besonders aus vergoldeter Bronze eingelegt werden. Es ist die Blütezeit der Marketerie- oder s.g. Buhlarbeiten. Indem dazu noch manche Formen der antiken Kleinkunst hinzutreten, zeigt der ornamentale Stil Ludwigs XVI. zwar eine große Mischung verschiedenartiger Elemente, auch einige Steifheit, welche die der Schüchternheit zu sein scheint, aber er hat doch seine bescheidenen Reize, namentlich viel Gefühl für Zierlichkeit und feine Eleganz.

Sehen wir uns bei den Malern um, so finden wir dieselben Erscheinungen des Geschmacks, einerseits die erwachte Naturliebe, andrerseits den gerührten und bescheidenen Sinn. *Vernet* liebte die Natur so, dass er sich an den Mast binden ließ, um die sturmbewegte See zu studieren. *Chardin* gefiel sich in den stillen Genreszenen einer glücklichen Häuslichkeit, die er mit Liebenswürdigkeit und fast mit der Naivität der Holländer darstellte. Vor allem war es *Greuze,* der sich zwar in der Manier noch nicht ganz von den Formen des Rokoko losmachen konnte, aber doch mit der ganzen, falschen Welt Bouchers gründlich brach und die Heerschaaren von Amoretten und die affektierte Schäferwelt, die vom Theater stammte, aus dem Tempel der Kunst hinauswies. Er ging wirklich auf das Land und studierte das Volk, Das Genre, welches er anschlug, war – dasselbe, welches damals Diderot auf die Bühne brachte und in Deutschland für das Theater von Iffland, für die Kunst von Chodowiecki gepflegt wurde, das Rührspiel, in welchem die bürgerlichen Tugenden, die nun wieder in aller Mund waren, mit den Verkehrtheiten und den Lastern der Zeit in Konflikt geraten.

Derjenige unter den französischen Künstlern, welcher die Natur am meisten erreichte und der ewigen Schönheit der Kunst am nächsten kam, war *Prud'hon,* aber sein milder Stern erblasste vor einem blendenden Meteor, vor einem energischen Künstler, der mit seiner Kunst und seinem Leben ganz in die Revolution aufging. Das war *David.*

David half in erster Reihe die falsche Antike heraufführen, welche nun kraft der Revolution sich zum alleinigen Tyrannen des Geschmacks erhob. Die Revolution machte auf einmal allem Bestehenden den Garaus. Die Gesellschaft des Rokoko, dieser verlorene Sohn der Geschichte, kam zu spät zu Reue und Buße; die Sühne wurde nicht mehr angenommen. Was noch übrig war vom alten Regiment, an der Spitze die letzte Venus jener glücklichen Zeit, die Gräfin Dubarry, welche das ewige Lächeln des Rokoko auf den Lippen bewahrt hatte, bis die nahenden Schrecken der Guillotine es auslöschten, was noch übrig war, das legte das Haupt unter das Fallbeil oder zerstob in alle Winde; mit diesem Überrest auch diejenigen, welche wie Marie Antoinette kaum noch die Lippen an den Zauberbecher gesetzt hatten.

Wie es der Gesellschaft erging, so geschah es der Sitte, der Kunst, dem Geschmack. Auf einmal waren alle Überreste des Rokokogeschmacks mitsamt den Neubildungen, die im Werden begriffen waren, in dem wilden Strome hinweggefegt; hinweggeblasen waren der Reifrock und die hohen Frisuren samt Schnallen und Strümpfen, samt Puder und Zopf. Das Haar flatterte frei im Winde. Aber auch die

Grazien waren davon geflohen, die echten wie die falschen, als David, einst der Hofmaler Ludwigs XVI. und nun Marats, Tyrannenmord malte und die Musen Revolutionsgesänge brüllten. Das war einstweilen das Ende des Rokoko.

Achter Abschnitt

Die Antike der Revolution und die Entwicklung im 19. Jahrhundert

Zu der Zeit, als in Paris der Terrorismus der Revolution seine Herrschaft begann, da entstand in der gebildeten Gesellschaft des übrigen zivilisierten Europa plötzlich große Verlegenheit, denn auf einmal blieben die Moden aus. Seit fast anderthalb Jahrhunderten hatte man sich in Dingen des Geschmacks vollständig auf Frankreich verlassen; alle neuen Formen hatte man von Frankreich bezogen, und selbst diejenigen, welche, wie der Zylinderhut, nicht in Frankreich entstanden waren, nahmen wenigstens ihren Weg über Paris. Nun wurde auf einmal die sehnsuchtsvolle Erwartung, welche beständig über den Rhein hinüber gerichtet war, bitter getäuscht: die Schrecken der Guillotine hatten alle Lebensluft erstickt, alle Schaffenslust der Phantasie zu Eis erstarrt. Wer mochte auf neue Erfindungen in der Mode, auf neue Möbel, auf ein neues Ornament sinnen, wenn vielleicht der nächste Tag schon nicht mehr sein gehörte!

Aber diese Verlegenheit dauerte kaum ein paar Jahre, als die unsterbliche Modeschöpfung in Paris auch wieder zu spielen begann, wenn auch aus einer anderen Tonart. Der Thron war umgestürzt, das alte Regiment abgeschafft, die Republik war erklärt, der persönliche Gott selbst aus der Welt hinwegdekretiert: wie konnte dieses umgewandelte Geschlecht der Republik noch etwas mit der alten Zeit gemeinsam haben! Wie jede Erinnerung an das Königtum, so musste auch jedes Andenken, jede Beziehung zum Rokoko ausgelöscht werden. Wie der Staat, so musste auch die Kunst, der Geschmack, die Tracht sich an republikanischen Fuß einrichten. So wurde, wie ich am Schluss des vorigen Abschnittes gesagt habe, die Antike als die Kunst der Republiken, kraft der Revolution, in den allgemeinen Geschmack eingeführt.

In Frankreich, wo eben alles in schnellster Umwälzung begriffen war, ging auch diese Wandlung unter dem Nachdruck des Terrorismus rasch genug vor sich; aber in der übrigen Welt musste der neue Geschmack auf Hindernisse stoßen, da man damals alles mit Misstrauen und Abscheu aufnahm, was von Frankreich unter der Fahne der Republik herüberkam. Dennoch ging es schneller damit, als man erwarten konnte. Teils war man überhaupt geneigt, in Mode und Geschmack um des französischen Nimbus willen eine Ausnahme zu machen, zumal man ja so lange Zeit der eigenen Erfindung entsagt hatte; teils war der Kunstgeschmack in Deutschland fast mehr noch als in Frankreich zur Aufnahme der Antike vorbereitet worden, und endlich taten die französischen Heere und der Druck, den das neue Kaiserreich auf die Welt übte, das Übrige, um dem republikanisch-imperialistischen Geschmack der Antike zum vollständigen Siege zu verhelfen.

Ich sage, der Geschmack war in Deutschland bereits für die Antike vorbereitet worden, bevor sie von Paris aus als Mode erschien. Wir haben auch schon bei der Schilderung des Geschmacks in der Zeit Ludwigs XVI. gesehen, wie sich in dem Stil der Kleinkünste verschiedene Elemente der antiken Kunst eingestellt haben; auch die Architektur blieb nicht frei davon, und David errang sich sogar noch den Platz als erster Hofmaler des Königs, indem er in seinen Bildern antike Gegenstände schilderte und Statuen malte. Stand diese Richtung des Geschmacks in Frankreich im Zusammenhang mit der politischen Bewegung, so hatte sie in Deutschland ihre Quelle in der Wissenschaft. Die Kunstgelehrten waren es, vor allem Winckelmann, und sodann müssen wir Lessing und auch Goethe nennen, welche mit allem Nachdruck gegenüber der Entartung des Kunststils auf die antike Kunst hinwiesen, die Geschichte und das Verständnis derselben durch ihre Schriften ausbreiteten und an den richtigen Prinzipien die Verkehrtheit derjenigen, wie sie damals in Übung waren, darlegten.

Was die Wissenschaft mit solchem Eifer und Nachdruck verfocht, blieb für die ausübende Kunst nicht ohne Wirkung, und diese Wirkung beschränkte sich nicht bloß auf Deutschland. Der Kunst öffneten sich die Augen: sie erkannte vor allem den in jeder Beziehung leichtfertigen Charakter ihres bisherigen Schaffens und fühlte den Mangel einer strengeren Zucht; Hingewiesen auf die Antike, ging sie zum zweiten Male bei den Alten in die Schule. Ohne Frage legte sie in dieser Schule die bisherigen Fehler ab, aber die Art, wie sie das Erlernte zur Anwendung brachte, war eine völlig andere als diejenige der Renaissance, der ersten und großen Wiederbelebung der antiken Kunst. Die großen Künstler des 15. und 16. Jahrhunderts, selbst diejenigen, welche einem Rafael und Michel Angelo vorausgingen, machten mit ihrer ganzen Zeit die Schule der Alten durch, aber sie traten als völlig selbstständige und originale Meister von eigenartigem Charakter daraus hervor und schufen einen nicht bloß der Zeit, sondern auch dem Wesen nach neuen Kunststil. Die Künstler aber vom Ende des vorigen Jahrhunderts, welche auf dieselbe Quelle der Kunst zurückgingen, kamen nie aus dieser Schule heraus; sie wurden Meister und blieben dennoch ewig die *Schüler* der Alten. Ein eigener Kunststil wollte ihnen nicht gelingen. Die Ursache mag die sein, dass sie die Kunstschöpfungen der Alten als die letzte und einzige Quelle, anstatt der Natur, betrachteten, während die Künstler der Renaissance von den Alten nur *die* Art lernten, wie man die wirkliche Natur betrachten und verwenden soll, so dass sie dieselbe Stellung zu ihrer eigenen italienischen Natur und Menschenwelt einnahmen, wie der griechische Künstler gegenüber der griechischen Natur. So konnten diese sich allerdings ihre Originalität bewahren und sich durch dieselbe in voller Harmonie mit ihrer Nation, ihrem Lande und dem Charakter ihrer Zeit befinden. Jene aber, die modernen Erneuerer der alten Kunst, studierten nicht bloß die Antike, sondern entlehnten alles von ihr, die Gegenstände und die Körperformen, den Schnitt der Gewandung und den Faltenwurf, die Haltung, die Bewegung und die Art des Ausdrucks. Sie blieben darum ewig in der Imitation, und konnten darüber unmöglich hinaus, weil sie aus der abgeleiteten Quelle schöpften, aus der griechischen Kunst, nicht aber aus derselben oder einer gleichen Quelle, daraus eben die griechische Kunst sich die Größe und Vollendung geholt hatte.

Was auf diesem Wege zu erreichen war, das hat die Kunst dieser Zeit geleistet, das haben – um die größten Namen zu nennen – ein Asmus Carstens in Deutschland, ein Flaxman in England, ein Canova in Italien und nach ihm Thorvaldsen, der in sich selbst am meisten vom Griechentum hatte, bewiesen. Ihre Kunstschöpfungen stehen ohne Frage unendlich hoch über denen der Rokokozeit. Aber Eines fehlt ihnen, was selbst den Werken des Rokoko einen unvergänglichen Reiz, eine nicht verwelkende Frische bewahren wird, das ist der lebendige, innige Zusammenhang mit ihrer Nation und ihrer Zeit. Mit so viel Schönheit und Grazie auch die neuen antikisierenden Meister ihre Werke begabt, so viel Leben und Feuer sie ihnen eingehaucht haben, es reicht doch nicht hin, ihnen für uns den Eindruck der Kälte, den Eindruck einer Schöpfung zu nehmen, die durch den reflektierenden Verstand hindurchgegangen ist; und so wenig wie wir als Nation jemals die Athener des Perikles und Phidias werden, so wenig wird es auch einer solchen Kunstrichtung gelingen, sich heute über das Verständnis und die Anerkennung Einzelner hinaus zu schwingen und sich die vollen und enthusiastischen Sympathien einer ganzen Nation und einer ganzen Zeit zu erobern.

Bei dieser Isolierung wäre es der neuen antikisierenden Richtung auch nie gelungen, der Antike im allgemeinen Volksgeschmack zu der Stellung zu verhelfen, welche sie im Anfange dieses Jahrhunderts wirklich einnahm. Das Verdienst davon, wenn es eines ist, gebührt vielmehr, wie schon gesagt, der französischen Revolution.

Freilich war die Antike, die aus solcher Protektion zum Siege kam, auch danach, und sie verhielt sich zu ihrem Vorbilde etwa so, wie die Pariser Gesellschaft aus den Jahren der Republik zu den Römern und Athenern. Zum Glück hatte nicht gar lange vorher die Entdeckung von Pompeji und Herculanum stattgefunden, und die Ausgrabungen hatten dem republikanischen Bedürfnis eine Menge von Formen für Geräte und Gefäße und Muster von Wanddekorationen geliefert, ohne welche wohl große Verlegenheit entstanden wäre. Denn wie wäre es möglich gewesen bei dem Hass des Königtums und aller Dinge, die nur nach dem alten Regiment aussahen, dass die neuen Republikaner sich hätten auf verschnörkelte Rokokosessel setzen oder aus geblümten Tassen ihren Kaffee schlürfen können? Solcher Inkonsequenz sollte man sie nicht zeihen.

Demgemäß ändert sich das Hausgerät vollständig binnen wenigen Jahren: an die Stelle der geschweiften und gebrochenen Linien traten die grade Linie und der Kreisbogen, die Tische stellten sich auf Bocks- und Löwenfüße oder auf kannelierte Säulen und erhielten oben gradlinige Platten, die Stühle nahmen in der Lehne und in den Beinen jene einfache sanfte Krümmung an, die uns von den Vasengemälden aus zahllosen Beispielen bekannt ist; bei der Porzellan- und Tonfabrikation ersetzten die Formen der griechischen Vasen die unregelmäßigen und unsymmetrischen Gefäßbildungen des Rokoko oder jene nüchternen gradlinigen Gestalten von dem bürgerlichen Geschmack Ludwigs XVI. Einer der Porzellanfabrikanten, Wedgewood in England, kam auch auf den Gedanken die antiken Kameen in Porzellan nachzuahmen, indem er weiße Relieffiguren aus blauem Grunde heraushob. Mit diesem noch heute berühmten, nach ihm benannten Wedgewood-Porzellan machte er, unterstützt von Flaxman, der die Modelle anfertigte, viel Glück. Wo die antiken Formen im Hausgerät für den Gebrauch nicht passen wollten, da verzierte man sie wenigstens mit antiken Ornamenten, mit Palmetten und Akanthuswindungen oder mit dem ewigen und unvermeidlichen s.g. à la Grecque des Mäander. Diese Ornamente, insbesondere auch die pompejanische Weise der Wandverzierungen, lösten die Rokokowandmalereien oder auf den Papiertapeten jene chinesisch-japanischen Muster ab, welche durch die uns bereits bekannte Verbindung des Chinesentums mit dem Rokoko im 18. Jahrhundert zu großer Verbreitung gekommen waren.

So gründlich diese Umkehr war, nichtsdestoweniger wollte der neue Geschmack durchaus nicht einen antiken Eindruck machen. So wie die Gemälde Davids auch im künstlerischen Charakter den starrsten Catonismus der Formen zeigen und seine Figuren nicht einmal gemalte, sondern nur gezeichnete Statuen sind, so tragen auch alle antikisierten Gefäße, Geräte und Ornamente dieser Zeit einen durchaus herben, steifen, gekünstelten und darum kalten Charakter. Der Geist, der aus ihnen spricht, ist nicht der Geist der antiken Schönheit, Grazie und Lebenskunst; es ist eine exotische Pflanze, in den kalten Norden versetzt. Wenn wir in ein Zimmer dieser Zeit treten, wie sie sich wohl hier und da auf vereinsamten Landschlössern erhalten haben, so empfängt uns der Eindruck einer eisigen Öde, in der Herz und Gemüt erfrieren.

Dazu kommt noch, dass es eigentlich nur die klassischen Formen waren, welche auf den französisch-republikanischen Geschmack übergingen, nicht aber die warme, leuchtende Farbgebung der Alten, in der ein sattes Braun, ein glühendes Rot, ein brillantes Blau, ein saftiges Grün und goldiges Gelb die Hauptfarben der Ornamentation sind. Ich habe schon gesagt, wie in der Zeit des Rokoko der Geschmack von der kräftigeren Färbung der Perückenzeit zu den verblassten und violetten Tönen, zu Hellblau und Blassrosa, überhaupt zu einem schwächlichen Kolorit herabgestiegen war. Gegen die Revolution hin, als sich unter Ludwig XVI. die Furcht und das Gefühl der Buße für die Sünden der Vergangenheit bemerklich zu machen anfingen, da fand man auch den Farbengeschmack des Rokoko noch zu heiter und lebenslustig und brach nun alle Farbe ins Trübe und in das Schmutziggraue oder man ließ wenigstens, wie von Braun und Blau, nur ganz dunkle, fast dem Schwarz sich nähernde Töne gelten. Es beginnt damit der Farbengeschmack, der bis auf die Gegenwart angehalten hat und der schließlich eigentlich nur noch zwei Farben kannte, Schwarz und Grau, diese als die Farbe des Negligé, jene als die Farbe der Festfreude, und doch sind das von alters her die Farben der Sklaven, der dienenden und arbeitenden Klassen und der Trauer – weiß Gott, ein melancholisches Resultat der Geschichte!

Eine womöglich noch kläglichere Erscheinung als seine antikisierte Umgebung machte der antikisierte Republikaner. Das alte Rokokokostüm stand, wie wir gesehen haben, schon längst im Kampf mit einem gefährlichen Gegner englisch-amerikanischen Ursprungs, der alle literarischen, politischen und sozialen Neuerer zu Bundesgenossen hatte. Der alte Zopf machte die äußersten Anstrengungen; als er vom Haar abgeschnitten wurde, klammerte er sich in seiner Verzweiflung sogar noch für eine Weile hinten an den Rockkragen an; aber es war vergebens; dem neuen Kostüm, das, unverziert und unbestickt, mit einfachem Frack, Zylinder und Stiefeln auftrat, konnte der Sieg nicht fehlen.

Indessen, als die Revolution zur Republik geführt hatte und man in allen Dingen republikanisch-antiken Geschmack einführte, da mussten sich die Republikaner sagen, dass diese neue Tracht der neuen Staatsform doch gar zu wenig entspreche. Folglich schlug David, der auch hier in seinem Jakobinereifer voranging, die antike griechisch-römische Tracht vor und ließ diesen Vorschlag in den Clubs diskutieren. Allein er drang damit nicht durch, und es blieb von diesen Bestrebungen zur Reform des Kostüms nichts übrig als die rote phrygische Mütze und die Bezeichnung Sansculottismus, die daher entstand, weil die Reform im antiken Sinne mit der Abschaffung der Beinkleider beginnen wollte.

Vielmehr ging das neue englisch-amerikanische Kostüm seinen Weg und wurde durchaus die Tracht der Republikaner, so wenig es auch mit der antikisierten Umgebung harmonierte. Aber es war eine sonderbare Erscheinung, die jetzt daraus wurde. Alle Wildheit der Zeit ging darauf über. Der Zylinderhut behielt seine Grundgestalt, trotzdem sich ihm, zumal in der Armee, der alte Dreispitz in veränderter Form, die uns als das Napoleonshütchen bekannt ist, gegenüber stellte, aber er wurde plump, unförmlich, wie zerdrückt und zerknittert. Die Puderfrisur löste sich auf und das Haar hing in langen Strähnen am Gesicht und im Nacken herunter, als ob es nie einen Kamm als die Finger gesehen hätte, oder es wurde wild und struwwelpeterartig auf dem Haupt im s.g. Tituskopf zusammen gewirrt. Das Spitzenjabot wurde in ein dickes, weißes Tuch verwandelt, deren drei übereinander gebunden um den Hals gewickelt wurden, so dass sie einem Tischtuch glichen, das auch oft ihre Stelle vertreten mochte. Statt des Fracks nahm man aber den Bauerrock mit breiten Schößen und hohem Kragen, der über die Ohren reichte. Plumpe Stiefel saßen an den Füßen, dicke, große silberne Ringe hingen in den Ohren und die Rechte führte einen ungeheuren Knotenstock. Das war die Tracht der Revolutionslöwen und Stutzer, die nicht sobald in Paris gesehen wurde, als sie auch in allen europäischen Hauptstädten, selbst im militärisch versteiften und verzopften Berlin auftauchte. Jedenfalls war das ein merkwürdiges Ende, welches die französische Eleganz und Zierlichkeit nahm.

Auffallender Weise gelang es der republikanischen Damenwelt weit besser als den Männern ihre Tracht dem antiken Kostüm wenigstens zu nähern. Es würde uns zu weit führen, alle die verschiedenartigen Trachten, Coiffuren und Modeformen zu beschreiben, mit welchen der neue Geschmack den Kampf gegen das alte Reifrockkostüm führte, bis David zum ersten Mal die Chöre der Frauen und Jungfrauen zu den republikanischen Festen in das s.g. Statuenkostüm kleidete. Die Tracht fand Beifall, und als unter dem Direktorium der Schrecken sich gelegt hatte und neue Lebenslust wieder erwachte, da erschienen auf den Bällen der Direktoren die ersten und berühmtesten Damen, so zu sagen die regierenden Frauen, in der hemdartigen Tunica und dem angehängten mantelartigen Himation, mit Frisuren der römischen Kaiserzeit und mit Sandalen an den Füßen und im Übrigen in göttlicher Nacktheit, so dass man das Kostüm eher à la sauvage, denn à la Grecque nennen konnte. Die Nachahmung blieb nicht aus und bald hörte man nur noch von der Tunika reden als dem Hauptstück der weiblichen Kleidung.

In der Tat knüpft die ganze Reform der Frauentracht, wie sie damals stattfand, an diese kühne Neuerung an, wenn sie auch das Abenteuerliche, die Ausgeburten einer freien Sitte und einer wilden Zeit, abstreifte, so die Nuditäten, die Sandalen an den nackten Füßen und die Ringe an den Zehen. Die Frauengestalten der englischen, französischen und deutschen Modezeitungen um das Jahr 1800 sind zwar keine Griechinnen oder Römerinnen, aber sie erinnern auffallend und mit bewusster Absicht daran. Alle Arten von Reifröcken oder alle sonstigen Aufbauschungen und falschen Gebilde sind verschwunden mitsamt der Schnürbrust. Das Kleid, hoch unter der Brust gegürtet, fällt in völlig freiem Fall auf die Füße herab; an den Füßen sitzen zwar nicht Sandalen anstatt der hohen Stöckelschuhe, aber niedrige, naturgerechte Schuhe ohne alle Erhöhungen; die Frisuren sind den zahlreichen Marmorbüsten der römischen Kaiserzeit nachgebildet, und darauf sitzen Diademe von antiken Formen.

Diese Reform, einmal im Gange, vollzog sich außerordentlich schnell, und schon im Winter 1802 schrieb man z.B. von Frankfurt, dass dort alle Damen in die Griechheit getaucht seien, wie Achilles in den Styx. Der Grund mochte der sein, dass hier kein politischer Widerstand vorhanden war wie gegen die männliche Tracht. Der Zylinder insbesondere wurde als politisches Abzeichen der Republikaner vieler Orten von der Polizei verfolgt und mit obrigkeitlichen Mitteln bekämpft, so wie nicht minder in der periodischen Literatur und in der Gesellschaft von den Anhängern des Alten, den sozialen Legitimisten. „Offenbar ist der runde Hut dem behilflich“, schrieb man damals, „der den Blicken anderer entschlüpfen will; ein Mann von sehr feinem Gefühl wird daher schon dadurch sich zweideutig zu machen fürchten. Dieser Hut ist dadurch der Verworfenheit und

Schande ein Schlupfwinkel". Ich bemerke, dass hier derselbe schwarze Hut gemeint ist, den wir heute tragen, und der in den letzten zehn und zwanzig Jahren als Legitimist seinen Gegner, den kleinen grauen oder braunen Filzhut als Carbonari und Demokraten polizeilich verfolgte. Es war damals vor sechzig Jahren genau dasselbe Verhältnis zwischen dem dreieckigen und dem Zylinderhut, so dass ein Engländer, der die politische Gesinnung Deutschlands erforschen wollte, auf die Hüte reiste und schließlich eine Landkarte entwarf, auf welcher er den Stand der revolutionären oder monarchischen Gesinnungen durch die entsprechenden Hüte bezeichnete.

Indessen aller Widerstand war umsonst, und als das französische Kaiserreich proklamiert wurde, hatte sich der ganze Umschwung des Geschmacks, was die Tracht wie das Gerät betrifft, in der ganzen bürgerlichen Welt bereits vollzogen.

Es war nun die Frage, welche Stellung das Kaiserreich dazu einnehmen würde. Die Antwort konnte nicht zweifelhaft sein. Zwar hatte das Kaisertum die monarchische Gewalt in Frankreich wieder hergestellt, aber es betrachtete sich nur als den Schlussstein der Republik und ließ nach Möglichkeit alle staatlichen Schöpfungen der Republik und alle republikanischen Formen geflissentlich bestehen. Ganz dasselbe war ja auch der Fall gewesen, als Augustus die römische Republik in das Imperatorentum hinüberführte. Nur die Spitze wurde geändert. Es konnte also das französische Kaisertum auch dem republikanischen Geschmack nicht Opposition machen wollen, vielmehr musste es sich auch hierin nur als Vollendet betrachten.

Es gingen somit alle antikisierten Geschmacksformen der Republik auf das napoleonische Kaiserreich hinüber und wurden zu imperialistischen, wie denn auch der Kaiser selbst den ersten Maler der Republik, David, zu seinem eigenen Hofmaler machte. Nur hatte dieses erste Kaiserreich bekanntlich in seinem militärischen Zuschnitt kein Glück mit der Kunst. Es konnte wohl die Luxusfabriken, wie z.B. die Spitzenfabrikation, welche vom Sturm der Revolution schwer betroffen waren, wieder erheben, aber es konnte den Geschmack nicht bessern oder ihm den Schwung der Phantasie, die Freiheit und Grazie zurückgeben, welche er im 18. Jahrhundert besessen hatte. Vielmehr versank die kaiserliche Antike in immer größere Steifigkeit und Nüchternheit nach dem Muster des kaiserlichen Hofes, von welchem der Impuls ausging. Genau in demselben Charakter bildeten sich zur Kaiserzeit die Trachtenformen weiter, und wir können namentlich dem griechischen Kostüm der Damen ansehen, wie es den freien Fluss, den ungehinderten Faltenwurf einschränkt und sich enger um die Glieder legt.

Betrachten wir den Zustand der anderen Länder zu jener Zeit, so befand sich Deutschland, bedrängt, geschlagen und aufgelöst, in seiner tiefsten Erniedrigung, und es war nichts anderes zu erwarten, als dass es sich dem imperialistischen Geschmack, so steif und phantasielos er war, willenlos hingäbe. England aber, das in der Tat den antikisierten Geschmack wenigstens in der Tracht nicht ohne Eigentümlichkeiten entwickelte, war damals durch die napoleonischen Kriege und durch die Kontinentalsperre vollkommen isoliert. Die andern Länder treten nicht in Frage.

Anders stellte sich die Sache, als der napoleonische Imperialismus gestürzt, Königtum und Bourbonen wieder restauriert wurden und das Legitimitätsprinzip zur erneuerten Anerkennung kam. Die Bourbonen hatten bekanntlich, als sie nach Frankreich zurückkehrten, „nichts gelernt und nichts vergessen". Sie betrachteten nach Tunlichkeit das verflossene Vierteljahrhundert als nicht dagewesen und suchten die Dinge, so weit als möglich zwar, auf den Fuß des alten Regiments wiederherzustellen. Zu den Dingen, die sich allenfalls beseitigen ließen, gehörte auch der republikanisch-imperialistische Geschmack, an dessen Verdrängung man umso mehr denken musste, als er ja auf Schritt und Tritt die legitimistischen Augen an die Zeiten der Not und des Exils erinnerte. Hatte der Republikaner es verschmäht, sich auf einen royalistischen Rokokosessel niederzulassen, um wie viel mehr musste der Royalist im stolzen Triumph des neuen Sieges die ohnehin steifen, für die Causerie unbequemen Möbel der Republik und des Kaisertums verabscheuen. Zudem durfte man auch von dem antikisierten Geschmack nicht viel Widerstand erwarten. Dieser Geschmack war der Hauptsache nach der Welt nur gewaltsam aufgedrängt worden, und wenn er es auch bis zu einer gewissen Allgemeinheit gebracht hatte, so war er doch nie in Fleisch und Blut übergegangen. Er war eine Episode wie das Kaisertum und konnte auf dieselbe Weise, wie er eingeführt worden, auch wieder abgeschafft werden.

So wurde der antikisierte Geschmack in den Sturz des Imperialismus mit hineingezogen; er folgte ihm. Was in Frankreich geschah, ahmte die übrige Welt, die ja ebenfalls aller Orte in der Restauration begriffen war, mit Vergnügen nach.

Nun aber, wer sollte den erledigten Thron des Geschmacks einnehmen? Es waren nur zwei Prätendenten da, das alte Rokoko und jener Naturalismus, oder richtiger vielleicht gesagt, die Blumenornamentik, welche sich in Folge des wiedererwachten Naturgefühls noch vor der Revolution zum Rokoko eingestellt hatte. Aber damals war das Auftreten dieses Geschmacks noch so bescheiden und so unentwickelt gewesen, dass er jetzt nach fünfundzwanzigjähriger Unterdrückung seine Augen noch nicht zum Throne zu erheben wagte. So nahm denn das Rokoko von dem erledigten Reiche des Geschmacks wieder unbestrittenen Besitz und der Naturalismus begnügte sich einstweilen mit dem zweiten, aber noch sehr bescheidenen Platze.

Diese Restauration veranlasste aber einen durchaus beklagenswerten Zustand des Geschmacks. Die imperialistische Episode hatte gerade lange genug gedauert, um den historischen Zusammenhang mit dem Rokoko völlig abzuschneiden. Die Meister und die Künstler hatten sich in einen neuen Stil hineingearbeitet und darüber die Verbindung mit dem alten verloren und die alte Kunst verlernt. Die ererbte Tradition, die sich bis dahin im Kunsthandwerk von Geschlecht zu Geschlecht fortgepflanzt hatte, war zu Grunde gegangen, und man musste sich in das Rokoko wieder künstlich hineinarbeiten, man musste imitieren, man konnte höchstens mechanisch weiter arbeiten ohne an Umbildung und Neubildung zu denken.

War das schon misslich für die Künstler und die Handwerker, die sich in die Luft gestellt sahen, so war der gewöhnliche Volksgeschmack in den Dilettantenarbeiten, z.B. in den Luxusarbeiten der weiblichen Hände, besonders in den Stickereien, noch viel schlimmer daran. Die 25 Jahre der Zwischenzeit hatten beinahe ein Menschenalter bedeutet und es war darüber im Volk jedes Gefühl für die ornamentale Kunst ausgestorben, da der antike Geschmack nie in das Volksverständnis eintrat und nun ohnehin beseitigt wurde. Der unvermeidliche Mäander und imperialistische Lorbeerkränze, das war alles, was davon noch eine Weile in der Erinnerung blieb. Was das restaurierte Rokoko von

Ornamenten brachte, waren sinnlose Schnörkel, die unverstanden blieben, wie sie schon ohne Verständnis gemacht waren. In diesen Kreisen war daher der Geschmack in den ersten Jahrzehnten dieses Jahrhunderts in absoluter Verkommenheit. Das Einzige, was ihm verständlich blieb, weil es überhaupt kein Verständnis erfordert, war die Blumenliebhaberei in rohester naturalistischer Gestalt, die denn auch von allen Damenhänden mit Leidenschaft geübt wurde. Aber leider fehlte auch für die einzige Eigenschaft, welche dieses Genre noch zur Kunst erhebt, die geschickte Verteilung und Zusammenstellung der Farben, völlig der Sinn, da ja, wie ich schon gesagt habe, der Farbensinn überhaupt verloren gegangen war. Dazu kam endlich noch, dass für diesen Naturalismus auch grade die ungeschickteste Technik beliebt und allein beliebt war, die Straminstickerei im Kreuzstich und die Perlstickerei.

Werfen wir noch einen flüchtigen Blick auf die Toilette, auf die Formen der *Tracht,* so müssen wir nicht minder die Periode der Restauration vielleicht als die unglücklichste und am wenigsten um ihrer Schönheit willen beneidenswerte in der ganzen Kostümgeschichte bezeichnen. Wäre hier die Restauration des Reifrocks mit allem Zubehör gelungen, es wäre noch ein Glück für das ästhetische Gefühl gewesen; aber der Gegensatz war zu stark, als dass eine Möglichkeit sich ergeben hätte. Der restaurierte Bourbonismus musste nach einigen schwachen Versuchen für die alte Tracht die Moden des Imperialismus legitimisieren, und so wurde für uns der Zylinder und der einfache Frack zur Salontracht. Die neue Entwicklung, die ich mit kurzen Zügen vorweg schildern will, knüpft direkt an das imperialistische Kostüm an.

Beim Beginn der Restauration, zur Zeit des Wiener Kongresses, war der griechischen Tunica bereits dasjenige genommen, worin ihr Wesen und ihre Schönheit bestand, der freie Fluss und der Faltenwurf. Sie war wieder ein Kleid, welches eng den ganzen Körper bis auf die Füße herab, die nur kurze Schritte, machen konnten, ohne alle Falten umzog. Dieser enge Sack hatte wieder eine Taille bekommen, aber so hoch wie möglich, und unten waren noch dazu, wider alle früheren Begriffe von vornehmem Anstand, die Füße frei. Die Entwickelung, die von dieser ebenso unvorteilhaften wie lächerlichen und unbequemen Mode ausging, konnte keine andere sein als die, dass das Kleid größere Weite und Länge bekam. Wer die Modejournale von Jahr zu Jahr verfolgen will, der kann genau und bestimmt diesen Entwicklungsgang beobachten. Das Kleid bläht sich langsam auf, gewinnt Falten und wächst über die Füße herab. Am Ende der vierziger Jahre hätte man dieser Bewegung Stillstand gebieten mögen, sie hatte grade ihr Maß erreicht; aber es ging hier, wie dem Zauberlehrling, der den Spruch vergessen hat und nun die Geister, die er gerufen hatte, nicht mehr los wird. Die Anschwellung stieg so in das Übermaß, dass nun die Krinoline, das „härene Gewand" der modernen Zeit, um vor der Last der Kleider zu bewahren, als ganz notwendige Folge sich einstellte. So begann der Reifrock seinen dritten Lebensgang in der Geschichte. Im Zusammenhang mit dieser Entwicklung stehen das Herabsinken und die Verengerung der Taille und die Wiederkehr der Schnürbrust.

Den umgekehrten Weg wie das Kleid nahm die Kopftracht. Hier hatte die Restauration eine Anzahl der gewaltigen Hutformen aus der letzten Zeit vor der Revolution wieder eingeführt. Diese versuchten eine Weile wider den Strom zu schwimmen, aber sie mussten den kolossalen Schirm, der zuerst auf- und dann niederklappte, von Jahr zu Jahr verkleinern; dann verschwand er gänzlich und der Überrest des Hutes wich immer weiter in der gleichen Bewegung von der Stirn in den Nacken zurück, bis er fast nur noch ein Schirm des Nackens wurde. In dieser Sachlage war eine Reaktion notwendig, und da der alte Hut sich nicht in neuer Gestalt verjüngen wollte, so entstand ihm in dem „»letzten Versuch" plötzlich ein Gegner, der mit seinen verschiedenen Variationen gegenwärtig mit ihm den Kampf auf Tod und Leben führt.

Das ist genau dieselbe Geschichte wie in der männlichen Welt der Streit zwischen dem steifen, schwarzen Zylinder, den in dieser steifen Gestalt die Restauration trotz seines jakobinischen Ursprungs legitimiert hatte, und dem kleinen Filzhute, der in den vierziger Jahren nicht ohne politische Bedeutung auftrat, und den wir auch als Zeichen des Liberalismus polizeilich verfolgt gesehen haben. Indes er hat dieses Martyrium überstanden, er hat bereits die politische Bedeutung abgestreift und kämpft nun in mancherlei Gestalt den letzten Kampf mit dem Zylinder, der nur noch das Gebiet des Salons, grade wie früher der dreieckige Hut, als letzte Burg tapfer behauptet.

Mit dem Zylinder kämpft und erlebt der Frack dieselben Schicksale als nun fast hundertjähriger Bundesgenosse, ein Zeichen, wie konservativ, wie beharrlich die Mode ist. Sein Gegner ist unser gewöhnlicher Rock, den die Löwen der Revolution einst vom vierten Stande heraufholten. Beider, des Zylinders wie des Fracks, endliches Unterliegen in diesem Kampfe kann nicht zweifelhaft sein.

Doch wir kehren zum *Kunstgeschmack* zurück. Wir haben mit der Restauration das Rokoko wieder den Thron besteigen sehen, aber es zeigte sich bald, dass es der Regierung unfähig war. Sein vollständiger Bankerott, seine gänzliche Unfähigkeit fortzubilden oder ein neues, mit dem Geist der Zeit mehr harmonierendes Formenleben aus sich zu erzeugen, musste umso mehr sich offenbaren, als es von der Architektur verlassen wurde und Malerei und Plastik, an der Antike herangebildet, nunmehr einerseits durch Cornelius und seine Freunde, andrerseits durch Rauch und Schwanthaler sich mit dem nationalen deutschen Wesen beseelten und einen hohen Flug nahmen.

Unter diesen Umständen, da die Trostlosigkeit am Tage lag, entstand der allgemeine Ruf nach einem *neuen Stil*. Nun war aber keiner da und noch weniger konnte einer in der Geschwindigkeit gemacht werden, da, wie unsere vorausgegangenen Untersuchungen wohl zur Genüge gelehrt haben werden, der Stil oder der Wandel des Geschmacks in den großen und allgemeinen Wandlungen der Kultur begründet liegt, nicht aber dem Kopf eines einzelnen Künstlers entspringt.

Was nun tun? Das Vorhandene war ungenügend, ja schiffbrüchig; der Blick voraus bot nur eine Leere dar, und es blieb nichts übrig, als das Heil des Geschmacks in der Vergangenheit zu suchen. Das stimmte auch zum historisch-kritischen Geiste der Zeit. Historisch-kritisch wurde auch der Geschmack. Aber die Vergangenheit bot der Stilarten viele dar, und da die Wahl frei stand, die Meinungen und die Vorliebe geteilt waren, so war die notwendige Folge, dass die vergangenen Stile alle nacheinander oder nebeneinander in Vorschlag kamen und imitiert wurden. Was für ein Zustand der Verwirrung und Vermischung daraus hervorgehen musste, lässt sich leicht ermessen, umso mehr als damals die Kenntnis der verschiedenen Stile noch durchaus ungenügend war und eigentlich erst dieser Streit die praktisch-archäologischen Studien und überhaupt die moderne Kunstwissenschaft anregte. Bald hieß es: hie Gotik, hie Antike! Dort rief man als Universalmittel die Renaissance aus, dort das Romanische und Byzantinische, anderswo das Arabische oder Louis XIV. Den Stil aber fand man vor lauter Stilen nicht.

Das meiste Anrecht schien die Antike zu haben, denn sie hatte vor kurzem den Thron inne gehabt und war so eben noch von Staatswegen der Stil aller öffentlichen Bauten gewesen. Aber gerade hierin hatte sie einigermaßen Fiasko gemacht, und man war im Grunde froh sie los zu sein, wenn man auch bald einsah, dass der Nachfolger noch schlechter war. Dennoch behielt sie ihre Verehrer und nicht die talentlosesten. Schinkel in Berlin, Klenze in München wussten ihr sogar mehr Schwung, Frische und eigentümliches Leben zu verleihen, als sie in der Zeit des Imperialismus je besessen hatte. Aber die Nachwirkung ging kaum über die Architektur hinaus. Die Antike ging nicht in den Volksgeschmack über, trotzdem Schinkels Bemühungen grade auf dem ornamentalen Gebiet dahin gerichtet waren und es ihm wirklich gelang, in Berlin eine architektonische Schule zu gründen, welche freilich von den Spuren des Meisters sich wieder entfernte.

Der Antike trat zunächst die Gotik oder das Mittelalter überhaupt gegenüber. Dass die Gotik grade in dieser Zeit hervorbrach, hängt tiefer mit der Entwicklung des Zeitgeistes zusammen, als dass einfach das Bedürfnis eines neuen Stils darauf geführt hätte. In der Zeit der Franzosenherrschaft hatte die nationale Opposition, der deutsche Patriotismus, Trost in der deutschen Vergangenheit gesucht und die Blicke waren daher auf das Mittelalter gerichtet worden, welches nun auf einmal im Lichte der Poesie und einer patriotischen Gloire erschien, während man es früher als die Zeit der geistigen Verfinsterung, der Knechtschaft und der Barbarei betrachtet hatte. Hieraus ging die Schule der Romantiker hervor, welche ihren jungen Eifer alsbald in der Poesie, in der Geschichte und Sprachwissenschaft, aber auch in der Kunst betätigte. Das höchste Ziel war die nationale Wiedergeburt des deutschen Volkes, und dazu gehörten denn auch Kunst und Geschmack.

Auf diesem letzteren Gebiet hatte die Romantik vielleicht den glorreichsten Erfolg, denn *sie* war es, welche Cornelius und seine Freunde beseelte, dass sie über die kalte Imitation der Antike hinausgingen und den deutschen Geist wahrhaft erfrischend und belebend in ihre Kunst aufnahmen. Aber die Romantik war nicht überall so glücklich, selbst in der Malerei. Zu ihrem Unglück trägt sie auch die ganze romantische Periode der Düsseldorfer Malerschule auf dem Gewissen. Mit ihrer poetischen und idealisierten, aber durch und durch verkehrten Anschauung des Mittelalters brachte sie durch Romane, epische Dichtungen und Minnelieder das Rittertum und die Klosterwelt in den Geschmack der Kunst und des Volks, und alsbald hatte man seines Bleibens nicht mehr vor all den Rittern und Edelfrauen, den Knappen und Edelknaben, den Mönchen und Nonnen, die unendlich verliebt oder unendlich fromm, alle aber unendlich sentimental taten, dass es ein Erbarmen war. Wohin man nur den Blick richtete, überall begegnete man dieser Welt. Die Wände waren behängt mit ihr; sie prangte auf Ölgemälden, Kupferstichen, Lithographien bis zu den kolorierten Bilderbogen hinab; legte man seinen Kopf zum Mittagsschlummer aus ein Kissen, gewiss befand sich ein verliebtes Ritterpärlein von Berliner Wolle oder eine betende Nonne darauf; setzte man seinen Fuß auf einen Teppich, so hatte man unter sich edle Jägerinnen zu Pferde, den Falken auf der Hand; auf Zigarrentaschen und Taschentüchern trug man sie im Rock mit herum, auf Reisesäcken führte sie der Probereiter wie der Tourist durch die Welt. Volkstümlich war dieser Geschmack sicherlich, aber er bezog sich nur aus den Gegenstand ohne eine neue Kunstform zu bringen.

Eine andere Sünde des Geschmacks, welche die Romantik verschuldet hat, ist die damalige Liebhaberei an Ruinen. Ich habe früher gesagt, dass in der Periode der Empfindsamkeit Tempel der Freundschaft und Zärtlichkeit errichtet wurden; als dann der antikisierte Geschmack kam, da tauchten alsbald in den Gärten, in den Paris, auf den Höhen Tempel oder tempelartige Gebäude in Menge auf, nicht bloß den Grazien oder Apoll und Musen gewidmet, sondern auch die Wirtschaftsgebäude, die Scheunen und Viehställe wurden im Tempelstil gebaut. Jetzt aber erhoben sich ebenso viele künstliche Burgruinen und Burgengebäude, dass manche Gegenden damit rein übersäet sind, und man nicht begreift, wie denn so viele Rittergeschlechter neben einander haben hausen können, bis man die Entstehung im 19. Jahrhundert entdeckt. Man wollte sogar in dieser

Umgebung selbst ein bisschen Ritter spielen, und daher kamen die gezackten Kragen und die Puffen um die Schultern in Mode, die man sich fälschlicherweise als Tracht der alten Ritterdamen dachte. Doch war das nur vorübergehend.

Indessen, als die romantische Schwärmerei eine Weile gedauert hatte, dachte man doch auch in ernsterer Weise daran, die Gotik als den Stil der modernen Baukunst wirklich einzuführen und talentvolle Architekten redeten ihr das Wort. Aber es war ein Unglück, dass die archäologische Kenntnis der mittelalterlichen Architektur wie der Kleinkunst eine zu mangelhafte war, so dass alles, was damals – und noch in den vierziger Jahren – im modern gotischen Stile an Kirchen, an Zivilbauten und Werken der Kleinkunst entstand, als durchaus verfehlt bezeichnet werden muss. Insbesondere machte die Kleinkunst den einen oft gerügten Hauptfehler, dass sie alle Hauptformen und Ornamente von der Architektur auf Möbel, Gerät und Gefäße übertrug, nicht wissend, dass das wirkliche Mittelalter für alles das seine eignen Formen gehabt hatte. Dank der Archäologie, welche sich in den letzten Jahrzehnten mit Energie auf das Mittelalter geworfen hat, ist dieser Standpunkt der modernen Gotik so ziemlich überwunden. Man kann ihren besseren Vertretern Unkenntnis ihrer Geschichte und ihrer eigenen Prinzipien nicht mehr vorwerfen. Die Gotik hat seitdem auch an Achtung wie an Bedeutung für die Gegenwart, insbesondere auf dem kirchlichen Gebiete und in der Flächenornamentation wesentlich gewonnen, was keineswegs als ein Unglück zu betrachten ist.[3]

3 Ich kann an dieser Stelle nicht umhin, wenn auch nur in einer Anmerkung, jener Bestrebungen am Rheine zu gedenken, welche eine Verbesserung des Geschmacks zunächst in der kirchlichen Kleinkunst auf Grundlage mittelalterlicher Vorbilder bezwecken. War die Reform des Geschmacks überall notwendig, so war sie es in erhöhtem Grade in Bezug auf die Kirche, deren bisherige Formen und Ornamentik im Gerät, in der Gewandung, im Behang nicht bloß geschmacklos, sondern auch verweltlicht und grade zu unwürdig zu nennen sind. Diesem gegenüber bat in den Rheinlanden, man möchte sagen, fast unabhängig von der übrigen Entwicklung, der Eifer und- das Kunstverständnis eines einzigen Mannes, des *Dr. Franz Bock*, Stiftsherrn am Münster in Aachen, eine heilsame Gegenbestrebung hervorgerufen, welche der kirchlichen Kleinkunst die Formen des Mittelalters, insbesondere der Gotik, als Muster vorhält. Ohne diesen Formen allein das Wort reden

Die wachsenden Resultate der archäologischen Forschungen veranlassten, dass man die Stilarten des Mittelalters voneinander schied und über das Altchristliche und Byzantinische, das Romanische und Gotische ins Klare kam. Davon war die Folge, dass alle diese Stile ihre Nachahmer und Verehrer fanden und wirklich nachgebildet wurden, wenn es auch oft nur versuchsweise oder der Restauration zu Liebe geschah. Insbesondere aber fand der romanische Stil energische Vertreter. Man sagte nicht mit Unrecht, er sei in gewisser Weise eine Vereinigung des antiken und des mittelalterlichen Geistes und eigne sich darum ganz besonders für die Gegenwart, deren Wesen ja in derselben Verbindung bestände; auch sei er nie zur Vollendung gekommen, und darum am ehesten einer originellen Fortbildung fähig. Man fand auch heraus, dass der romanische Stil grade zu jener Zeit geblüht habe, als die Kirche ihre höchste Macht entfaltete, weshalb er denn insbesondere von intelligenten Geistlichen für die kirchliche Kleinkunst empfohlen wurde. In jedem Fall zeichnet er sich auch auf diesem Gebiet durch Entwicklung größerer Pracht und durch größeren Reichtum an Formen vor der ärmeren Gotik aus.

Wenn wir noch erwähnen, dass zur Abwechslung auch wohl der arabisch-maurische Baustil nachgebildet wurde, so war alles versucht worden, was sich nur im Mittelalter an Kunstformen ausfindig machen ließ.

Deshalb wurde jedoch den Stilarten der modernen Zeit nicht minder Beachtung geschenkt. In Frankreich spielte zwar auch die Gotik, seitdem dort die Romantik zum Durchbruch gekommen war, aber man spürte große Hinneigung über das Rokoko hinaus zum Stil Ludwigs XIV. und des XIII. zurückzugehen, während wohl die besten und einsichtsvollsten Künstler die Renaissance empfahlen. So auch bei uns in Deutschland, wo Semper sich mit seinen Dresdner Bauten an die Spitze dieser Richtung stellte.

---

zu wollen, müssen wir doch sagen, dass der eingeschlagene Weg auf dem betreffenden Gebiete durchaus der richtige ist. Dass die Bestrebungen von Erfolg gekrönt sind, davon wissen die Goldschmiede von Köln und Aachen, die Seidenweber von Krefeld u.s.w. am besten Auskunft zu geben. Schon folgt man in Belgien dem gegebenen Beispiele und auch in Wien zeigt sich der Anfang ähnlichen Strebens.

So wurde der Kreis von allem, was möglich war, so ziemlich erschöpft, und nicht einmal die Ornamente der Ägypter und Assyrier in der Ruhe ihrer Gräber gelassen. Als einen Übergangszustand hätte man sich das auch gefallen lassen können, wenn man bemüht gewesen wäre, jeden Stil in seiner Reinheit nachzubilden, wie es König. Ludwig – für die damalige Zeit mit vollem Recht – in München tat. Allein teils verhinderte das die unzulängliche Kenntnis, teils wollte man es auch gar nicht einmal, sondern man glaubte eben durch die Vermischung der verschiedenen Elemente einen neuen Stil schaffen zu können.

Dadurch kam man am Ende dahin, nicht bloß alle Kunststile, welche die Welt gesehen, neben einander zu haben, sondern sie waren auch noch durch einander gewirrt in einem gräulichen Gemisch, so dass z.B. Ägyptertum und Zopf, zwischen denen Jahrtausende gelegen, nun an einander gerückt oder gar in einander geschoben waren.

Zu dem allen kam noch, dass mittlerweile während des Kampfes der Meinungen und der Stile ganz unvermerkt der Naturalismus, welcher, wie wir gesehen haben, so bescheiden als Blumenliebhaberei in der Flächendekoration der Porzellane, der Stickereien und Gewebe seinen Anfang genommen hatte, fast zu einem Riesen herangewachsen war, der alle Kunst zu verschlingen drohte. Denn, indem er die einfache und möglichst vollkommene Imitation der Naturgebilde mit allen Zufälligkeiten ihrer Erscheinung zum einzigen Prinzip aufstellte und dieses sowohl in der farbigen Flächendekoration und im Reliefornament als auch in der Gestaltung der Gefäße und Geräte, denen fremdartige Dinge untergeschoben wurden, zur Geltung brachte, hob er jegliches künstlerische Schaffen in Bildung einer schönen Kontur, in stilvoller Zeichnung der Ornamente, in wohlbedachter, schöner und harmonischer Farbenwirkung völlig auf. Er musste somit den Rest von Gefühl für Formen, für Relief und Farbenwirkung, der von besseren Zeiten noch übrig war, vollends ersticken.

Endlich stellte sich zu allem Unglück auch noch das heraus, dass auf einem bedeutenden Gebiete des Geschmacks das eigentliche Ziel der Aufgabe völlig verrückt und: verkannt war, dass man gar nicht mehr daran dachte, etwas *Schönes* herzustellen, sondern nur etwas *Neues* zu schaffen. Damit hört eigentlich der Geschmack auf Geschmack zu sein; es kommt nicht mehr auf die künstlerische *Form* an, sondern auf einen neuen s.g. Gedanken. Der Geschmack wurde zur reinen Mode, die mit der Saison wechselte. Dieses fressende Bedürfnis nach Neuem musste bei so raschem Wechsel allen vernünftigen Erfindungsgeist erschöpfen; man musste schließlich zum reinen Unsinn seine Zuflucht nehmen, dahin auch die Vertauschung aller Stoffe zu rechnen ist, die aus derselben Quelle der Armut und Erschöpfung entsprang. Ein jeder Gewerbsmann imitierte des anderen Stoff und Weise und glaubte ein Wunder von Geschmack getan zu haben, wenn er Porzellantassen wie vom Fassbinder gemacht, Gläser gleich Porzellan, Goldschmuck gleich Lederriemen, Eisentische von Rohrstäben u.s.w. zu Stande gebracht hatte. Auf diesem Gebiete schwang sich auch der Konditor, das Reich und den Prüfstein *seines* Geschmacks gänzlich vergessend, zum Bildhauer und Architekten empor.

Dieser ganze wahrhaft trostlose Zustand konnte sich eine Zeit lang verbergen, so lange jedermann nur die lokale Anschauung möglich war. Als aber die erste Londoner Ausstellung von 1851. dieses große welthistorische Ereignis, die Industrie der Welt vereinigte, da lag das Elend in seiner vollen Größe vor eines jeden Augen, der sehen wollte und sehen konnte. Man erkannte nicht bloß den Mangel an Einheit und Originalität, die charakterlose Mannigfaltigkeit der Imitationen, die Verwirrung und Vermischung der Stile, sondern man sah auch, dass in aller industriellen Tätigkeit das Kunstgefühl überhaupt zu Grunde gegangen sei, dass man die Gesetze der Farben verkenne, dass man vom Relief kein Verständnis so wenig wie Gefühl für die Linie habe, dass man überhaupt gar nicht mehr wisse, was *schön* sei, ja was nur *Wirkung* mache. Einzelne gelungene Gegenstände konnten dieses Resultat der Erkenntnis über den allgemeinen Zustand nicht abändern, das umso mehr in die Augen sprang, als man grade dort, wo man es am allerwenigsten erwartet hatte, nämlich in der orientalischen Kunst der Levante, Persiens und Indiens, fast alles dasjenige fand, was man in Europa vermisste.

Viele waren es vielleicht, welche das einsahen, aber nur ein Volk war klug genug, sofort den rechten Nutzen daraus zu ziehen. Das waren die Engländer. Die Engländer konnten sich nicht verhehlen, dass die Franzosen durch ihre ererbte Versatilität und Routine in den

Dingen des Geschmacks ihnen und den übrigen Nationen um ein Gutteil voraus waren, aber ebenso wenig, dass die Franzosen die allgemeinen Fehler und Mängel der Zeit vollkommen teilten. Sie sahen aber auch ebenso ein, dass diese Mängel gebessert, dass das, was fehlte, *gelernt* werden könnte, und sie mussten sich sagen, dass, *wenn* sie dieses lernten und wenn sie zugleich sich die Geschicklichkeit der Hand aneigneten, sie die Franzosen und folglich alle übrigen konkurrierenden Nationen übertreffen müssten. Es kam nur darauf an den rechten Weg zu finden, um schnell den Abstand einzuholen und vorzukommen, so lange die anderen Völker noch in der Unkenntnis und Lethargie ihres Zustandes verharrten.

Das Erste war, dass sie sich die Lehrer von Frankreich holten, um das zu lernen und der eigenen Industrie zu eigen zu machen, was die Franzosen voraus hatten, und dass sie aller Orten Zeichenschulen in Verbindung mit der Industrie errichteten. Das allein konnte aber nicht genügen, da sie auf diese Weise immer nur auf die Höhe des Zeitgeschmacks kommen, nicht aber den allgemeinen Geschmack , worauf es doch ankam, verbessern konnten. Die reine Imitation hatte bisher zu nichts geführt als zur bunten Verwirrung, die ursprüngliche, frische Produktionskraft war versiegt: es blieb also nichts übrig, als den Weg einer Art von gelehrtem Verständnis zu betreten, sich über die Prinzipien der Kunst auf dem ganzen ornamentalen Gebiete klar zu werden, diese Prinzipien dem Publikum wie dem Künstler mitzuteilen und damit für den letzteren die künstlerische Übung im ausgedehntesten Maßstabe zu verbinden.

Das musste für den Anfang allerdings nur ein Kunstschaffen auf dem Wege der Reflexion, eines bewussten und beabsichtigten Verfahrens herbeiführen, aber man konnte hoffen, dass auf diese Weise der Künstler zum Meister werde, sich über das Gelernte erhebe und wenigstens die nachfolgende Generation zu einer unvermittelten Kunstschöpfung, die nicht durch den Weg der Reflexion hindurchgegangen gelange.

Wo sollte man nun diese Prinzipien des Geschmacks oder der angewandten Schönheit lernen? Offenbar gab es da kein anderes Mittel als die Meisterwerke der Vergangenheit zu studieren, zu sehen, worauf ihre Wirkung und ihre Schönheit beruhen. Man musste also diese

Meisterwerke sammeln und der Anschauung und dem Studium eröffnen, und zwar ohne Rücksicht auf einen bestimmten Stil, da es sich eben als eine Unmöglichkeit herausgestellt hatte, die Welt zu *einem* Stile zu vereinigen. Man sah ja auch, dass die Vorzüge des einen Stils z.B. in der Behandlung des Reliefs beständen, eines anderen in der Farbe, eines dritten in der Art, wie die Naturformen zu Kunstformen umgeschaffen waren; man konnte also von dem einen dies, von dem anderen jenes lernen. Es war nicht notwendig, dass daraus ein Eklektizismus hervorginge, da es sich ja zunächst nur darum handelte, die verloren gegangenen Kunstprinzipien wieder zu lernen; und selbst wenn auch nur Caraccis und Domenichinos der Kunstindustrie auf diese Weise entstanden wären, so wäre das, im Vergleich zum vorhandenen, immer noch ein goldener Zustand des Geschmacks geworden.

Diese Gedankenfolge führte zur Gründung eines *Museums für Kunstindustrie,* des South-Kensington-Museums, welches also aus den Erfahrungen der ersten großen Weltausstellung hervorgegangen und nunmehr durch alle Lande berühmt geworden ist. Es sollte dem Künstler dienen, aber ebenso auch dem Publikum, denn man musste sich sagen, dass die ganze Verbesserung des Kunstgeschmacks in der Industrie umsonst sein werde, wenn das Publikum, dessen Auge und Gefühl durch den Anblick des Schlechten verdorben, nicht fähig sei das Bessere zu würdigen, und folglich auch geneigt es zu kaufen.

Aber man beruhigte sich in England nicht einmal mit der Gründung des Kensington-Museums und der Gewinnung des Publikums für dasselbe; man errichtete in Verbindung mit demselben eine großartige Kunstschule, die alle Zweige künstlerischer Vorbildung umfasst. Denn da die großen Künstler jetzt nicht mehr, wie einst für das Gewerbe zeichnen, so musste man die industriellen Zeichner, Maler und Bildhauer zu vollendeten Künstlern machen; man musste sich die Lehrer ausbilden, welche die industriellen Zeichenschulen und die speziellen Fachschulen künstlerisch zu leiten fähig wären. Man errichtete ferner, wie schon gesagt, Zeichenschulen inmitten aller Fabrikdistrikte, man gründete Filialmuseen und veranlasste wandernde Ausstellungen der Zeichenschulen wie älterer Gegenstände, mit denen man Konkurrenzen und Preisverteilungen verband, man schickte Wanderlehrer aus, um über alle betreffenden Gegenstände Vorlesungen zu halten, man schuf einen ganzen Literaturzweig über dieses Gebiet, kurz, man rührte und regte sich in jeder Weise, wie und wo man nur irgend sich Erfolg versprechen konnte.

Und der Erfolg hat denn auch die Anstrengungen gekrönt, und er hat bewiesen, dass auf diesem Wege, der allerdings in der Geschichte noch nicht dagewesen ist, etwas erreicht werden kann. Schon nach elf Jahren zeigte es sich auf der zweiten Londoner Ausstellung (1862), dass England, welches man bis dahin in Sachen des Geschmacks zu unterst zu setzen pflegte, den Abstand völlig eingeholt hatte und Frankreich auf gleicher Höhe zur Seite stand. Der Eindruck, den intelligente Franzosen davon empfingen, war der, dass, wenn England in gleicher Weise fortschreite, Frankreich binnen kurzem überflügelt werde und es um seine Luxusindustrie geschehen sein könne, sofern es auf dem bisherigen Standpunkt beharre und nicht seinerseits sich zu Anstrengungen aufraffe und eine neue Bahn beschreite. Diese Einsicht hat auch wirklich eine Anzahl Männer in Frankreich bewogen, das Beispiel Englands zu befolgen, den Zeichenunterricht zu revidieren und zu reorganisieren, Ausstellungen für die Kunstindustrie zu veranstalten, ein Museum und eine Kunstschule zu dem gleichen Zweck zu gründen, durch Lehre in Wort und Schrift einen besseren, richtigeren Geschmack zu verbreiten.

Schon bevor diese Bestrebungen in Frankreich begannen, hatte sich Österreich als der erste der kontinentalen Staaten aus dem Beispiel Englands die große Lehre gezogen und bereits im Mai des Jahres 1864 ein Museum zu Wien (k. Österreichisches Museum für Kunst und Industrie) nach dem Muster des zu South-Kensington eröffnet. Diesem dürfte in kürzester Frist eine Kunstgewerbeschule im großen Stile folgen. Die Aufnahme, das Interesse, welches dieses Museum in der kurzen Zeit seines Bestehens im Publikum wie im Gewerbe gefunden hat, ist ein neuer Beweis von der Zeitgemäßheit, ja Notwendigkeit solcher Institute, und wir zweifeln nicht, dass auch die übrigen industriellen Staaten in kürzester Frist sich zur Erreichung derselben oder zur Umgestaltung der vorhandenen Sammlungen für praktische Zwecke gezwungen sehen werden.

Wer sich dieser Pflicht entziehen will, dürfte Gefahr laufen auf Originalität und eigene Erfindung zu verzichten und ewig im Hintertreffen zu bleiben. Diese Gefahr ist besonders drohend für Frankreich, welches, ohne eine Umkehr von seiner bisherigen Weise, mit seinem Geschmack veralten und sich hinter der Zeit statt vor derselben befinden dürfte. Denn die Anstrengungen Englands haben nicht bloß den Geschmack dieses Landes in die Höhe gebracht, sondern sie haben, wie vielfache Anzeichen beweisen und namentlich auch die Ausstellung in Dublin uns deutlich erkennen ließ, den Geschmack, der in Stagnation oder in die Strudel der Verwirrung geraten war, auf einmal wieder in Fluss gebracht. Der Geschmack ist in den allerjüngsten Tagen offenbar in einem großen Wandel begriffen, und diese Wandlung nimmt eine Richtung an, welche derjenigen des traditionellen französischen Geschmacks geradezu entgegengesetzt ist.

Während das Wesen des französischen Geschmacks in leichter, meist gedankenloser Phantastik besteht, der es nur um den gefälligen, anmutigen Schein zu tun ist, trachtet der Umschwung in seiner neuen Richtung den Geschmack gerade davon sowie von allem Unsinn, der unausbleiblich damit verbunden ist, zu befreien; er will den Geschmack auf vernünftige Prinzipien stellen und das wahrhafte Verständnis des Schönen in Relief und strenger, stilisierter Zeichnung, das Gefühl für die Form und lebendige, echte Farbenwirkung wiederbringen.

Mit diesen Andeutungen aber treten wir aus dem Gebiet der Vergangenheit schon in das der Zukunft hinein. Die Entwicklung des Geschmacks hat ihr Ende gefunden an der Grenze aller Geschichte.